I0753516

N
W
E
S

MARIANGEL ANTONELLA MEDINA

365 DÍAS *para* AGENTES DE SEGUROS

BRANDED LIVES

365DÍAS PARA AGENTES DE SEGUROS

Autor: **Mariangel Antonella Medina**

Diseño y maquetación: **Ysmerio Rodriguez**

Editorial: **Branded Lives**

ISBN: **978-1-962388-38-2**

www.mariangelantonellamedina.com

DESCARGO DE RESPONSABILIDAD

NOTA LEGAL Y ÉTICA (LECTURA OBLIGATORIA)

Este libro tiene fines **educativos e informativos**. No constituye asesoría legal, fiscal, contable, de cumplimiento ni asesoría profesional individualizada. Aunque se comparten estrategias, guías y ejemplos, su aplicación depende del contexto de cada agente, agencia, producto, estado/jurisdicción y compañía aseguradora.

La industria de seguros está **regulada** y las normas pueden variar por estado y cambiar con el tiempo. El lector es responsable de **verificar y cumplir** las leyes, reglamentos, lineamientos del Departamento de Seguros aplicable, normas de licenciamiento, políticas internas de su aseguradora/IMO/FMO/GA, así como requisitos de publicidad, divulgaciones, confidencialidad, protección de datos y práctica ética.

Los resultados mencionados o sugeridos (ventas, crecimiento, ingresos, productividad) **no están garantizados**. Dependen de factores como experiencia, mercado, disciplina, recursos, calidad del servicio, cumplimiento normativo y condiciones externas.

Al utilizar este material, usted acepta que el autor y la editorial no serán responsables por decisiones comerciales, pérdidas, sanciones, reclamaciones o consecuencias derivadas del uso o mal uso del contenido. Para situaciones específicas, consulte a su **supervisor**, **departamento de cumplimiento**, **asesor legal** o **asesor fiscal** autorizado en su jurisdicción.

Compromiso ético: Este libro promueve una práctica profesional centrada en el cliente: escuchar, informar con claridad, recomendar con integridad y actuar siempre dentro de la ley y de los estándares de la industria.

PRÓLOGO

Hay muchos libros sobre negocios, pero si los observas con atención, casi todos pertenecen a uno de dos tipos.

El primer tipo gira alrededor de la mentalidad. Hablan de cambios de pensamiento, de visualizar resultados, de desarrollar actitud frente al éxito. Son libros llenos de conceptos interesantes, frases poderosas y teorías que invitan a reflexionar. A veces incluso dan la sensación de avance, aunque todavía no se haya ejecutado nada en la práctica.

El segundo tipo es menos cómodo. No posee ideas elegantes ni discursos motivacionales, solo proponen tomar acción y ejecutar algo concreto con lo que tiene delante.

Este libro pertenece a ese segundo grupo, que proponen herramientas práctica para ejecutar. No fue escrito para impresionar con conceptos ni frases cautivadoras. Fue diseñado para usarse mientras trabajas: doblando páginas, escribiendo notas al margen, marcando ideas y regresar a ellas cuando necesites claridad sobre el siguiente paso.

En muchas profesiones existe una confusión frecuente: se cree que el progreso nace de entender cada vez más. Sin embargo, la experiencia demuestra que los resultados cambian cuando las acciones correctas se repiten con dirección y constancia. Por eso este libro funciona como una guía de trabajo, algo parecido a un workbook o a un plan de entrenamiento profesional. Aquí no encontrarás largas explicaciones teóricas ni capítulos dedicados a reflexiones extensas, tampoco es un libro de crecimiento personal en el sentido tradicional. Lo que tienes entre manos es una colección de sugerencias concretas, análisis directos y acciones aplicables que propone pasos claros que pueden ejecutarse de inmediato dentro de la práctica profesional.

Si en algún momento deseas profundizar en un concepto, hoy existen innumerables recursos para hacerlo, como Internet y las herramientas de inteligencia artificial, que permiten profundizar cualquier tema con facilidad. Por eso solo buscamos ofrecer un conjunto organizado de acciones y decisiones que faciliten avanzar sin perder tiempo en explicaciones innecesarias.

A lo largo de sus páginas encontrarás métodos, herramientas y datos específicos sobre cómo llevar a cabo determinadas tareas. En algunos casos puede que ya utilices alguna de estas herramientas dentro de tu rutina profesional. Asi que cuando ocurra, simplemente continúa con impetu la siguiente día de acción. Y si descubres alguna que merece mayor atención, lo recomendable será detenerte y trabajar con ella hasta dominarla.

La estructura del libro responde a una lógica sencilla, donde cada pagina presenta el consejo del día, con la intención de que el lector avance a su propio ritmo. Creando hábitos de trabajo y ejecucion, que luego se reflejan en resultados. A medida que estas acciones se repiten, la mentalidad profesional comienza a transformarse como consecuencia natural de la experiencia.

Por eso insisto en recomendar no adelantar paginas del libro, lo más efectivo es trabajar una idea a la vez: leerla, aplicarla y registrar el resultado. Si en algún momento se interrumpe el ritmo, basta con retomar el proceso sin convertirlo en una preocupación, pues algunas sugerencias parecerán evidentes, pero la constancia en lo básico suele marcar la diferencia entre intención y resultado.

El propósito de estas páginas es mostrar un camino que otros profesionales han recorrido con éxito como guia de acciones claras con disciplina, considerando que cada paso representa un pequeño avance que con el tiempo, se acumulan y transforman lo que hoy exige esfuerzo en una rutina profesional sólida.

Ahora abre la primera página y comienza con tu primer día de acción.

Ysmerio Antonio Rodríguez

GUÍA DE USO

EL AÑO QUE TRANSFORMARÁ TU CARRERA COMO AGENTE DE SEGUROS

Hay años que pasan sin dejar huella... y hay años que te cambian la vida.

Este libro está diseñado para lo segundo.

Durante los próximos **365 días** , no solo aprenderás tácticas, hábitos y estrategias. Aprenderás a **pensar, actuar y producir** como los agentes que dominan su mercado: aquellos que generan más citas, cierran más ventas y construyen ingresos estables y crecientes. Este no es un manual para leer; es un sistema para **practicar**, **medir** y **multiplicar tus resultados**.

Cada día recibirás un tip, un ejercicio y una acción concreta. Solo necesitas **15 minutos diarios** . Pero esos 15 minutos, aplicados con disciplina, pueden convertirse en la diferencia entre "sobrevivir" como agente... o **convertirte en el profesional que tu mercado reconoce, respeta y recomienda**.

Este método funciona por una razón simple: **entrena tu mentalidad, organiza tu entorno, fortalece tu disciplina y automatiza conductas ganadoras** , creando el efecto compuesto que ya ha transformado a cientos de agentes.

Si aplicas las prácticas de este libro, notarás cambios desde la primera semana: Más claridad, más enfoque, más energía y, sobre todo, **mayor control de tu día**.

En un mes, verás los primeros resultados tangibles: más llamadas realizadas, más citas agendadas, mejores presentaciones y cierres más sólidos. En 90 días, tu identidad profesional estará clara y enfocada

En un año, tu negocio será irreconocible.

Aquí aprenderás lo que los agentes promedio ignoran y lo que los agentes de alto rendimiento aplican todos los días:

- Cómo convertir tu mente en tu principal herramienta de ventas.

- Cómo usar la disciplina diaria para crear reputación, autoridad y estabilidad financiera.
- Cómo prospectar y vender con claridad, servicio y estrategia.
- Cómo construir un negocio que crezca contigo... aunque empieces desde cero.

Este es el año en que dejarás de improvisar. El año en que actuarás como el dueño de un negocio, no como quien espera instrucciones. El año en que cada hábito, cada decisión y cada acción diaria sumarán a una sola cosa:

tu crecimiento real, medible y sostenido como agente de seguros en Estados Unidos.

Bienvenido al entrenamiento de un año que elevará tu carrera.

Hoy comienza tu transformación.

SECCIÓN 1

FUNDAMENTOS DEL AGENTE DE SEGUROS

Propósito de la sección

Esta sección construye los cimientos mentales y operativos de tu carrera: mentalidad, disciplina, metas, entorno y crecimiento personal. Si los cimientos son débiles, cualquier técnica de venta se derrumba; si son firmes, multiplican el efecto de todo lo demás.

Del "casi renuncio" al "no vuelvo a pensar pequeño"

Cuando llegué a Estados Unidos, era un agente latino más con un inglés limitado, pocas conexiones y cero experiencia en seguros. Recuerdo una semana en la que hice más de 50 llamadas y nadie quiso agendar una cita. Un viernes por la noche, sentado en mi carro frente a un supermercado en Houston, pensé seriamente en renunciar.

Ese día tomé una decisión: **si ya estaba pagando el precio del esfuerzo, también iba a cobrar el precio del éxito**. Empecé a pensar como empresario, no como empleado. Organicé mis días, medí mis números, busqué un mentor, me uní a un grupo de estudio y me comprometí con el proceso, no solo con el resultado.

Los siguientes 12 meses cambiaron mi vida: más citas, más cierres, más ingresos y, sobre todo, más seguridad en quién era como agente. Ahora, cada día tiene tareas que leerás en esta sección y nace de lo que a mí me habría gustado tener cuando estaba empezando, para evitar tantos golpes y acelerar los resultados.

Mi objetivo es simple: **que tú, como agente latino en Estados Unidos, no tengas que improvisar tu éxito**, sino que puedas construirlo paso a paso con mentalidad, sistema y acción diaria.

En esta sección dominarás una mentalidad protagonista, orientada a resultados y a la mejora continua; cultivarás compromiso y disciplina diaria incluso cuando la motivación no aparezca; definirás metas claras, medibles y conectadas con tu propósito; diseñarás un entorno que te impulse a través de las personas correctas, los hábitos correctos y los espacios correctos; y construirás rutinas de crecimiento personal que sostengan tu energía y tu enfoque a largo plazo. Para aprovechar cada página al máximo, sigue un método sencillo: dedica quince minutos cada mañana a abrir el libro en el día que te corresponde, leer la explicación, completar el ejercicio y anotar una acción concreta para la jornada. Lleva una bitácora de avances donde registres el hábito trabajado, tu calificación del uno al diez y una observación breve. Cada siete días evalúa qué funcionó, qué vas a ajustar y qué hábito consolidarás la semana siguiente. Repite la sección completa en treinta días para profundizar, porque la repetición crea identidad. Y aplica la regla del uno por ciento: busca micro-mejoras diarias en actitud, lenguaje y ejecución, porque las pequeñas mejoras sostenidas son las que producen cambios extraordinarios. Esto es indispensable porque la venta es un deporte mental y la diferencia entre renunciar y persistir está en tu diálogo interior. Tus metas orientan tu atención; sin ellas, tu agenda la dicta la urgencia de otros. El entorno siempre vence a la fuerza de voluntad: si te rodeas de excelencia, actúas con excelencia. Y la constancia crea reputación, que abre puertas que el esfuerzo aislado jamás podría. Ahora bien, evita los errores que frenan a la mayoría: no esperes motivación para actuar, invierte el orden y actúa primero; no te conformes con metas vagas, usa métricas de actividad como llamadas y citas junto con métricas de resultado como primas y cierres; no caigas en la trampa de hiper planificar sin ejecutar, define siempre la siguiente acción física, ya sea llamar, agendar o enviar; no toleres entornos tóxicos, establece límites y diseña bloques de enfoque sin notificaciones; y nunca interpretes el «no» como identidad, tradúcelo siempre como información. Para medir tu progreso, observa cinco indicadores clave: los días consecutivos cumpliendo el ritual de quince minutos, el porcentaje de hábitos cumplidos por semana, el número de metas trimestrales definidas y revisadas, los bloques de enfoque cumplidos por día y por semana, y tu nivel de energía en una escala del uno al diez junto con su variación semanal. Y antes de pasar la página, hazte tres preguntas que pueden cambiar tu rumbo: ¿qué creencia estás dispuesto a reemplazar hoy para liberar tu siguiente nivel?, ¿qué hábito único, si lo sostienes noventa días, haría casi inevitable tu meta trimestral?, y ¿quién debe estar más cerca de ti y quién más lejos para proteger tu enfoque?

“Construye primero al agente; las pólizas llegan como consecuencia.”

Día 1

PIENSA COMO EMPRESARIO, NO COMO EMPLEADO

Un agente de seguros exitoso entiende que no trabaja para una compañía: dirige su propio negocio dentro de ella. Eso implica tomar decisiones estratégicas, invertir en marketing, gestionar el tiempo y medir resultados todos los días. La mentalidad de empleado espera instrucciones; la mentalidad de empresario crea oportunidades y diseña su propio camino. Cuando cambias tu forma de pensar, cambias tu forma de actuar, y eso transforma tus resultados. Imagina a Luis, un agente nuevo sentado en una cafetería de Miami un lunes por la mañana, mirando su café frío y su agenda vacía, frustrado porque la compañía no le enviaba prospectos. Ese mismo día escucha a otra agente latina decir por teléfono: «Hoy tengo ocho citas, la semana se va a poner buena». Luis siente una mezcla de vergüenza y coraje, y en ese instante decide dejar de esperar. Crea su primera base de datos de contactos, invierte ciento cincuenta dólares en anuncios locales y llama a tres Realtors para proponerles alianzas. Treinta días después agenda veintidós citas y cierra siete pólizas nuevas. La diferencia no fue suerte ni talento: fue mentalidad. Si hoy vieras tu agenda desde afuera, ¿parecería la de un empleado que espera o la de un empresario que hace que las cosas pasen?.

Ahora sigue estos pasos

- Diseña un presupuesto mensual para *marketing* y educación.
- Agenda tu semana como si fueras el CEO de tu empresa: bloquea horas para prospectar, presentar y hacer seguimiento.
- Lleva registro de ingresos, gastos y retorno de inversión.
- Evalúa tu rendimiento cada mes y decide qué mejorar el siguiente.

Un agente común vende seguros; un empresario construye un legado.

«Tu grandeza comienza cuando reconoces que cada póliza que vendes no es un contrato, sino un ladrillo en el imperio que estás construyendo.»

CONVIERTE EL "NO" EN APRENDIZAJE

En ventas, el «no» es inevitable, pero no significa fracaso: significa información. Cada rechazo trae datos que un agente empresario sabe aprovechar. ¿Falló tu presentación? ¿No conectaste emocionalmente? ¿No era el momento adecuado? El agente que analiza aprende; el que se frustra se estanca. Piensa en Mariana, sentada un martes por la tarde en una oficina compartida en Houston, cerrando la laptop con rabia después de hacer dieciocho llamadas y recibir quince «no». Siente vergüenza, como si la estuvieran rechazando a ella y no a la propuesta, y piensa que tal vez los seguros no son para ella. Cuando su líder le pregunta qué le dijeron exactamente, Mariana revisa sus notas y descubre que apenas escribió algo; solo puso «no le interesa». Ahí decide cambiar el enfoque. Al día siguiente, cada vez que recibe un «no», pregunta con calma: «Si no te importa, ¿qué fue lo que más te detuvo?». En una sola semana descubre patrones: muchos no entendían el beneficio real para su familia, otros temían pagar de más. Ajusta su presentación, agrega ejemplos claros, y en el siguiente mes, de veinte llamadas cierra cinco pólizas. El mismo rechazo que casi la hizo rendirse se convirtió en su mejor maestro.

Ahora sigue estos pasos

- Escribe literalmente cada objeción que escuches, palabra por palabra.
- Pregunta al prospecto con respeto: «¿Qué es lo que más te detiene hoy?».
- Analiza patrones cada semana: ¿se repiten los mismos motivos?
- Crea respuestas más efectivas y ejemplos claros para la próxima conversación.

Cada "no" es un escalón hacia el éxito. «El rechazo no detiene a un agente determinado; lo forja, lo entrena y lo prepara para abrir la próxima puerta.»

Día 3

USA EL RECHAZO COMO MOTIVACIÓN ESTRATÉGICA

El rechazo puede hundirte o impulsarte, según el significado que le des. Cuando lo ves como un ataque personal, te paraliza; cuando lo usas como combustible y como indicador de que estás en el campo de juego, te impulsa a mejorar. El secreto está en no personalizarlo y en convertir cada «no» en un plan de seguimiento. Piensa en Javier, sentado un viernes por la mañana en un coworking de Houston, mirando la pantalla con tres correos seguidos que terminan con la misma frase: «Por ahora no estamos interesados». Siente un vacío en el estómago y piensa que está cansado de que le cierren la puerta en la cara. Pero antes de irse a casa decide hacer algo diferente: abre una hoja de cálculo y registra los últimos veinte «no» con la fecha, el motivo y un posible seguimiento. Se reta a contactar de nuevo a diez de ellos en las próximas dos semanas. Treinta días después, cuatro de esos prospectos terminan convirtiéndose en clientes. El rechazo que antes lo desmotivaba se convierte en su lista más rentable de seguimiento. Eso es lo que ocurre cuando dejas de coleccionar rechazos como heridas y empiezas a organizarlos como oportunidades: desarrollas resiliencia emocional real, no solo frases bonitas; fortaleces tu carácter como agente profesional; y transformas los obstáculos en energía y estrategia.

Ahora sigue estos pasos

- Redefine el rechazo como parte del proceso, no como juicio a ti.
- Registra cada «no» como un paso hacia el próximo «sí» y define si merece seguimiento.
- Ajusta tu presentación con lo aprendido en las objeciones.
- Reconoce tu esfuerzo diario, aunque no termine en venta.

El rechazo es la fuerza que moldea a los campeones de ventas.

«El "no" no me detiene, me impulsa; es la señal de que estoy en el camino correcto hacia el siguiente "sí".»

Día 4

VISUALIZA TU ÉXITO CADA MAÑANA

Tu mente es la antesala de tu realidad. Visualizar tu éxito diario prepara tu actitud, tu lenguaje y tu energía para actuar con confianza. Si comienzas el día imaginando cierres, llamadas efectivas y clientes satisfechos, tu cuerpo y tu voz se alinean con esa imagen interna. Esto le sorprendio a Carlos, padre de dos niños, en Chicago, angustiado porque su meta del mes todavía se ve lejana. Piensa que si hoy le va mal otra vez no sabe cómo llegara, pero en lugar de quedarse atrapado en la preocupación, se sienta en el sofá, cierra los ojos y durante cinco minutos visualiza tres escenas claras: se ve firmando una póliza grande con un cliente que le da la mano y le agradece, recibiendo un mensaje de texto que dice «gracias, ahora mi familia está protegida», y mirando el estado de cuenta al final del mes con la meta cumplida. Ese día, en sus llamadas, su tono cambia: suena más seguro, más entusiasmado. De diez llamadas agendo cuatro citas. No porque la magia exista, sino porque ya vivió el éxito en su mente y actuó como alguien que espera lograrlo. La pregunta es directa: ¿estás arrancando tus días viendo problemas o viendo el resultado que quieres construir? Cuando visualizas antes de actuar, comienzas con enfoque positivo sin negar la realidad, refuerzas tu confianza personal antes de ver los números y aumentas tu capacidad de cierre al proyectar la seguridad que tus clientes necesitan sentir..

Acciones estratégicas a implementar

- Aparta 5 minutos cada mañana antes de tocar el celular.
- Visualiza en detalle tu escena (clientes felices firmando contigo).
- Imagina cómo se siente alcanzar tu meta semanal y mensual.
- Escribe una frase diaria que resuma tu visualización.

Lo que tu mente acepta, tu realidad lo convierte en posible.

«El éxito no se alcanza por casualidad; primero se construye en la mente y luego en el mundo real.»

Día 5

PRACTICA LA GRATITUD DIARIA

La gratitud no es solo una virtud filosófica: es una herramienta de alto rendimiento para cualquier agente. Cuando agradeces por cada cita, cada aprendizaje e incluso cada rechazo, tu energía cambia de víctima a protagonista, y eso se nota. Paola lo vivió una noche en un estacionamiento de Los Ángeles, frustrada tras una cita que no cerró. En lugar de quedarse en la queja, respiró y anotó tres razones para agradecer: un contacto nuevo, una objeción que ahora podía preparar y la certeza de que podía generar otra oportunidad al día siguiente. Ese simple ejercicio transformó su actitud, y al día siguiente el contacto que había recibido se convirtió en cliente con tres pólizas. La gratitud te mantiene positivo frente a los retos, genera confianza en quienes te rodean y alimenta una motivación que no depende de la comisión del día, sino de una mentalidad que atrae mejores resultados.

Acciones estratégicas a implementar

- Anota 3 cosas por las que agradeces cada mañana, relacionadas con tu negocio y tu vida.
- Agradece mentalmente cada vez que cierres una cita, incluso si no hay póliza todavía.
- Cierra el día escribiendo al menos un logro, por pequeño que sea.

La gratitud multiplica lo que valoras.

«Un corazón agradecido convierte cada paso en abundancia, porque reconoce que todo tiene propósito.»

Día 6

APLICA LA REGLA DEL 1%

La grandeza no se construye con un solo golpe de suerte, sino con mejoras pequeñas y constantes. La regla del 1 % propone algo simple pero poderoso: avanzar un poco cada día — una llamada más, una lectura más, una presentación mejor — y dejar que ese crecimiento acumulado haga el trabajo pesado con el tiempo. Sofía lo comprobó desde una biblioteca en Chicago, frustrada porque sus números no daban el salto que esperaba. Su mentor le dio un consejo directo: deja de buscar milagros y mejora un 1 % cada semana. Ella empezó añadiendo apenas dos o tres llamadas extra por semana, algo que al principio parecía insignificante. Pero al cabo de seis meses sus citas se habían duplicado y sus ingresos crecieron un 45 %. No hubo un momento mágico, solo disciplina progresiva y sostenible. Esa constancia desarrolla confianza real al ver avances medibles, y multiplica tus resultados a largo plazo sin quemarte en el camino.

Acciones estratégicas a implementar

- Elige un área donde quieras mejorar (llamadas, cierres, lecturas, referidos).
- Aumenta un 1 % tu esfuerzo cada semana (no todo de golpe).
- Lleva registro de tus avances en una tabla simple.
- Evalúa tu progreso cada mes y ajusta.

Las pequeñas mejoras diarias producen grandes resultados.

«El cambio duradero no llega con saltos gigantes, sino con pasos constantes que nunca se detienen.»

Día 7

LA DISCIPLINA PESA GRAMOS, EL ARREPENTIMIENTO TONELADAS

La disciplina diaria parece pesada cuando estás cansado o sin ganas, pero lo que realmente pesa es mirar el mes terminado y saber que pudiste hacer más. En ventas de seguros, la diferencia rara vez está en el talento; está en lo que haces cuando nadie te ve. ¿Te ha pasado que sabes exactamente qué deberías hacer —llamar, prospectar, dar seguimiento— pero decides dejarlo para mañana?

Un miércoles a las 9:55 p. m., Diego revisaba el reporte mensual de su agencia en Los Ángeles y encontró su nombre casi al final. Pensó en todas las llamadas que había pospuesto. En ese momento llegó un mensaje de un compañero: "Hermano, cerré otra póliza. Ya cumplí mi meta". El golpe de realidad fue claro: la única diferencia era que su amigo hacía las llamadas incluso cuando no tenía ganas. Desde ese día Diego se impuso una regla simple: sin importar el ánimo, haría su actividad clave diaria. Añadió cinco llamadas extra cada día. Al mes siguiente no era el número uno, pero pasó del puesto 18 al 7. La disciplina pesa gramos; el arrepentimiento pesa toneladas. La confianza en tu negocio nace cuando cumples las promesas que te haces. Hoy empieza esa reputación contigo mismo.

Acciones estratégicas a implementar

- Identifica tu actividad clave diaria (prospectar, llamar, presentar, hacer seguimiento).
- Hazla aunque no tengas ganas: tu compromiso vale más que tu estado de ánimo.
- Recuérdate el beneficio futuro de tu esfuerzo cada vez que quieras rendirte.

La disciplina es pesada al inicio; el arrepentimiento lo es toda la vida.

«El éxito no pesa cuando se lleva con disciplina; el verdadero peso lo carga quien se rinde.»

Día 8

DISEÑA TU HORARIO DE AGENTE PRODUCTIVO

Un agente de seguros no gana más por trabajar más horas; gana más cuando protege su tiempo para lo que realmente genera comisiones. ¿Te ha pasado que el día se llena de correos, mensajes y pequeños pendientes, y al final sientes que trabajaste mucho pero avanzaste poco? Un lunes a las 9:15 a. m., Andrea llegó a su oficina en Miami con esa misma sensación. Abrió el correo, revisó redes, respondió mensajes... y cuando levantó la vista ya eran las 12:40 p. m. Su líder le pidió ver su agenda. No había agenda, solo tareas sueltas. Esa noche tomó una decisión simple: poner orden al día. Creó bloques claros: 9:00–11:00 prospección, 11:00–1:00 llamadas y agendamiento, 3:00–5:00 presentaciones y cierres, 5:00–5:30 seguimiento. Dos semanas después hacía casi veinte llamadas diarias y sus citas se duplicaron. El trabajo no cambió; cambió la estructura.

Cuando el tiempo tiene dirección, las ventas empiezan a aparecer.

Reto de 24 horas: bloquea en tu calendario cuatro espacios fijos —prospección, llamadas, presentaciones y seguimiento— y protégelos como si fueran citas con tu mejor cliente.

Si tu agenda no controla tu día, tu día terminará controlando tus resultados..

Acciones estratégicas a implementar

- Divide tu día en bloques de tareas espesificas.
- Usa alarmas o recordatorios para cambiar de bloque a tiempo.
- Deja espacios para imprevistos (30–45 minutos al día).
- Evalúa tu agenda cada semana y ajusta lo que requiera mejoras.

Un agente sin agenda es un barco a la deriva.

«El tiempo obedece a quien lo organiza; la improvisación solo genera pérdidas.»

CUMPLE CON LO QUE TE PROMETES

La confianza en ti mismo no nace de escuchar discursos motivacionales; nace de cumplir lo que prometes. En ventas de seguros, tu mente te observa todos los días. Si dices que harás 10 llamadas y haces 3, tu cerebro aprende algo peligroso: que tus palabras no son confiables. ¿Te ha pasado? A Fernando le ocurrió un martes a las 7:00 a. m. frente al espejo de su cocina en Chicago. Se prometió hacer 20 llamadas. Llegó a la oficina, se distrajo, atendió urgencias... y al final solo hizo seis. Esa noche entendió algo simple: estaba rompiendo promesas consigo mismo. Decidió empezar pequeño. Al día siguiente cambió la regla: "Haré 10 llamadas antes del mediodía". Apagó notificaciones, puso el celular boca abajo y marcó una a una. A las 11:30 ya había terminado. Escribió en su libreta: "Promesa cumplida". Repitió lo mismo diez días seguidos. El día once notó algo distinto: ya no necesitaba motivación; el hábito estaba construido. Ese mes sus citas aumentaron 40 %.

La confianza personal no se declara. Se demuestra, promesa por promesa.

Acciones estratégicas a implementar

- Empieza con promesas pequeñas (llamadas, lecturas, seguimientos) que puedas cumplir hoy mismo.
- Aumenta gradualmente el nivel de tus compromisos cuando ya sean hábito.
- Lleva un registro visible de tus promesas cumplidas.
- Celebra tus avances cada semana (no con gasto impulsivo, sino con reconocimiento consciente).

Si no cumples contigo mismo, nadie más lo hará por ti.

«El respeto verdadero comienza cuando aprendes a honrar tus propias promesas.»

COMPROMÉTETE CON EL PROCESO, NO SOLO CON EL RESULTADO

Muchos agentes se frustran porque miran el resultado todos los días. Pero en ventas de seguros el resultado no se controla; lo que sí controlas es el proceso. ¿Cuántas llamadas haces? ¿Cuántas citas agendas? ¿Cuántos seguimientos completas? Cuando te concentras en esas acciones, la presión baja y el negocio empieza a moverse. A Nadia le ocurrió un miércoles a las 3:30 p. m. en Houston. Miró el tablero de comisiones y estaba muy por debajo de su meta. La ansiedad la paralizó. Sentía que cada llamada debía terminar en venta. Su mentor la detuvo con una frase simple: "Deja de perseguir la comisión y respeta el proceso". Esa noche Nadia definió reglas claras: 25 llamadas, 5 citas y 10 seguimientos diarios. Los primeros días no hubo grandes cambios en dinero, pero sí en su tranquilidad: ahora sabía exactamente qué hacer. Cuatro semanas después sus cierres aumentaron 30 %. La venta dejó de ser una presión y se convirtió en la consecuencia natural de su actividad diaria.

Cuando el proceso es sólido, las ventas llegan solas. El trabajo es hacer las acciones correctas cada día.

Acciones estratégicas a implementar

- Define 3 acciones clave diarias (por ejemplo: llamadas, citas agendadas, seguimientos).
- Concéntrate en cumplirlas, aun si ese día no hay cierre.
- Registra tus avances en un formato simple.
- Evalúa tus resultados después de 30 días de constancia real.

El éxito no se busca: se construye paso a paso en el proceso.

«El resultado es el reflejo del proceso; cuando honras tu disciplina diaria, la victoria llega por añadidura.»

Día 11

ELIMINA DISTRACCIONES: TU TIEMPO VALE COMISIONES

El tiempo de un agente vale dinero. Cada minuto que se pierde en distracciones es una comisión que nunca llegará. ¿Te ha pasado que empiezas el día listo para llamar y, sin darte cuenta, terminas atrapado entre mensajes, redes y notificaciones? Así le ocurrió a Carolina un jueves a las 10:00 a. m. en un coworking de Los Ángeles. Abrió su CRM para comenzar a prospectar, pero entró un mensaje de WhatsApp. Luego una alerta de Instagram. Después un correo. Cuando levantó la mirada eran las 12:15 p. m. y solo había hecho tres llamadas. Estuvo ocupada, sí, pero no productiva. Esa tarde decidió proteger su atención como si fuera dinero en efectivo. Durante una semana activó "no molestar" en su celular durante los bloques de llamadas, dejó las redes para dos espacios de quince minutos y mantuvo visible su meta diaria. El primer día hizo 17 llamadas. Al final de la semana tenía nueve citas nuevas. Descubrió algo incómodo pero liberador: el problema no era el mercado, era su enfoque.

Quien controla su atención controla su agenda, y quien controla su agenda controla sus ingresos.

Acciones estratégicas a implementar

- Identifica tus 3 principales distracciones.
- Desactiva notificaciones en tus bloques productivos.
- Usa bloques de tiempo de enfoque total (por ejemplo, 45–50 minutos).
- Recompénsate solo después de cumplir tus metas del día.

Tu atención es tu activo más valioso; protégelo como proteges tu dinero.

«El que domina su enfoque domina su destino, porque cada minuto invertido con intención se multiplica en resultados.»

Día 12

EL PODER DE LA CONSTANCIA DIARIA

El éxito en seguros no suele venir de un gran esfuerzo ocasional, sino de acciones pequeñas repetidas con disciplina. ¿Te ha pasado que pruebas algo unos días y lo abandonas porque no ves resultados inmediatos? El mercado premia la constancia, no la improvisación. Un viernes a las 6:15 p. m., en su casa en Miami, Esteban miraba su Instagram profesional. Publicaba "cuando se acordaba" y casi nadie interactuaba. Pensó que las redes no servían para vender seguros. En lugar de abandonarlo, decidió un experimento simple: publicar un tip diario sobre protección financiera durante 90 días, sin fallar. Los primeros días nadie comentaba. A los 30 días algunos conocidos empezaron a escribirle. A los 60 días un cliente le dijo: "Te sigo hace tiempo, me gusta cómo explicas. Hablemos de un seguro de vida". Al terminar los 90 días había cerrado ocho pólizas provenientes de redes. No fue un video viral; fue la repetición diaria la que lo posicionó como alguien confiable.

La constancia convierte acciones pequeñas en resultados grandes. Lo importante no es hacerlo perfecto, sino hacerlo todos los días.

Acciones estratégicas a implementar

- Define una acción mínima diaria (llamadas, publicaciones, seguimientos o visitas).
- Hazla todos los días, incluso en días de baja energía.
- Registra tu constancia en un calendario o tablero visible.
- Celebra cuando completes 30 días seguidos sin fallar.

La constancia vence al talento cuando el talento no es constante.

«Los resultados extraordinarios nacen de acciones ordinarias repetidas con disciplina cada día.»

Día 13

CONVIERTE TU META ANUAL EN METAS DIARIAS

Las metas grandes suelen intimidar porque parecen lejanas. Pero cuando las conviertes en números pequeños, dejan de ser un sueño y se vuelven un plan. ¿Te ha pasado que dices "quiero ganar más", pero no sabes exactamente qué significa eso en tu día a día? Patricia vivió ese momento un lunes a las 2:00 p. m. en su oficina de Los Ángeles. En una hoja escribió: "Quiero ganar $120,000 este año". Sonaba bien, pero no sabía cómo lograrlo. Su mentor tomó la hoja y dijo: "Vamos a dividirla". Transformaron la meta anual en cifras claras: $10,000 al mes, unos $2,500 por semana y aproximadamente $500 al día trabajando cinco días. Luego revisaron cuánto ganaba en promedio por póliza. El cálculo mostró que necesitaba entre 10 y 12 pólizas mensuales. A partir de ahí definieron cuántas citas y prospectos requería cada semana. Lo que parecía enorme se convirtió en una ruta concreta. Cuando los números son claros, las acciones también lo son.

Las metas grandes inspiran, pero los números diarios son los que realmente construyen el resultado.

Acciones estratégicas a implementar

- Define tu meta anual de ingresos en dólares.
- Divídela en meta mensual, semanal y diaria.
- Calcula cuántas pólizas necesitas al mes según tu comisión promedio.
- Ajusta tu estrategia de llamadas y citas según ese número.

Los grandes logros se construyen con pequeñas metas diarias cumplidas.

«El secreto no está en soñar con cifras grandes, sino en convertirlas en acciones pequeñas que cumples cada día.»

Día 14

DEFINE METAS SMART EN SEGUROS

Decir "quiero vender más" suena bien, pero no mueve tu negocio. Las ventas crecen cuando la meta es clara, medible y tiene fecha. ¿Qué significa exactamente vender más? ¿Cuántas pólizas? ¿Qué ingreso? Sin esos números, tu mente no tiene dirección. Un martes a las 11:30 a. m., en una capacitación en Chicago, un coach preguntó la meta del mes. Muchos respondieron lo típico: "vender más", "ganar mejor". Nadie podía medirlo. Entonces pidió a Javier que lo definiera con precisión. Después de unos minutos escribió: "Cerrar 7 pólizas de vida de al menos $50 mensuales cada una y generar $2,500 en comisiones antes del día 30". De pronto la meta tenía forma. Tres semanas después revisó sus números: había cerrado seis pólizas y estaba cerca de la séptima. No fue perfecto, pero avanzó mucho más que cuando solo tenía una idea vaga. Las metas SMART convierten deseos en planes que se pueden ejecutar.

Las metas deben ser SMART: **específicas, medibles, alcanzables, relevantes y con fecha límite**. Este modelo convierte los deseos en planes concretos.

Acciones estratégicas a implementar

Completa los campos: **Tu meta SMART de este mes**

- **Específica** (qué exacto voy a lograr)
- **Medible** (pólizas, ingresos, número de citas, referidos, etc.).
- **Alcanzable** (¿es realista? ¿qué respaldo tengo?):
- **Relevante** (¿por qué es importante para ti y tu familia?)
- **Tiempo** (fecha límite)

Una meta sin fecha es solo un sueño; una meta SMART es un compromiso.

«Las metas claras encienden el motor del compromiso; lo que defines con precisión, lo alcanzas con determinación.»

Día 15

USA LA VISUALIZACIÓN ANTES DE LA CITA

La visualización no es solo una técnica motivacional; es una herramienta práctica de ventas. Antes de una cita, te ayuda a entrar con claridad y propósito. Durante la conversación, ayuda al cliente a imaginar el futuro que desea proteger. ¿Qué ocurre cuando una persona ve con claridad lo que puede pasar con su familia? La decisión deja de ser técnica y se vuelve personal. Un lunes a las 5:45 p. m., en Houston, Ernesto estaba dentro de su auto antes de una cita importante con una familia de cinco. Sentía nervios. Podía entrar con miedo... o preparar su mente. Cerró los ojos dos minutos y visualizó la escena: la familia firmando, la comisión ayudándolo a pagar una deuda, la llamada a su esposa diciendo "lo logramos". Entró más tranquilo. Durante la conversación dijo: "Imaginen por un momento qué pasaría con su familia si mañana ustedes faltaran". El silencio en la sala fue más poderoso que cualquier cifra. Esa noche contrataron una póliza de $95 al mes y le dieron dos referidos. La visualización cambió la energía de la conversación.

Acciones estratégicas a implementar

- Antes de cada cita, visualiza en 2–3 minutos el cierre, la comisión y la meta que estás acercando.
- Durante la cita, guía al cliente con preguntas que lo hagan *imaginar* su futuro con y sin protección.
- Escribe frases visuales que puedas usar siempre (escenarios, futuros posibles).
- Repite este ejercicio durante 30 días y mide si tus cierres mejoran.

Lo que tu mente cree y siente, tu negocio lo materializa... y tu cliente también.

«Cuando tus metas viven en tu mente con claridad, cada cita se convierte en un puente para alcanzarlas.»

Día 16

DIVIDE TUS METAS EN INGRESOS, PROSPECTOS Y CIERRES

Convertir una meta de ingresos en números de actividad cambia completamente la forma de trabajar. Decir "quiero ganar $5,000 al mes" es una intención; saber cuántos prospectos, citas y cierres necesitas es un plan. ¿Conoces tus propios números? Un miércoles a las 11:10 a. m., en su oficina de Los Ángeles, Miguel revisaba su cuenta bancaria con frustración. Sentía que trabajaba mucho, pero no alcanzaba la cifra que quería. Su líder le hizo una pregunta simple: "¿Cuántos prospectos necesitas para cerrar una póliza?". Miguel no lo sabía. Revisaron sus últimos tres meses de actividad y apareció el patrón: de cada 10 citas cerraba 3 pólizas, y de cada 20 prospectos obtenía 5 citas. Con esos datos calcularon el objetivo: para ganar $5,000 al mes necesitaba unas 10 pólizas. Eso significaba aproximadamente 34 citas y cerca de 140 prospectos contactados. Hasta entonces solo hablaba con 40 o 50 personas al mes. No era falta de habilidad, era falta de volumen. Dos meses después, al alcanzar esos 140 contactos, superó su meta en un 10 %.

Acciones estratégicas a implementar

- Define tu ingreso meta mensual.
- Calcula cuántas pólizas necesitas según tu comisión promedio.
- Revisa tus cifras reales: de cuántas citas sacas una póliza, y de cuántos prospectos sacas una cita.
- Calcula cuántos prospectos debes generar al mes y a la semana.

Lo que no se mide, no se mejora.

«El éxito no está en desear ingresos, sino en calcular acciones y cumplirlas con disciplina.»

Día 17

USA UN TABLERO DE METAS VISIBLES EN TU OFICINA

Las metas que solo viven en tu mente se olvidan con facilidad. Las metas que ves todos los días te recuerdan quién quieres ser y qué estás construyendo. Un tablero visible no es decoración; es un compromiso constante. ¿Dónde ves hoy tus objetivos? Un domingo a las 4:30 p.m., en su apartamento en Chicago, Alejandro pensaba que cada mes comenzaba con entusiasmo y terminaba perdiendo el ritmo. Sentía que reaccionaba a los días en lugar de dirigirlos. Decidió cambiar algo simple: hizo un tablero grande. Pegó fotos de sus hijos, de la casa que sueña y de un viaje a la playa. Arriba escribió: "Meta mensual: 12 pólizas – $7,500 en comisiones". Cada vez que cerraba una póliza, sumaba una marca a su lista, frente a sus hijos. Ellos empezaron a preguntarle: "¿Papi, ya llenaste las 12?". Tres meses después no solo cumplía sus metas con más consistencia; su familia entendía el propósito de su esfuerzo. El tablero convirtió números abstractos en un recordatorio diario de por qué vale la pena trabajar.

Acciones estratégicas a implementar

- Consigue un tablero físico (pizarrón, corcho, cartulina) y colócalo donde lo veas diario.
- Escribe tus metas mensuales y trimestrales con números claros.
- Añade imágenes que representen tus razones (familia, viajes, casa, deudas pagadas).
- Actualiza el tablero cada vez que logres un avance importante.

Lo que ves cada día, tu mente lo trabaja hasta hacerlo realidad.

«Tus ojos son la ventana de tu compromiso; lo que ves con claridad, lo alcanzas con determinación.»

Día 18

EVALÚA Y AJUSTA TUS METAS CADA 90 DÍAS

Las metas sirven para orientar el camino, no para quedar grabadas en piedra. Si no revisas tus números, puedes pasar meses repitiendo la misma estrategia sin notar qué funciona y qué no. Por eso cada 90 días conviene hacer un "corte de caja": mirar resultados, detectar fallas y ajustar el plan. Un viernes a las 7:00 p.m., en una cafetería de Los Ángeles, Carla abrió su libreta para revisar el trimestre. Su meta era cerrar 15 pólizas y había logrado 10. La primera reacción fue frustración. Pero al analizar los datos encontró algo revelador: el problema no estaba en su capacidad de cierre, sino en la falta de prospección durante el primer mes. Su mentor le hizo una pregunta directa: "¿Qué vas a hacer diferente los próximos 90 días?". Carla decidió aumentar en 30 % sus contactos, organizar dos pequeños eventos con clientes y programar una revisión a mitad del trimestre. En el siguiente periodo no solo alcanzó las 15 pólizas; cerró 18. No fue suerte. Fue medir a tiempo y corregir el rumbo.

Acciones estratégicas a implementar

- Agenda desde ya una revisión cada 90 días en tu calendario.
- Compara metas vs. resultados en ingresos, pólizas y citas.
- Identifica qué funcionó (y debes repetir) y qué no funcionó (y debes cambiar).
- Redefine acciones claras para el siguiente trimestre.

Las metas no fallan; lo que falla es no revisarlas a tiempo.

«El progreso verdadero se construye midiendo, corrigiendo y avanzando con más fuerza cada trimestre.»

RODÉATE DE AGENTES QUE TE INSPIREN

El entorno influye más de lo que muchos agentes admiten. Las conversaciones que escuchas cada día terminan moldeando tu forma de pensar y actuar. ¿Te rodeas de personas que buscan soluciones o de quienes explican por qué nada funciona? Un martes a las 8:05 a. m., en una reunión de agencia en Miami, Carlos notó algo curioso. Había dos grupos claros. Uno era el "club de las quejas": frases sobre el mercado, los clientes y la compañía. El otro grupo estaba formado por los productores más fuertes. Hablaban distinto: cuántas citas llevaban, qué guion estaban probando, cuántas pólizas querían cerrar esa semana. Ese día Carlos llegó tarde y solo quedó una silla junto a los top producers. Se sintió incómodo al principio, pero escuchó algo nuevo: responsabilidad y enfoque. Decidió sentarse con ellos durante las siguientes semanas. Empezó a copiar hábitos simples: más llamadas, mejor preparación, menos quejas. Seis meses después sus ventas habían crecido un 40 %.

Acciones estratégicas a implementar

- Identifica a los agentes más exitosos de tu agencia o red.
- Busca espacios para compartir con ellos (reuniones, cafés, entrenamientos).
- Haz preguntas, toma notas y copia sus hábitos productivos.
- Aléjate intencionalmente de las conversaciones de queja y chisme.

Tu entorno determina tu altura de vuelo.

«Rodéate de grandeza y tu vida no tendrá espacio para la mediocridad.»

ALÉJATE DE AMBIENTES NEGATIVOS

Rodearte de personas productivas ayuda, pero también es necesario proteger tu mente de los ambientes negativos. Las conversaciones cargadas de quejas, pesimismo y sarcasmo hacia quien intenta mejorar terminan drenando tu energía. ¿Qué tipo de conversaciones escuchas a diario? Un jueves a las 12:40 p. m., en una cafetería cerca de la oficina en Houston, Luis almorzaba con un grupo de agentes que repetía siempre lo mismo: el sistema no funciona, los clientes solo buscan lo más barato, el negocio ya no es como antes. Cada comida terminaba igual: Luis volvía a su escritorio con menos ganas de trabajar. Ese día notó el patrón. Pensó que algo no cuadraba si salía de esos almuerzos más cansado que cuando llegó. Al día siguiente cambió de mesa y se sentó con una compañera que hablaba de metas, guiones y nuevas ideas. Un mes después, sin cambiar de producto ni de empresa, Luis había triplicado sus citas. La diferencia fue el ambiente que decidió escuchar.

Acciones estratégicas a implementar

- Identifica claramente qué ambientes o grupos te restan energía.
- Decide cuánto tiempo vas a reducir con ellos (o si vas a salir del todo).
- Sustituye ese tiempo por entornos de crecimiento (lectura, capacitación, grupos positivos).
- Practica decir "no" con respeto, pero con firmeza.

La negatividad roba tu futuro; protégelo con firmeza.

«El agente que protege su energía jamás será vencido por un entorno que lo limita.»

CREA UNA RED DE APOYO CON OTROS PROFESIONALES

Muchos agentes creen que su crecimiento depende solo de cuántas llamadas hacen. Las llamadas son importantes, pero las conexiones correctas multiplican las oportunidades. Una red con Realtors, contadores, abogados o dueños de negocios puede convertirse en una fuente constante de referidos de calidad. ¿Con cuántos profesionales estás conectado hoy? Un jueves a la 1:15 p. m., en un evento de networking en Miami, Verónica se sentía fuera de lugar entre tarjetas elegantes y conversaciones formales. Pensó que solo era una agente de seguros. Aun así se acercó a un Realtor y le dijo algo simple: "Muchos de tus clientes compran casa para proteger a su familia. Yo los ayudo a proteger su ingreso. Podemos recomendarnos". Ese pequeño paso cambió su agenda. En los meses siguientes el Realtor le envió ocho clientes; dos contrataron pólizas completas y generaron nuevos referidos. Seis meses después Verónica tenía una red de cuatro profesionales que le enviaban clientes regularmente.

Acciones estratégicas a implementar

- Haz una lista de profesiones que comparten clientes contigo (Realtors, contadores, abogados, banqueros, médicos, coaches, etc.).
- Contacta al menos a 3 profesionales este mes para presentarles una propuesta ganar–ganar.
- Define cómo se referirán los clientes (mensaje tipo, formulario, reunión conjunta).
- Haz seguimiento: mantén viva la relación, no solo pidas, también aporta valor.

Tu red de apoyo es tu red de crecimiento.

«Los grandes imperios se construyen en comunidad, nunca en soledad.»

PARTICIPA EN EVENTOS DE TU COMUNIDAD

Un agente que nadie ve difícilmente recibe llamadas. La visibilidad en la comunidad crea confianza antes de que empiece la conversación de ventas. ¿Cuántas personas de tu entorno saben realmente a qué te dedicas? Un sábado a las 10:15 a. m., en una feria de salud en un parque de Houston, Sandra montó una mesa sencilla con un letrero que decía: "Revisión gratuita de tu protección financiera". Al principio se sintió incómoda. Pensó que tal vez nadie se acercaría. Decidió enfocarse en ayudar en lugar de vender. Se puso de pie, sonrió y empezó a preguntar a los visitantes cuándo fue la última vez que revisaron su protección familiar. En tres horas habló con cuarenta personas y agendó doce citas. En las dos semanas siguientes cerró cuatro pólizas. Lo que parecía un sábado perdido se convirtió en el mejor inicio de mes que había tenido en el año. La comunidad no responde a quien se esconde, responde a quien participa.

Acciones estratégicas a implementar

- Investiga los próximos eventos en tu comunidad (ferias, cámaras de comercio, iglesias, escuelas, ligas).
- Elige al menos un evento para asistir este mes como participante o expositor.
- Prepara material simple: tarjetas, un folleto claro, un regalo pequeño o un formulario de registro.
- Da seguimiento en menos de 48 horas a cada contacto que consigas.

Quien está presente en su comunidad, está presente en la mente de sus clientes.

«El éxito en seguros empieza cuando tu comunidad sabe que existes y confía en ti.»

Día 23

ÚNETE A GRUPOS DE ESTUDIO O MASTERMIND

Aprender por tu cuenta tiene valor, pero aprender junto a otros agentes acelera el progreso. Un grupo de estudio o mastermind permite compartir experiencias reales, revisar números y descubrir soluciones que quizá tardarías meses en encontrar solo. ¿Con quién analizas hoy tus resultados? Un martes a las 7:00 p. m., en una pequeña sala de conferencias en Miami, cinco agentes latinos se reunieron con café y sus laptops. Daniela llegó escéptica; llevaba meses sin avanzar y temía perder tiempo. En la reunión cada uno compartió sus cifras: llamadas realizadas, citas agendadas y objeciones encontradas. Cuando le tocó hablar, Daniela admitió algo que evitaba: casi nunca pedía referidos porque le daba vergüenza. El grupo le enseñó un guion simple y la retó a usarlo diez veces esa semana. En la siguiente reunión volvió sorprendida: había conseguido siete referidos y dos estaban listos para póliza. Lo que sola habría tardado meses en descubrir, el grupo lo resolvió en una semana.

Acciones estratégicas a implementar

- Busca grupos locales o virtuales de agentes de seguros o de ventas.
- Únete a uno y comprométete a asistir al menos 4 semanas seguidas.
- Lleva tus números y participa activamente (no solo escuches).
- Aplica cada semana al menos una idea que tomes del grupo.

Dos mentes piensan mejor que una; diez mentes avanzan más rápido.

«El crecimiento se multiplica cuando caminas acompañado de quienes buscan lo mismo que tú.»

Día 24

APRENDE DE UN MENTOR QUE YA LOGRÓ LO QUE TÚ QUIERES

Un mentor acorta el camino porque ya enfrentó los errores que tú estás a punto de cometer. Aprender directamente de alguien que ya logró los resultados que buscas puede ahorrarte años de prueba y frustración. ¿A quién le estás pidiendo consejo hoy? Un miércoles a las 8:30 a. m., en una oficina de Los Ángeles, Marina pasaba cada día frente a la foto del "Agente del año". Era José, el productor estrella. Durante meses pensó que debía tener algo especial: suerte, contactos o ventajas que ella no tenía. Un día decidió escribirle y pedirle veinte minutos para hacerle algunas preguntas. José aceptó. En esa conversación revisó sus números, observó su agenda y le dio tres ajustes simples: aumentar sus llamadas diarias, reservar una hora fija para seguimiento y mejorar la apertura de sus presentaciones. Marina aplicó esas recomendaciones durante treinta días. Al final del mes sus pólizas se habían duplicado. Comprendió que el éxito de José no era un misterio; era un sistema probado que alguien le había mostrado con claridad.

Acciones estratégicas a implementar

- Identifica a alguien que ya tenga los resultados que tú quieres (en tu agencia o incluso en otra).
- Acércate con humildad y claridad: pide una conversación y lleva preguntas concretas.
- Escucha, toma notas y comprométete a ejecutar lo que te recomiende.
- Agradece su tiempo y hazle saber cómo sus consejos impactaron tus resultados.

El camino al éxito es más rápido cuando lo recorres con un guía.

«Seguir los pasos correctos de quien ya llegó es la forma más sabia de alcanzar tus propias metas.»

Día 25

FÓRMATE 30 MINUTOS DIARIOS COMO UN PROFESIONAL DE ALTO RENDIMIENTO

El conocimiento amplía tu ventaja como agente. Cuando inviertes tiempo en aprender sobre ventas, seguros y desarrollo personal, tu forma de hablar cambia y también la forma en que los clientes perciben tu asesoría. ¿Cuánto tiempo dedicas hoy a mejorar tu criterio profesional? Un lunes a las 6:00 a. m., en su apartamento en Chicago, Andrés se levantó antes de que comenzara el ruido del día. Con un café abrió un libro sobre cierres de ventas y dedicó treinta minutos a estudiar. Subrayó una idea simple: una nueva forma de explicar los beneficios de una póliza. Ese mismo día la probó en dos citas. En una de ellas el cliente respondió: "Nunca me lo habían explicado así. Hagámoslo". Ese pequeño hábito diario empezó a producir cambios visibles. En pocas semanas manejaba mejor las objeciones, hablaba con más seguridad y su tasa de cierre aumentó cerca de un 20 %. La mejora no llegó de un golpe de suerte, sino de repetir un espacio de aprendizaje cada mañana.

Acciones estratégicas a implementar

- Elige un libro, curso o módulo específico (no 10 a la vez).
- Aparta 30 minutos diarios en tu agenda, como una cita sagrada contigo.
- Toma notas de al menos una idea aplicable por día.
- Aplica esa idea en la siguiente conversación con un cliente o prospecto.

La educación constante es la inversión que nunca se devalúa.

«El agente que aprende todos los días, crece todos los días; su éxito nunca se detiene.»

Día 26

INVIERTE EN CURSOS Y CERTIFICACIONES QUE ELEVEN TU AUTORIDAD

El mercado reconoce rápidamente la diferencia entre quien repite un guion y quien entiende a fondo su profesión. La formación continua —cursos, talleres o certificaciones— aumenta tu credibilidad y amplía el valor que puedes ofrecer a tus clientes. ¿Qué tan actualizado está hoy tu conocimiento? Un jueves a las 3:00 p. m., en un centro de capacitación en Los Ángeles, Samuel miraba el precio de un curso avanzado de planificación financiera y dudaba. Pensó que ese dinero podría usarlo para otras cosas. Finalmente decidió tratarlo como inversión. Durante las semanas de estudio aprendió a analizar necesidades con mayor profundidad, diseñar planes completos para familias y dueños de negocios y explicar beneficios con mayor claridad. Tres meses después, en una reunión con una empresaria, ella comentó algo revelador: "Me gusta trabajar contigo porque se nota que sabes de lo que hablas". Ese trimestre sus comisiones crecieron cerca de un 35 %. La formación no solo mejoró su conocimiento; también elevó la confianza que transmitía en cada conversación.

Acciones estratégicas a implementar

- Investiga qué certificaciones o cursos son más valorados en tu área y tipo de seguros.
- Elige al menos un curso por trimestre para seguir elevando tu nivel.
- Aplica de inmediato al menos una herramienta de cada formación.
- Comunica a tus clientes (en redes, correos o citas) que estás certificado y en constante actualización.

La preparación abre las puertas que la improvisación mantiene cerradas.

«Un agente preparado nunca compite por precio, porque su valor se mide en conocimiento y confianza.»

Día 27

CONVIERTE TU AUTO EN UNA UNIVERSIDAD SOBRE RUEDAS

El tiempo que pasas manejando puede convertirse en una pérdida diaria... o en una oportunidad constante de aprendizaje. Muchos agentes pasan horas en el auto entre citas y tráfico. ¿Qué alimenta tu mente durante ese tiempo? Un lunes a las 8:00 a. m., en la autopista de Houston, Carlos estaba atrapado en tráfico pesado. Antes solía escuchar noticias negativas o música que lo dejaba más tenso. Llegaba a las reuniones cansado mentalmente. Un día decidió cambiar ese hábito: descargó un audiolibro de ventas y comenzó a escuchar un podcast sobre mentalidad y negociación. En uno de los episodios aprendió una forma distinta de responder a la objeción "no tengo tiempo". Ese mismo día aplicó la idea y logró agendar una cita que antes habría perdido. Con el paso de los meses notó algo interesante: solo aprovechando el tiempo de manejo había acumulado más de cien horas de aprendizaje. Sus cierres aumentaron cerca de un 25 %.

Acciones estratégicas a implementar

- Elige 1–2 podcasts o audiolibros sobre ventas, seguros o mentalidad.
- Descárgalos en tu celular para escucharlos sin depender de internet.
- Asocia siempre el manejo o las caminatas largas con "modo aprendizaje".
- Anota una idea clave por día y busca aplicarla esa semana.

Tu mente se alimenta de lo que escuchas; aliméntala con grandeza.

«El agente que transforma su tiempo muerto en aprendizaje convierte cada kilómetro en crecimiento.»

ESCRIBE UN DIARIO DE APRENDIZAJES Y LECCIONES

El aprendizaje que no se registra suele desaparecer con la misma rapidez con la que ocurrió. Cuando anotas lo que descubres cada día —una pregunta que funcionó, una objeción que resolviste, un error que no quieres repetir— comienzas a construir tu propio manual profesional. ¿Dónde guardas hoy las lecciones que te deja cada jornada? Un jueves a las 9:45 p. m., en su cocina en Miami, Valeria empezó a escribir en un cuaderno antes de dormir. Esa noche anotó algo sencillo: cuando hacía una pregunta adicional sobre la familia del cliente, la conversación se volvía más abierta y emocional. Durante semanas siguió registrando observaciones similares. Tres meses después revisó sus páginas y notó patrones claros: objeciones que ya dominaba, errores que había corregido y frases que generaban mejores respuestas. Ese cuaderno se transformó en su referencia diaria, construido con experiencias reales de su propio mercado.

Acciones estratégicas a implementar

- Consigue un cuaderno o documento digital solo para tus aprendizajes de ventas.
- Cada noche escribe al menos una lección del día (de un cliente, de un libro, de una reunión).
- Revisa tu diario al final de cada mes y subraya patrones.
- Elige una lección clave por mes para convertirla en nuevo estándar de trabajo.

Lo que escribes, recuerdas; lo que recuerdas, mejoras.

«El diario de un agente exitoso no son sus ventas, sino las lecciones que lo llevaron a lograrlas.»

Día 29

DESARROLLA INTELIGENCIA EMOCIONAL PARA VENTAS

En seguros no siempre gana quien habla más fuerte o quien intenta convencer con presión. Gana quien sabe escuchar, mantener la calma y comprender lo que realmente siente el cliente. La inteligencia emocional convierte conversaciones tensas en oportunidades de confianza. ¿Qué haces cuando un cliente reacciona con frustración? Un lunes a las 7:20 p. m., en un departamento de Chicago, un cliente levantó la voz frente a Diego: "No entendí nada de lo que explicaste. Solo quieres que firme rápido". Años atrás Diego habría respondido a la defensiva. Esa reacción solo habría empeorado la situación. Esta vez respiró, recordó que la reacción del cliente venía del miedo y no de un ataque personal. Con tono tranquilo respondió: "Entiendo que te sientas así. Mi intención es ayudarte. Revisemos cada punto y aclaremos lo que haga falta". El ambiente cambió de inmediato. La tensión bajó, el cliente se disculpó por el tono y, después de entender mejor la propuesta, decidió firmar la póliza. Diego salió satisfecho no solo por el cierre, sino porque dominó primero su propia reacción.

Beneficios directos

- Te mantienes profesional en cualquier situación.
- Generas confianza y respeto en tus clientes.
- Aumentas tu efectividad en cierres porque conectas con la emoción real detrás de las objeciones.

El control de tus emociones es el control de tu negocio.

«El agente que domina sus emociones no solo vende seguros: conquista confianza, porque cuando controlas tus emociones, también guías las emociones del cliente hacia una decisión más clara y tranquila»

RODÉATE DE INSPIRACIÓN TODOS LOS DÍAS

El espacio donde trabajas influye más de lo que parece. Las imágenes, frases y objetos que ves todos los días alimentan tu estado mental antes de empezar a llamar, presentar o cerrar. ¿Qué mensajes recibe tu mente cuando levantas la vista de tu escritorio? Un miércoles a las 8:00 a. m., en su pequeña oficina en Los Ángeles, Ana notó que su pared estaba llena solo de calendarios y facturas. Cada mirada le recordaba pendientes, no razones para avanzar. Decidió cambiarlo. Colocó una foto de sus padres en su país de origen, una imagen de la casa que quiere comprar y escribió una frase grande frente a su escritorio: "Hoy llamo como la proveedora que soy, no como la víctima que fui". Antes de comenzar su jornada ponía una canción que la motivaba y leía esa frase en voz alta. Ese pequeño ritual se volvió su impulso para hacer una llamada más incluso en días difíciles. Tres meses después su producción había mejorado y, más importante aún, se sentía orgullosa de la persona en la que se estaba convirtiendo.

Acciones estratégicas a implementar

- Escribe 3 frases que realmente te muevan (no solo bonitas, sino personales).
- Colócalas en lugares donde tus ojos las vean varias veces al día.
- Añade imágenes que representen tus metas más importantes.
- Crea una breve rutina de inicio de jornada: música, frase, visualización de 1 minuto.

El entorno correcto enciende tu grandeza interior.

«La inspiración diaria es la chispa que mantiene encendido el fuego de tus sueños.»

SECCIÓN 2

MARKETING Y PROSPECTACIÓN

Del azar al sistema — cómo construir un flujo constante de prospectos

Hay una escena que se repite en casi todos los negocios, sin importar el producto, la ciudad o la industria. Un lunes amanece "bueno". Entran dos mensajes, alguien pide precio, otra persona pregunta disponibilidad. Te sientes vivo. Respondes rápido, haces seguimiento, incluso te vuelves creativo. Ese día te dices: "Ahora sí, arrancó".

Luego llega el martes. Silencio. El miércoles, dos llamadas perdidas que no vuelven. El jueves, alguien que "lo va a pensar". El viernes, miras la semana y no puedes explicar por qué unos días hubo movimiento y otros no. Y lo peor no es solo la falta de ventas. Lo peor es la sensación: no estás dirigiendo el negocio; el negocio te está dirigiendo a ti.

Ese escenario tiene un nombre: depender de la esperanza. Y la esperanza, por bonita que suene, no paga renta, no estabiliza ingresos, no permite crecer. La esperanza es un estado emocional. Un negocio necesita algo más fuerte: un sistema.

Esta sección existe para una sola cosa: convertir desconocidos en conversaciones y conversaciones en citas. No de vez en cuando. No cuando el algoritmo te favorece. No cuando "se alinean las cosas". De forma constante y predecible.

El cambio clave: dejar de "publicar" y empezar a "prospectar"

Mucha gente confunde visibilidad con prospectos. Creen que si publican más, si hacen un video, si abren una cuenta nueva o si siguen tendencias, entonces "debería" llegar gente.

Pero la visibilidad es apenas el primer paso. La pregunta real es otra:

¿Qué pasa después de que alguien te ve?

Si tu respuesta es: "Nada... a veces me escriben", entonces no tienes un sistema. Tienes un deseo.

Prospectar no es rogar. No es perseguir. No es "molestar". Prospectar es sembrar con método: atraer atención con valor, capturar datos, nutrir confianza, iniciar conversación, llevar a diagnóstico, agendar cita y cerrar... y luego pedir referidos.

Cuando esto está bien armado, ocurre algo que te cambia el ánimo y la caja: Dejas los altibajos, no dependes de un solo canal, y ahora puedes medir, ajustar y predecir. Tu energía deja de irse en improvisar y empieza a irse en ejecutar.

La atención es la nueva moneda (y el seguimiento es el banco)

Hoy la competencia no siempre gana por ser mejor, se gana por algo más simple: se queda con la atención. Y aquí viene una verdad incómoda: la atención es frágil. Se pierde facilmente con otra notificación. La gente no te ignora porque te odia; te ignora porque está distraída. Por eso, el seguimiento oportuno no es insistencia: es servicio.

Si alguien mostró interés y tú apareces de forma profesional en el momento correcto, con el mensaje correcto, por el canal correcto, aumentas tus probabilidades de cierre sin gastar más dinero.

En esta sección vas a trabajar una regla práctica: 48 horas. El interés se calienta o se enfría. Y cuando domines la regla 3-3-3 (3 contactos en 3 días por 3 canales), vas a notar algo sorprendente: muchas ventas que "se perdían" no se perdían... se abandonaban.

Online + offline: la fórmula antifrágil

Si todo tu sistema depende de una plataforma, estás a merced de cambios que no controlas: alcance, anuncios, reglas, bloqueos, tendencias. Un día funciona y al otro no.

La solución no es odiar las redes, ni volverte solo presencial. La solución inteligente es integrar ambos mundos:

Online para atraer, educar y mantener presencia. Offline para construir confianza más rápido, demostrar clase y generar conversaciones reales.

Cuando combinas los dos, te vuelves antifrágil: si una vía baja, la otra sostiene el flujo. Y si ambas funcionan, el crecimiento deja de ser accidental.

Día 31

DEFINE TU CLIENTE IDEAL CON CLARIDAD

Intentar vender a todo el mundo suele terminar en un mensaje débil que no conecta con nadie. Cuando defines con claridad a quién quieres servir, tu comunicación se vuelve precisa y tus conversaciones ganan fuerza. Pregúntate algo directo: ¿quién es la persona que realmente se beneficia de tu asesoría?

Habla a la persona correcta. Un agente en Houston pasó meses promocionando seguros "para cualquiera". Hablaba con muchas personas, pero pocas mostraban interés real. Un día decidió hacer un cambio sencillo: enfocarse en familias jóvenes con hijos pequeños. Ajustó su mensaje a una frase clara: "Ayudo a padres jóvenes a proteger el futuro de sus hijos con planes de vida accesibles". El efecto fue inmediato. Las personas entendían rápidamente si el mensaje era para ellas. Las conversaciones se volvieron más profundas, las citas llegaban con más interés y los cierres empezaron a mejorar. El producto seguía siendo el mismo; lo que cambió fue la claridad de a quién servía.

Esto cobra sentido porque las personas prestan atención cuando sienten que el mensaje habla de su vida.

Acciones estratégicas a implementar

- Haz una lista de los posibles grupos de clientes (familias, inmigrantes, jubilados, empresarios).
- Elige 1 o 2 para comenzar.
- Describe sus características principales.
- Adapta tu mensaje a sus necesidades específicas.

El que quiere vender a todos, no conecta con nadie.

"El éxito empieza cuando dejas de ser un agente generalista y te conviertes en la respuesta exacta para alguien."

Día 32

IDENTIFICA LAS NECESIDADES PROFUNDAS DE TU MERCADO

Los clientes no compran una póliza; compran la tranquilidad que esa póliza representa. Por eso la conversación correcta no empieza con el producto, empieza con la persona. ¿Qué valora? ¿Qué teme perder? ¿Qué quiere proteger por encima de todo? Cuando descubres eso, la venta deja de ser técnica y se vuelve humana.

Vende tranquilidad, no pólizas. Un agente en Dallas lo entendió en una reunión con una pareja joven que repetía: "solo estamos mirando opciones". En lugar de explicar coberturas, hizo una pregunta sencilla: "Si mañana algo faltara, ¿qué sería lo que más les preocuparía para sus hijos?". La madre habló de la educación y el padre mencionó el hogar que estaban construyendo. En ese momento la conversación cambió de dirección. Ya no hablaban de una póliza, si no del futuro de su familia. Entonces la propuesta tuvo sentido porque respondía a algo que ellos valoraban profundamente.

Esto genera valor porque las decisiones importantes nacen de las emociones, no de las especificaciones.

Acciones estratégicas a implementar

- En cada conversación, haz preguntas abiertas: "¿Qué es lo que más te preocupa?","¿Qué es lo más importante para ti?".
- Escucha con atención sus respuestas y detecta sus valores clave.
- Conecta esas preocupaciones y valores con los beneficios de tus productos (ej.: "Este plan te ayuda a asegurar la educación de tus hijos si algo pasara contigo").

Las personas no compran seguros, compran tranquilidad alineada con lo que más valoran.

"Cuando descubres el verdadero dolor y los valores de tu cliente, encuentras la llave para abrirle la puerta de la confianza."

Día 33

ESPECIALÍZATE EN UN NICHO ESPECÍFICO

El mercado recuerda a los especialistas, no a quienes ofrecen "de todo". Cuando defines una especialidad concreta, tu nombre empieza a asociarse con una solución específica. Pregúntate algo simple: cuando alguien tenga un problema particular, ¿por qué debería pensar en ti?

Elige una especialidad clara. Un agente en Houston decidió enfocarse en un grupo que conocía bien: inmigrantes recién llegados que querían proteger a sus familias mientras se establecían en el país. En lugar de presentarse como alguien que vendía todo tipo de seguros, empezó a hablar de un tema muy claro: protección financiera para nuevas familias inmigrantes. Con el tiempo aprendió cuáles eran sus miedos, cómo tomaban decisiones y qué preguntas siempre aparecían en las reuniones. Esa comprensión cambió su manera de explicar los seguros. Su comunidad comenzó a verlo como la persona indicada cuando alguien necesitaba orientación. Las recomendaciones crecieron porque su especialidad era fácil de recordar.

Esto da resultado porque las personas confían más en quien domina un problema específico.

Acciones estratégicas a implementar

- Analiza qué segmentos conoces mejor.
- Evalúa qué grupo tiene más demanda insatisfecha.
- Enfócate en un solo nicho al inicio.
- Desarrolla contenido y mensajes solo para ese grupo.
- Ajusta tu mensaje para solucionar solo una cosa

  El generalista sobrevive, el especialista prospera.

"El agente que se convierte en experto en un nicho deja de competir y empieza a liderar."

Día 34

INVESTIGA DÓNDE SE ENCUENTRA TU MERCADO META

Definir a tu cliente ideal es solo el comienzo. El siguiente paso es descubrir dónde pasa su tiempo. ¿Dónde se informa? ¿Dónde conversa? ¿Dónde busca ayuda cuando tiene dudas? Si no estás en esos lugares, tu mensaje difícilmente llegará.

Encuentra el lugar donde vive tu cliente. Un agente que quería trabajar con madres solteras decidió detener la prospectación al azar. Observó con atención dónde interactuaban estas mujeres y descubrió algo claro: muchas participaban en grupos de Facebook sobre maternidad, crianza y apoyo familiar. En lugar de entrar vendiendo, comenzó compartiendo consejos simples sobre cómo proteger el futuro financiero de los hijos. Respondía preguntas, aportaba ideas y participaba en las conversaciones. Con el tiempo su nombre empezó a sonar familiar dentro del grupo. Algunas madres comenzaron a escribirle en privado para pedir orientación. Cuando hablaban con él, ya existía confianza.

Esto se sostiene en que la confianza nace de la presencia constante, no de la presión.

Acciones estratégicas a implementar

- Identifica si tu mercado está en redes sociales, eventos o asociaciones.
- Haz una lista de lugares virtuales y físicos donde se reúnen.
- Diseña una estrategia para estar presente en esos espacios.
- Únete y observa primero.
- Comparte un consejo útil antes de ofrecer cualquier producto.

Tu mercado meta no es un misterio, está en lugares específicos; tu tarea es encontrarlos.

"El éxito no llega por azar, llega porque sabes exactamente dónde buscarlo."

Día 35

CREA UN PERFIL DETALLADO DE TU CLIENTE IDEAL

Un mercado se vuelve claro cuando deja de ser una multitud y se convierte en una persona concreta. Mientras tu cliente sea "todo el mundo", tu mensaje será débil. Pero cuando puedes imaginarlo con nombre, edad y preocupaciones, todo cambia. ¿Puedes describir hoy a tu cliente ideal como si estuviera sentado frente a ti?

Dale rostro a tu cliente ideal. Un agente en Orlando hizo este ejercicio una mañana. Abrió su libreta y escribió: "María, 35 años, madre soltera, trabaja tiempo completo y quiere estabilidad financiera para sus hijos". Luego se hizo preguntas simples: ¿qué le preocupa a María?, ¿qué teme perder?, ¿qué explicación entendería mejor? Con esa imagen revisó sus mensajes, sus publicaciones y su forma de presentar el seguro. Ya no hablaba de pólizas; hablaba de cómo una madre podía proteger el futuro de sus hijos si algo inesperado ocurría. Las respuestas comenzaron a cambiar. Las personas sentían que el mensaje estaba hecho para ellas.

Esto ofrece una ventaja porque las personas reaccionan cuando sienten que alguien entiende su realidad.

Acciones estratégicas a implementar

- Define edad, género, profesión y estado familiar de tu cliente.
- Identifica sus principales preocupaciones.
- Escribe sus metas y sueños.
- Usa este perfil como guía en tu marketing.

  Un perfil claro genera un mensaje poderoso.

"El agente que conoce a su cliente como a un amigo, nunca se queda sin ventas."

Día 36

HAZ ENCUESTAS SIMPLES A TU MERCADO

Si quieres entender realmente a tu cliente, deja de adivinar y empieza a preguntar. Una encuesta corta puede darte más claridad que semanas de suposiciones. ¿Te ha pasado que crees saber lo que preocupa a tu cliente y luego descubres que era otra cosa? A muchos agentes les ocurre.

Pregúntales directamente a tus clientes, Un agente decidió hacer algo simple. Un martes por la tarde envió un mensaje de WhatsApp a 20 contactos con solo tres preguntas. La primera era directa: "¿Qué es lo que más te preocupa de tu futuro financiero?". Las respuestas fueron reveladoras. Algunos hablaron de la educación de sus hijos, otros del miedo a enfermarse o dejar de producir ingresos. Con esas palabras reales ajustó su conversación de ventas. Dejó de explicar seguros... y empezó a resolver preocupaciones concretas. ¿El resultado? Más conversaciones relevantes y más citas.

Esto se basa en que las personas quieren sentirse escuchadas. Cuando usas sus propias palabras, tu mensaje conecta de inmediato.

Acciones estratégicas a implementar

- Diseña 3 a 5 preguntas clave sobre preocupaciones financieras y de salud.
- Envía la encuesta a tus contactos o publícala en redes.
- Analiza las respuestas y busca patrones comunes.
- Ajusta tu mensaje de ventas con base en esa información.

  El que pregunta descubre; el que supone se equivoca.

"El agente que escucha primero, vende después con certeza."

Día 37

HABLA EN EL LENGUAJE DE TU MERCADO

Cada cliente entiende mejor cuando le hablas en un lenguaje que reconoce. Los términos técnicos pueden impresionar, pero muchas veces confunden. En cambio, las palabras simples generan confianza. Pregúntate: ¿tu cliente entiende lo que dices o solo asiente por cortesía?

Habla el idioma de tu cliente. Un agente solía explicar sus productos hablando de "coberturas, primas y beneficios técnicos". Frente a familias jóvenes notaba miradas de duda. Un día decidió cambiar su forma de hablar. En lugar de términos complicados dijo algo directo: "Esto significa que tu familia tendrá apoyo económico si algún día pasa algo inesperado". La reacción fue distinta. Las personas hacían más preguntas, participaban en la conversación y comprendían mejor lo que estaban evaluando. Lo que cambió no fue el producto, sino las palabras. Y con ese cambio su tasa de cierre comenzó a subir.

Esto da resultado porque la claridad elimina la desconfianza.

Acciones estratégicas a implementar

- Escucha cómo hablan tus clientes sobre dinero y seguros.
- Usa sus propias palabras en tus explicaciones.
- Evita tecnicismos innecesarios.
- Refuerza cada concepto con ejemplos prácticos.

El lenguaje conecta o separa; elige siempre conectar.

"El agente que habla como su cliente, entra directo en su corazón."

Día 38

SEGMENTA TU MERCADO EN GRUPOS MÁS PEQUEÑOS

Dentro de tu mercado existen distintos tipos de clientes. Cuando hablas a todos de la misma manera, tu mensaje pierde fuerza. Pero cuando segmentas, cada grupo siente que el mensaje fue hecho para ellos. Pregúntate: ¿todos tus clientes tienen las mismas preocupaciones? Probablemente no.

Divide tu mercado para conectar mejor. Un agente que trabajaba con inmigrantes lo descubrió después de varios meses de ventas irregulares. Se dio cuenta de que no era lo mismo hablar con alguien recién llegado que con una familia que llevaba años establecida. Entonces dividió su mercado en tres grupos claros: recién llegados, familias ya establecidas y personas cercanas a la jubilación. Para cada grupo preparó un mensaje distinto. A los primeros les hablaba de estabilidad y primeros pasos financieros. A las familias, de protección para los hijos. A los mayores, de tranquilidad para el retiro. En poco tiempo sus conversaciones se volvieron más relevantes y sus cierres se multiplicaron.

Esto resulta eficaz porque cada persona se identifica con un mensaje que refleja su etapa de vida.

Acciones estratégicas a implementar

- Identifica subgrupos dentro de tu mercado meta.
- Escribe sus características y necesidades específicas.
- Diseña un mensaje personalizado para cada grupo.
- Crea estrategias de prospección dirigidas a cada segmento.

Un mensaje para todos no llega a nadie; un mensaje específico toca corazones.

“El poder está en la segmentación: hablarle a todos es ruido, hablarle a uno es influencia.”

Día 39

OBSERVA A TU COMPETENCIA EN TU MISMO MERCADO

La competencia puede ser uno de los mejores maestros si sabes observarla. Analizar cómo se comunican otros agentes, qué mensajes repiten y a qué público hablan te revela algo valioso: dónde están todos... y dónde no está nadie. Y ahí suele aparecer la oportunidad. ¿Has mirado con atención qué están ofreciendo los demás?

Aprende observando a tu competencia. Un agente comenzó a revisar anuncios, redes sociales y presentaciones de otros asesores en su ciudad. Notó un patrón claro: casi todos promocionaban seguros médicos. Sin embargo, nadie hablaba de protección de vida para familias inmigrantes, un grupo que estaba creciendo rápidamente en su comunidad. Decidió enfocarse en ese vacío. Ajustó su mensaje, sus publicaciones y sus reuniones para explicar cómo un seguro de vida podía proteger a esas familias mientras construían su futuro. Poco a poco empezó a ser reconocido como el agente que entendía esa necesidad específica.

Esto funciona gracias a que los mercados recuerdan a quien ocupa un espacio que otros han ignorado.

Acciones estratégicas a implementar

- Elige 3 competidores en tu zona o nicho.
- Analiza qué mensajes usan en redes sociales.
- Identifica qué hacen bien y qué no están cubriendo.
- Busca una necesidad que nadie esté abordando
- Crea tu estrategia para destacar frente a ellos.

La competencia no es una amenaza, es una guía para mejorar.

"El agente que aprende de su competencia se convierte en la opción inevitable de su mercado."

Día 40

ADAPTA TU MENSAJE A LA CULTURA Y VALORES DE TU MERCADO

Las decisiones de compra rara vez son solo racionales. Están profundamente conectadas con los valores, la historia y la cultura de cada persona. Cuando tu mensaje refleja esa realidad, la conexión aparece de inmediato. ¿Tu comunicación reconoce lo que tu cliente valora en su vida diaria?

Habla desde la cultura de tu cliente. Un agente que trabaja con inmigrantes latinos lo entendió con el tiempo. Al principio explicaba seguros con argumentos financieros generales. Luego comenzó a adaptar su mensaje a algo que sabía que era central para su comunidad: la familia y el futuro de los hijos. En sus conversaciones hablaba de proteger el hogar, de asegurar oportunidades para la próxima generación y de cuidar a quienes más importan. Las personas no solo entendían el producto; sentían que alguien comprendía su forma de ver la vida. Esa cercanía cultural generó confianza y su nombre empezó a circular entre familiares y amigos.

Esto resulta eficaz porque las personas confían más en quien respeta y entiende sus valores.

Acciones estratégicas a implementar

- Investiga los valores principales de tu mercado (familia, educación, seguridad).
- Usa esos valores en tu discurso de ventas.
- Incluye ejemplos y referencias que resuenen con su cultura.
- Evita mensajes genéricos que no conecten con su identidad.

Respetar la cultura de tu cliente es la forma más rápida de ganar su confianza.

"El agente que conecta con los valores de su gente, nunca será un extraño en su comunidad."

Día 41

CREA CONTENIDO EDUCATIVO, NO SOLO PROMOCIONAL

Las personas se cansan rápido de las publicaciones que solo intentan vender. En cambio, prestan atención cuando alguien les ayuda a entender algo que antes parecía complicado. ¿Qué pasaría si en lugar de promocionar una póliza enseñaras algo útil hoy?

Educa primero, vende después. Un agente decidió probarlo. En vez de publicar ofertas, empezó a grabar videos cortos explicando conceptos simples: qué significa un deducible, qué cubre una póliza básica o cuándo conviene tener seguro de vida. Nada complicado, solo explicaciones claras como si hablara con un amigo. Con el tiempo algo interesante ocurrió. Personas que nunca habían respondido a sus anuncios comenzaron a escribirle. Algunos agradecían la claridad; otros querían que él los orientara personalmente. La diferencia era evidente: ya no lo veían como alguien que vendía, sino como alguien que sabía explicar.

Esto se basa en que la educación crea confianza antes de la venta.

Acciones estratégicas a implementar

- Haz una lista de las 10 dudas más comunes de tus clientes.
- Transforma cada duda en una publicación educativa.
- Publica al menos 2 contenidos educativos a la semana.

El que educa, gana confianza; el que solo vende, pierde interés.

"El conocimiento compartido es la semilla que hace florecer la confianza en tus clientes."

Día 42

USA HISTORIAS REALES PARA CONECTAR CON TU AUDIENCIA

Los datos informan, pero las historias se recuerdan. Cuando cuentas una historia real, tu prospecto puede verse dentro de ella. ¿Te ha pasado que una historia te hace entender algo mucho mejor que una lista de números?

Cuenta historias que reflejen la realidad. Un agente decidió compartir una experiencia que lo marcó. Sin mencionar nombres ni detalles personales, relató el caso de un cliente que había contratado un seguro de vida años antes. Un accidente inesperado cambió la vida de su familia, pero la póliza permitió que sus hijos continuaran sus estudios y que el hogar se mantuviera estable. El agente no habló de cifras complicadas ni de términos técnicos. Solo explicó lo que ese respaldo significó para esa familia en un momento difícil. La historia empezó a circular entre contactos y conocidos. En pocos días la publicación fue compartida decenas de veces y muchas personas comenzaron a preguntarle cómo podían proteger a sus propias familias.

Esto permite avanzar porque las personas toman decisiones cuando pueden imaginar su propia vida dentro de la historia.

Acciones estratégicas a implementar

- Identifica casos reales que puedas contar respetando la privacidad.
- Narra la historia de forma simple visualizando: problema → solución → resultado.
- Añade un aprendizaje para el lector.

  Los datos informan, pero las historias inspiran.

"Cada historia real es un puente de confianza hacia nuevos clientes."

Día 43

PUBLICA DE MANERA CONSTANTE Y PLANIFICADA

En marketing digital no gana quien publica mucho un día, sino quien aparece de forma constante. Cuando desapareces por semanas, el mercado simplemente te olvida. Pero cuando apareces con regularidad, tu nombre empieza a quedarse en la mente de las personas. ¿Estás publicando con estrategia o solo cuando te acuerdas?

La constancia construye confianza. Un agente decidió ordenar su presencia en redes con algo muy simple: un calendario. Definió tres publicaciones por semana. Los lunes compartía un consejo educativo sobre seguros. Los miércoles contaba una historia real que mostraba el valor de la protección financiera. Los viernes publicaba un mensaje inspirador relacionado con la seguridad del futuro familiar. Nada complicado, solo consistencia. Durante los primeros meses parecía un esfuerzo silencioso. Pero al tercer mes ocurrió algo claro: sus seguidores crecieron, las personas comenzaban a reconocer su nombre y nuevos prospectos llegaban por mensaje.

Esto se apoya en que la confianza se construye con presencia repetida.

Acciones estratégicas a implementar

- Define cuántas veces por semana puedes publicar.
- Crea un calendario mensual de contenido.
- Usa herramientas de programación para automatizar.

La disciplina en el contenido crea autoridad en el mercado.

"Tu presencia constante en la mente del cliente es la antesala de cada venta."

Día 44

COMBINA FORMATOS: TEXTO, IMAGEN Y VIDEO

Las personas no consumen contenido de la misma manera. Algunos prefieren leer con calma, otros se detienen en una imagen y muchos hoy prefieren ver un video corto. Si solo usas un formato, parte de tu audiencia simplemente no te verá. ¿Estás comunicando tu mensaje de una sola forma o de varias?

Usa distintos formatos para un mismo mensaje. Un agente decidió experimentar con algo sencillo. Tomó un mismo consejo sobre protección financiera y lo publicó en tres formatos distintos. Primero escribió un post corto explicándolo. Luego creó una imagen con una frase clara sobre el mismo tema. Finalmente grabó un video breve donde lo explicaba con sus propias palabras. Lo interesante fue lo que ocurrió después. Algunas personas comentaron en el texto, otras compartieron la imagen y varios reaccionaron al video. El mensaje era el mismo, pero cada formato llegó a un tipo distinto de persona.

Esto funciona gracias a que cada cliente presta atención a un tipo de contenido diferente.

Acciones estratégicas a implementar

- Toma un mismo tema y crea 3 versiones: texto, imagen y video.
- Alterna formatos en tus publicaciones.
- Analiza qué formato obtiene más interacción.

El contenido se multiplica cuando se adapta a varios formatos.

"El agente que domina varios formatos multiplica su voz en el mercado."

Día 45

CREA CONTENIDO QUE RESPONDA A OBJECIONES COMUNES

Las objeciones no aparecen por sorpresa; forman parte natural del proceso de venta. Pero hay una ventaja que pocos agentes aprovechan: puedes responder muchas de esas dudas antes de que el cliente siquiera te llame. ¿Qué preguntas escuchas siempre en tus reuniones?

Anticípate a las objeciones. Un agente notó que casi todas sus conversaciones llegaban al mismo punto: "El seguro es muy caro". En lugar de discutirlo en cada reunión, decidió abordarlo públicamente. Grabó un video corto con una pregunta clara: "¿Por qué el seguro no es un gasto, sino una inversión en tranquilidad?". Explicó con ejemplos simples cómo una pequeña cuota mensual puede proteger el futuro de una familia frente a un evento inesperado. El video empezó a circular entre sus contactos y fue compartido varias veces. Lo interesante ocurrió después: cuando algunos prospectos lo contactaban, ya habían escuchado su explicación. La conversación comenzaba con menos resistencia y más apertura.

Esto se basa en que la educación reduce la incertidumbre.

Acciones estratégicas a implementar

- Haz una lista de 5 objeciones comunes que escuchas.
- Crea un contenido (texto, imagen o video) que responda cada una.
- Publica una vez por semana un contenido de este tipo.

Anticipar objeciones es vender con inteligencia.

"El agente que educa sobre objeciones convierte dudas en confianza antes de la cita."

Día 46

USA LLAMADAS A LA ACCIÓN CLARAS EN TU CONTENIDO

Muchas publicaciones informan, pero pocas guían. Cuando un prospecto termina de leer tu contenido y no sabe qué hacer después, la oportunidad se pierde. Por eso una llamada a la acción es esencial. Es la frase que invita a avanzar: comentar, escribirte o agendar una conversación. ¿Tu contenido termina con una dirección clara?

Dile al prospecto cuál es el siguiente paso. Un agente revisó sus publicaciones y notó algo curioso: las personas reaccionaban, pero casi nadie lo contactaba. Entonces añadió una instrucción sencilla al final de cada post: "Envíame la palabra SEGURO y te explico cuál es el plan más adecuado para ti". Esa pequeña frase cambió todo. De pronto empezaron a llegar mensajes directos. Las personas ya no tenían que pensar qué hacer; solo seguían la indicación. El contenido seguía siendo el mismo, pero ahora tenía una puerta clara hacia la conversación.

Esto se apoya en que las personas responden mejor cuando el siguiente paso es simple.

Acciones estratégicas a implementar

- Define qué acción quieres que realice tu audiencia.
- Usa verbos directos: comenta, comparte, escribe, agenda.
- Incluye siempre una llamada a la acción en tu contenido.

El contenido informa, pero la acción transforma.

"El agente que guía a su audiencia siempre abre el camino hacia una venta."

Día 47

RECICLA TU MEJOR CONTENIDO

No siempre necesitas crear contenido nuevo. Muchas veces tu mejor material ya existe; solo necesita presentarse de otra manera. Un buen mensaje puede vivir varias veces si lo adaptas a distintos formatos o plataformas. ¿Estás aprovechando lo que ya te dio resultados?

Reutiliza lo que ya funciona. Un agente revisó sus publicaciones y encontró un consejo sobre protección financiera que había generado muchos comentarios en Facebook. En lugar de dejarlo ahí, decidió transformarlo. Tomó la misma idea y grabó un video corto para Instagram donde explicaba el concepto en menos de un minuto. El mensaje era el mismo, pero el formato cambió. Lo interesante fue que una audiencia distinta reaccionó al video. Personas que nunca habían visto el post original comenzaron a escribirle para pedir orientación. No creó una idea nueva; simplemente reutilizó una que ya había demostrado funcionar.

Esto resulta eficaz porque cada plataforma y cada formato llega a personas diferentes.

Acciones estratégicas a implementar

- Identifica tus 5 publicaciones con más interacción.
- evalua que otros enfoques puedes darle.
- Convierte cada una en otro formato (video, imagen, carrusel).
- Programa nuevamente ese contenido en otra fecha o red.

“El agente inteligente no repite, reinventa lo que ya conectó con su mercado.”

Día 48

MIDE EL IMPACTO DE TU CONTENIDO

En marketing digital no basta con publicar; hay que observar qué ocurre después. Cuando revisas las estadísticas de tu contenido descubres algo valioso: qué interesa realmente a tu audiencia. ¿Sabes qué tipo de publicación atrae más atención en tus redes?

Mide lo que haces para mejorar lo que vendes. Un agente comenzó a revisar con curiosidad las métricas de su cuenta de Instagram. Observó algo claro: sus imágenes recibían algunas reacciones, pero los videos cortos tenían casi el triple de alcance y muchos más comentarios. Ese dato cambió su enfoque. En lugar de dedicar tiempo a diseñar imágenes complejas, empezó a grabar más videos explicando conceptos simples de seguros. En pocas semanas notó que las interacciones crecían y que más personas llegaban por mensaje directo. No fue un cambio de intuición; fue un ajuste basado en lo que los números mostraban.

Esto da sentido porque los datos revelan lo que realmente capta la atención del mercado.

Acciones estratégicas a implementar

- Revisa semanalmente las métricas de tus redes sociales.
- Identifica el tipo de contenido con más interacción.
- Duplica el esfuerzo en lo que funciona y elimina lo que no.

La mejora continua empieza con la medición.

"El agente que mide su impacto dirige su negocio con precisión."

Día 49

INTEGRA TESTIMONIOS EN TU CONTENIDO DIGITAL

Pocas cosas generan más confianza que la experiencia de alguien que ya pasó por el proceso. Cuando un prospecto escucha la historia de un cliente real, la duda disminuye y la credibilidad crece. ¿Qué impacto tendría si tus futuros clientes escucharan a quienes ya confían en tu asesoría?

Deja que tus clientes hablen por ti . Un agente lo descubrió después de ayudar a un cliente a obtener un seguro que terminó cubriendo un tratamiento médico inesperado. Meses después le pidió algo sencillo: grabar un breve testimonio contando su experiencia. El cliente habló con naturalidad sobre cómo esa decisión le dio tranquilidad en un momento difícil. El agente publicó el video en sus redes. No había discursos de venta ni promesas exageradas, solo la voz de alguien agradecido. Ese testimonio empezó a circular entre contactos y nuevos prospectos. Para muchos, fue suficiente prueba de que el agente no solo vendía seguros, sino que realmente ayudaba a las personas.

Esto se apoya en que las personas confían en las experiencias de otros.

Acciones estratégicas a implementar

- Pide a tus clientes satisfechos un testimonio breve.
- Graba en video o escribe con su autorización.
- Usa esos testimonios en redes, web y presentaciones.

  Un cliente feliz habla más fuerte que cualquier anuncio.

"El testimonio de tus clientes es la voz que abre puertas a nuevas ventas."

Día 50

CONECTA CADA CONTENIDO CON TU PROPÓSITO COMO AGENTE

El contenido más poderoso no es el que intenta impresionar, sino el que refleja una convicción real. Cuando hablas desde tu propósito, las personas perciben algo distinto: compromiso. ¿Por qué haces este trabajo? ¿Qué significa para ti ayudar a una familia a proteger su futuro?

Deja que tu propósito guíe tu mensaje. Un agente decidió compartir con frecuencia una idea que lo motivaba profundamente: la importancia de cuidar a quienes más amamos. En sus publicaciones hablaba de responsabilidad, de previsión y del valor de asegurar el bienestar de la familia. No eran mensajes complicados, sino reflexiones sencillas sobre proteger lo que realmente importa. Con el tiempo ocurrió algo interesante. Las personas que reaccionaban a su contenido tenían valores similares: buscaban seguridad, estabilidad y tranquilidad para sus hijos. Sus clientes no llegaban solo por el producto, sino porque se identificaban con su forma de pensar.

Esto es útil porque las personas confían en quien demuestra coherencia entre lo que dice y lo que hace.

Acciones estratégicas a implementar

- Define tu propósito como agente de seguros.
- Relaciona tu contenido con ese propósito.
- Repite tu mensaje en diferentes formatos para reforzarlo.

El propósito conecta más que la promoción.

"El agente que comunica su propósito transforma clientes en aliados de vida."

Día 51

OPTIMIZA TU HUELLA DIGITAL EN GOOGLEA

Hoy tu primera impresión no ocurre en una reunión, ocurre en una pantalla. Cuando alguien escucha tu nombre, lo busca en Google antes de escribirte. ¿Qué encuentra allí? Si no hay información clara, profesional y fácil de contactar, la oportunidad puede desaparecer sin que lo notes.

Cuida lo que dice Google sobre ti. Una noche en New Jersey, Ana, agente de seguros, escuchó algo revelador durante una cita. El padre de familia comentó: "Te encontramos en Google, pero casi no vimos nada tuyo, solo tu Facebook personal". Esa frase se quedó en su mente. Al llegar a casa escribió su nombre en Google y vio lo mismo que había visto su prospecto: fotos personales, un perfil viejo de otro trabajo y nada que indicara que era agente de seguros. Decidió actuar. Actualizó su perfil de Google Business, optimizó su LinkedIn, ajustó la privacidad de sus redes personales y añadió su WhatsApp y su página web en sus perfiles profesionales. Un mes después, una prospecto le dijo: "Te busqué en Google y vi que trabajas con familias latinas. Por eso te escribí".

Ana entendió que su reputación digital hablaba antes que ella.

Acciones estratégicas a implementar

- Escribe tu nombre en Google
- Revisa qué aparece en la primera página
- Identifica si te pueden contactar fácilmente
- ¿Aparece tu WhatsApp, web, correo o perfil profesional?
- Optimiza tus resultados principales
- Actualiza tu perfil de Google Business, LinkedIn y Facebook.
- Ajusta la privacidad de tus redes personales.
- Publica contenido profesional de forma constante

- Entre más contenido de valor publiques (web, redes), más control tendrás sobre lo que Google muestra de ti.

Si Google no cuenta bien tu historia, estás regalando ventas a otros agentes.

"El agente que cuida su huella digital se convierte en la opción obvia cuando un cliente busca ayuda."

Si no apareces en Google, no existes para el prospecto digital.

"El agente visible en Google es el primero en ser considerado en la mente del cliente."

Día 52

OPTIMIZA TU PERFIL EN LINKEDIN

LinkedIn es la red profesional donde muchas relaciones de negocio comienzan. Cuando alguien revisa tu perfil, forma una impresión en segundos. ¿Tu perfil comunica claramente a quién ayudas y cómo lo haces? Un perfil incompleto o descuidado puede cerrar oportunidades antes de que empiece la conversación.

Convierte tu perfil de LinkedIn en tu carta de presentación. Una agente de seguros decidió revisar su perfil con ojos críticos. Notó que tenía una foto común, una descripción genérica y poca información sobre su trabajo. En pocos días hizo cambios concretos: colocó una fotografía profesional, añadió un banner con su marca personal y escribió una descripción clara explicando cómo ayudaba a las familias a proteger su estabilidad financiera. También organizó su experiencia para que fuera fácil entender su especialidad. El efecto no tardó en aparecer. Profesionales como contadores y Realtors comenzaron a enviarle invitaciones para conectar y explorar colaboraciones. Su perfil empezó a trabajar por ella incluso cuando no estaba en una reunión.

Esto produce resultados porque las personas buscan credibilidad antes de iniciar una relación profesional.

Acciones estratégicas a implementar

- Revisa tu perfil de LinkedIn como si fueras un prospecto.
- Actualiza tu foto y tu banner profesional.
- Escribe una descripción clara de a quién ayudas y cómo.
- Publica contenido 1 vez por semana en LinkedIn.

LinkedIn es la vitrina de los profesionales que buscan crecer.

"El agente que brilla en LinkedIn abre puertas de negocios sin tocar."

Día 53

INVIERTE EN PUBLICIDAD DIGITAL SEGMENTADA

La publicidad digital tiene una ventaja poderosa: te permite hablar directamente con las personas que realmente pueden necesitar tu servicio. En lugar de esperar a que te encuentren, puedes aparecer frente a quienes tienen la edad, la ubicación y los intereses adecuados. La pregunta es simple: ¿estás usando esa herramienta de forma estratégica?

Invierte estratégicamente para llegar al cliente correcto. Un agente decidió probarlo con una inversión pequeña. Preparó una campaña de Facebook dirigida a personas entre 30 y 45 años interesadas en seguros de vida y protección familiar. El anuncio no era complicado; hablaba de cómo una póliza podía asegurar el futuro de los hijos. Invirtió 100 dólares durante una semana. El resultado fue claro: quince personas enviaron mensajes interesados en saber más. Tres de ellas terminaron contratando una póliza. Más allá de las ventas, el agente entendió algo importante: cuando el mensaje llega al público correcto, el esfuerzo de venta disminuye.

Esto permite avanzar porque la publicidad bien dirigida elimina gran parte del azar en la prospección.

Acciones estratégicas a implementar

- Define a tu cliente ideal (edad, ubicación, intereses).
- Crea una campaña pequeña para probar resultados.
- Ajusta y aumenta inversión según el rendimiento.

  Invertir en publicidad es acelerar el camino a tus metas.

"El agente que aprende a invertir en publicidad domina el mercado digital."

Día 54

CREA UNA FIRMA DIGITAL PROFESIONAL

Cada correo que envías es más que un mensaje; también es una oportunidad de mostrar quién eres profesionalmente. Muchas personas escriben correos útiles, pero terminan con una despedida simple sin información de contacto. ¿Qué ocurre entonces? El receptor tiene que buscar cómo contactarte. Una firma digital clara evita ese esfuerzo y refuerza tu imagen.

Convierte tu firma de correo en una presentación profesional. Un agente decidió mejorar ese pequeño detalle. Hasta entonces sus correos terminaban solo con su nombre. Un día creó una firma sencilla pero completa: incluyó su nombre, su cargo como asesor de seguros, su número de teléfono, sus redes profesionales y el logo de su marca. Añadió también una frase breve sobre proteger el futuro de las familias. Desde ese momento cada correo se convirtió en una tarjeta de presentación silenciosa. Varias personas comenzaron a responder directamente o a guardar su contacto porque todo estaba visible y ordenado.

Esto produce resultados porque la claridad transmite profesionalismo.

Acciones estratégicas a implementar

- Revisa cómo termina hoy tu correo electrónico.
- Diseña una firma con tu nombre, cargo, logo, teléfono, email y redes sociales.
- Añade un enlace a tu red profesional o WhatsApp.
- Añade una frase corta que refleje tu propósito.

  Tu firma digital es tu tarjeta de presentación diaria.

"Cada correo que envías puede abrir una nueva oportunidad de negocio."

Día 55

USA WHATSAPP BUSINESS COMO HERRAMIENTA DE VENTAS

Muchos agentes usan WhatsApp solo para responder mensajes, pero su versión Business puede convertirse en una herramienta poderosa de organización. Cuando lo configuras bien, no solo conversas: también gestionas prospectos. ¿Estás usando WhatsApp de forma estratégica o solo reaccionas a los mensajes?

Convierte WhatsApp en tu asistente de ventas. Un agente decidió aprovechar todas sus funciones. Activó respuestas rápidas para preguntas frecuentes como "¿Qué documentos necesito?" o "¿Cuánto cuesta una póliza básica?". Luego creó etiquetas para clasificar sus contactos: prospecto nuevo, cita programada, cliente activo y seguimiento. Ese pequeño sistema cambió su manera de trabajar. Ya no perdía conversaciones ni olvidaba dar seguimiento. Cada contacto tenía un lugar claro dentro de su proceso de ventas, y responder se volvió mucho más rápido.

Esto logra su propósito porque la organización reduce el tiempo perdido y mejora la atención.

Acciones estratégicas a implementar

- Descarga WhatsApp Business.
- Configura un mensaje de bienvenida automático.
- Crea etiquetas para organizar prospectos y clientes.

  El seguimiento rápido convierte prospectos en clientes fieles.

"El agente que domina WhatsApp Business lleva su oficina en la palma de la mano."

Día 56

CONSTRUYE UNA PÁGINA WEB PROFESIONAL Y RESPONSIVE DESDE EL INICIO

Hoy, cuando alguien escucha tu nombre, lo primero que hace es buscarte en internet. Si no encuentra un lugar claro donde saber quién eres y cómo contactarte, probablemente seguirá buscando a otra persona. Por eso una página profesional, simple y fácil de usar puede marcar la diferencia. Y debe ser responsive: una web que se adapte automáticamente al celular, la tablet o la computadora sin obligar al visitante a hacer zoom o esforzarse para leer.

Ten una página web que trabaje por ti. Un agente comenzó con algo muy sencillo. Creó una landing page con un mensaje directo: "Protege a tu familia hoy con un plan de vida accesible". La página se veía bien en el celular, tenía un formulario corto y un botón de WhatsApp visible. Nada complejo. Sin embargo, esa sola página empezó a generarle prospectos cada semana. Meses después, cuando su negocio creció, amplió la web con secciones de servicios, testimonios y un blog para atraer visitas desde Google.

Esto genera valor porque las personas confían más cuando pueden encontrarte fácilmente en línea.

Acciones estratégicas a implementar

- Compra un dominio con tu nombre o marca (ej. seguroscon[tu nombre].com).
- Elige por dónde vas a empezar:
- Opción 1 (recomendada para iniciar): una landing page enfocada solo en un objetivo: que te dejen sus datos o agenden una cita.
- Opción 2: una página web más completa con varias secciones desde el inicio.
- Usa plataformas sencillas como WordPress, Wix o Squarespace y selecciona siempre una plantilla responsive (que se adapte sola al tamaño de la pantalla, ya sea celular, tablet o computadora).

Si empiezas con una landing page, incluye al menos:

- Un título claro y fuerte.
- 3 beneficios concretos de trabajar contigo.
- 1 testimonio breve.
- Un formulario corto (nombre, teléfono, email).
- Un botón visible de WhatsApp con un llamado a la acción.

Si evolucionas a una web más robusta, agrega secciones como:

- "Sobre mí" (quién eres y por qué ayudas).
- "Servicios" (vida, salud, retiro, etc.).
- "Testimonios" y "Blog" con contenido educativo.
- Prueba tu página desde tu propio celular:
- ¿Se ve bien sin hacer zoom?
- ¿Carga rápido?
- ¿El botón de WhatsApp y el formulario se usan fácilmente con el dedo?
- Ajusta hasta que la experiencia sea cómoda y fluida.

Una web profesional y responsive es tu oficina digital abierta 24/7 en el bolsillo de tu cliente.

"El agente que construye su casa digital desde hoy se convierte en la primera opción mañana."

Día 57

INSTALA UN CHAT EN VIVO EN TU PÁGINA WEB

En internet el tiempo es decisivo. Cuando un prospecto llega a tu página y tiene una duda, espera una respuesta inmediata. Si no la encuentra, es muy probable que cierre la página y busque otra opción. Un chat en vivo puede cambiar completamente ese momento. ¿Cuántas oportunidades se pierden simplemente por no responder a tiempo?

Responde rápido cuando el interés está vivo. Un agente decidió probar algo simple. Instaló un chat gratuito en su página web y configuró notificaciones para recibir cada mensaje directamente en su celular. Así, cada vez que alguien escribía, podía responder en pocos minutos. Lo interesante fue lo que ocurrió después. Muchas consultas que antes se perdían se convertían en conversaciones reales. En menos de cinco minutos resolvía dudas básicas y proponía agendar una llamada o una cita. En pocas semanas notó un cambio claro: las citas programadas comenzaron a aumentar.

Esto logra su propósito porque las decisiones se toman más fácilmente cuando las dudas se resuelven en el momento.

Acciones estratégicas a implementar

- Usa herramientas como Tawk.to, HubSpot o WhatsApp Chat.
- Configura mensajes de bienvenida automáticos.
- Responde en menos de 10 minutos para mayor impacto.

La velocidad en la respuesta es la clave en el mundo digital.

"El agente que responde primero gana la confianza más rápido."

Día 58

USA VIDEOS EXPLICATIVOS CORTOS EN TU WEB Y REDES

Hoy la atención es breve. Un video corto puede explicar en un minuto lo que un texto largo tarda mucho más en transmitir. Cuando un prospecto entiende rápido cómo funciona un seguro, la confianza aparece antes. ¿Podrías explicar tu servicio en solo 60 segundos?

Explica en 60 segundos lo que otros tardan minutos. Un agente decidió intentarlo. Tomó su teléfono y grabó un video sencillo donde respondía una pregunta básica: "¿Qué es realmente un seguro de vida?". No usó términos técnicos. Habló como si conversara con un amigo, explicando que se trata de asegurar el bienestar de la familia si algo inesperado ocurre. Publicó el video en su página web y en Instagram. Lo interesante fue la reacción. Varias personas lo compartieron con amigos y familiares que tenían la misma duda. En poco tiempo, ese video se convirtió en una puerta de entrada para nuevos prospectos y terminó generando varios clientes.

Esto es útil porque la claridad y la brevedad facilitan que el mensaje se comparta.

Acciones estratégicas a implementar

- Graba videos de 30 a 60 segundos con tu celular.
- Explica un solo concepto por video.
- Súbelos a tu web y redes sociales.

Un minuto de video puede vender más que una hora de explicación.

"El agente que educa en video conquista la confianza de su audiencia."

Día 59

CREA UN BLOG CON CONTENIDO ÚTIL PARA TU MERCADO

Un blog no es solo un espacio para escribir; es una puerta para que nuevos prospectos te descubran en Google. Cada artículo que responde una pregunta común se convierte en una oportunidad de contacto. ¿Cuántas dudas sobre seguros buscan las personas en internet todos los días?

Usa un blog para que los prospectos te encuentren. Una agente decidió probarlo. Escribió un artículo sencillo titulado: "5 razones por las que un seguro de salud es esencial en EE. UU.". No utilizó lenguaje complicado. Explicó con claridad por qué la protección médica puede marcar la diferencia para una familia. Publicó el artículo en su página y lo compartió en sus redes. Con el tiempo comenzó a notar algo interesante: personas que nunca la habían conocido llegaban a su sitio después de buscar información en Google. Algunas de ellas terminaban llamando para pedir orientación. Ese artículo se convirtió en una herramienta que trabajaba por ella todos los días.

Esto da sentido porque las personas confían en quien les ayuda a entender antes de vender.

Acciones estratégicas a implementar

- Abre un blog en tu web o en plataformas como Medium.
- Escribe artículos de 500 a 800 palabras.
- Publica al menos 1 artículo al mes.

Quien enseña en un blog se convierte en referente en su mercado.

"El agente que escribe para educar, siembra confianza y cosecha clientes."

Día 60

APROVECHA EL PODER DEL SEO (POSICIONAMIENTO EN GOOGLE)

El SEO consiste en optimizar tu página para que aparezca cuando alguien busca ayuda en internet. Cuando tu sitio aparece en los primeros resultados de Google, no necesitas perseguir prospectos: ellos llegan a ti. ¿Qué pasaría si alguien en tu ciudad escribe "seguro de vida" y encuentra tu nombre primero?

Haz que Google trabaje para tu negocio. Un agente decidió enfocarse en esa oportunidad. Revisó su página web y comenzó a incluir frases que las personas realmente buscaban, como "seguro de vida en Orlando" o "protección financiera para familias en Orlando". También escribió algunos artículos respondiendo preguntas comunes de los clientes. Al principio no parecía ocurrir mucho. Pero con el paso de los meses empezó a notar llamadas de personas que decían algo interesante: "Te encontré en Google". Esos prospectos ya llegaban con interés porque estaban buscando exactamente ese servicio.

Esto funciona gracias a que las personas confían en los resultados que aparecen cuando buscan una solución.

Acciones estratégicas a implementar

- Define las palabras clave que usaría tu cliente ideal.
- Inclúyelas en títulos, descripciones y artículos.
- Optimiza tu web para que cargue rápido y sea amigable en móvil.

El SEO es la siembra digital que da frutos todos los días.

"El agente que se posiciona en Google no busca clientes, los clientes lo encuentran a él."

CONSTRUYE TU LISTA DE CORREOS DESDE EL DÍA UNO

Las redes sociales son útiles, pero no te pertenecen. Los algoritmos cambian y tu alcance puede desaparecer de un día para otro. En cambio, una lista de correos es un activo que controlas. Cada dirección representa una persona interesada en lo que haces. ¿Estás guardando ese contacto o lo dejas perder después de una conversación?

Construye tu propia lista de correos. Un agente decidió hacerlo desde el principio. Cada vez que tenía una reunión o recibía una consulta en su página, pedía el correo electrónico para enviar información útil sobre protección financiera. También añadió un formulario sencillo en su landing page. Al principio parecía un detalle menor. Sin embargo, con el paso de los meses la lista comenzó a crecer. Un año después tenía más de mil contactos. Cuando quería compartir un consejo o anunciar una consulta gratuita, podía escribirles directamente sin depender de anuncios o algoritmos.

Esto ofrece una ventaja porque el contacto directo mantiene viva la relación.

Acciones estratégicas a implementar

- Usa formularios en tu web o redes.
- Pide correos a cada prospecto en citas.
- Guarda y organiza en una herramienta como Mailchimp o HubSpot.

  Tu lista de correos es tu mina de oro digital.

“El agente que construye su lista construye su libertad.”

Día 62

ENVÍA UN BOLETÍN MENSUAL DE VALOR

Muchos prospectos no compran en la primera conversación. Pero cuando mantienes el contacto de forma útil y constante, permaneces en su mente hasta que llega el momento adecuado. Un boletín mensual puede lograr justamente eso. ¿Tus prospectos siguen escuchando de ti después de la primera reunión?

Mantente presente con un boletín mensual. Una agente decidió enviar un correo cada mes a su lista de contactos. No era un mensaje de venta directa. Incluía tres consejos simples sobre protección financiera, como revisar beneficiarios de una póliza o entender la importancia de un fondo de emergencia. Los correos eran claros, breves y fáciles de leer. Con el tiempo ocurrió algo interesante: varios clientes comenzaron a reenviarlos a familiares y amigos. Algunas de esas personas terminaron escribiéndole para pedir orientación. En pocos meses, esos correos se transformaron en una fuente constante de referidos.

Esto da resultado porque las personas recuerdan a quien les aporta valor de manera regular.

Acciones estratégicas a implementar

- Define un día fijo cada mes para enviar tu boletín.
- Incluye 2–3 tips prácticos, cortos y claros.
- Añade una llamada a la acción: "Agenda tu cita" o "Escríbeme aquí".

Un correo al mes mantiene tu nombre vivo en la mente del cliente.

"El agente que aporta valor constante se convierte en la primera opción."

Día 63

PERSONALIZA CADA MENSAJE

Los correos genéricos se sienten fríos y muchas veces terminan ignorados. En cambio, cuando un mensaje menciona el nombre de la persona y algo relevante de su situación, la reacción cambia. ¿Qué sentirías si recibes un correo que claramente fue escrito pensando en ti?

Personaliza cada mensaje que envías. Un agente decidió probar un enfoque distinto. En lugar de enviar el mismo mensaje a todos, añadió pequeños detalles personales. Un día escribió a una prospecto con una frase sencilla: "Hola, Laura, sé que tienes hijos pequeños. Pensé que este plan de vida podría interesarte porque ayuda a proteger la educación de los hijos". Ese pequeño gesto cambió la conversación. Laura no sintió que era un correo masivo; sintió que alguien había prestado atención a su realidad. Respondió el mismo día y aceptó agendar una cita para hablar con más calma.

Esto se basa en que las personas valoran cuando alguien demuestra que las escucha y las recuerda.

Acciones estratégicas a implementar

- Usa herramientas de email marketing para insertar nombres automáticamente.
- Incluye detalles según el interés del prospecto.
- Evita los correos genéricos que parecen plantillas masivas.

La personalización convierte un correo común en una conversación cercana.

"El agente que llama al cliente por su nombre abre puertas con respeto."

Día 64

ESCRIBE ASUNTOS QUE ATRAEN LA ATENCIÓN

El asunto de un correo es la puerta de entrada. Si no despierta interés en pocos segundos, el mensaje simplemente se ignora. Muchos agentes usan títulos genéricos como "Oferta de seguros", que se pierden entre decenas de correos. ¿Tu asunto provoca curiosidad o suena como publicidad más?

Haz que tu asunto invite a abrir el correo. Un agente decidió cambiar algo simple: la forma en que titulaba sus mensajes. En lugar de escribir "Oferta de seguros", probó un asunto más directo y útil: "3 formas simples de proteger a tu familia hoy". El contenido del correo seguía siendo similar, pero el primer contacto cambió por completo. Más personas abrieron el mensaje porque el asunto prometía algo claro y relevante. Con ese pequeño ajuste, la tasa de apertura de sus correos pasó de alrededor del diez por ciento a más de treinta.

Esto permite avanzar porque las personas responden mejor a mensajes que ofrecen valor inmediato.

Acciones estratégicas a implementar

- Usa frases breves (máx. 6 palabras).
- Haz preguntas o promete un beneficio.
- Prueba diferentes asuntos y mide cuál funciona mejor.

Un buen asunto abre puertas en la bandeja de entrada.

"El agente que domina los asuntos domina la atención de sus prospectos."

Día 65

USA CORREOS DE SEGUIMIENTO AUTOMÁTICOS

Muchas ventas no se pierden por falta de interés, sino por falta de seguimiento. Un prospecto puede necesitar tiempo para entender, comparar o simplemente pensar. Si desapareces después del primer contacto, la conversación se enfría. Aquí es donde los correos automáticos se vuelven una herramienta poderosa. ¿Qué ocurre con tus prospectos después de la primera reunión?

Deja que el seguimiento trabaje por ti. Un agente decidió organizar ese proceso. Configuró una secuencia automática de cinco correos que se enviaban en los días posteriores al primer contacto. El primero era una breve presentación. El segundo contaba la historia de un cliente. El tercero explicaba los beneficios de la protección financiera. El cuarto respondía dudas comunes. El quinto invitaba a agendar una conversación. Mientras él seguía atendiendo nuevas consultas, esos correos mantenían viva la relación con los prospectos. Con el tiempo notó algo claro: muchas personas llegaban a la cita final mucho más informadas y dispuestas a tomar una decisión.

Esto ofrece una ventaja porque la confianza crece con la información y la constancia.

Acciones estratégicas a implementar

- Usa plataformas como Mailchimp o ActiveCampaign.
- Diseña una secuencia de 3 a 5 correos.
- Configura envíos automáticos según el interés del prospecto.

El seguimiento automático es tu asistente invisible de ventas.

"El agente que sigue de cerca, gana de cerca."

Día 66

INCLUYE SIEMPRE UNA LLAMADA A LA ACCIÓN (CTA)

Un correo informativo puede ser útil, pero si no indica qué hacer después, la conversación se queda en pausa. Cada mensaje debe guiar al prospecto hacia una acción concreta. ¿Qué quieres que haga la persona cuando termine de leer tu correo?

Dale a cada correo un siguiente paso. Un agente enviaba correos con buenos consejos sobre protección financiera. Sus contactos los leían, pero casi nadie respondía. Al revisar sus mensajes notó algo evidente: nunca pedía una acción clara. Decidió hacer un cambio sencillo. Al final de cada correo añadió una invitación directa, como "Haz clic aquí para agendar tu asesoría gratuita". El contenido seguía siendo el mismo, pero ahora el lector sabía exactamente qué hacer después. En pocos días comenzaron a llegar más solicitudes de cita. La diferencia no estaba en la información, sino en la dirección.

Esto se apoya en que las personas responden mejor cuando el camino es claro.

Acciones estratégicas a implementar

- Define un solo objetivo por correo.
- Usa frases claras: "Agenda tu llamada aquí".
- Incluye el CTA en un botón o enlace visible.

  Un correo sin acción es una oportunidad perdida.

"El agente que guía con claridad transforma lectores en clientes."

Día 67

SEGMENTA TU LISTA DE CORREOS

No todos los prospectos buscan lo mismo. Cuando envías el mismo correo a toda tu lista, parte del mensaje pierde relevancia. Segmentar significa organizar tus contactos según sus intereses o necesidades para hablarles de manera más específica. ¿Tus correos responden realmente a lo que cada persona está buscando?

Habla a cada grupo de forma distinta. Una agente tenía una lista de cerca de ochocientos correos. Durante meses enviaba el mismo mensaje a todos. Las respuestas eran pocas. Entonces decidió ordenar su lista en tres grupos claros: personas interesadas en seguros de vida, en seguros de salud y en planes de ahorro. A partir de ese momento cada correo hablaba directamente del tema que interesaba a ese grupo. El cambio fue evidente. Las personas sentían que el mensaje respondía a su situación, y comenzaron a interactuar más. En pocas campañas su tasa de respuesta creció de manera notable.

Esto ofrece una ventaja porque la relevancia genera atención.

Acciones estratégicas a implementar

- Clasifica tus contactos por tipo de seguro.
- Usa etiquetas en tu plataforma de email.
- Envía campañas adaptadas a cada segmento.

El mensaje correcto a la persona correcta es poder puro.

“El agente que segmenta multiplica sus resultados con el mismo esfuerzo.”

Día 68

SÉ BREVE Y CLARO EN TUS CORREOS

La bandeja de entrada está llena de mensajes. Si tu correo parece largo y complicado, muchas personas simplemente lo dejan para después... y ese "después" casi nunca llega. Los correos breves, claros y directos captan mejor la atención. Pregúntate: ¿tu prospecto puede entender tu mensaje en menos de un minuto?

Escribe correos que se lean en un minuto. Un agente acostumbraba escribir correos muy detallados, de casi quinientas palabras. Explicaba todo: beneficios, coberturas y comparaciones. Sin embargo, pocas personas respondían. Un día decidió probar algo distinto. Redujo sus correos a unos pocos párrafos breves, cerca de ciento veinte palabras, con frases simples y una idea clara. En lugar de explicar todo, abría la puerta a una conversación. El cambio fue evidente. Más personas leían el mensaje completo y respondían con rapidez.

Esto es útil porque la claridad y la brevedad respetan el tiempo del lector.

Acciones estratégicas a implementar

- Limita tus correos a 100–150 palabras.
- Usa frases cortas y párrafos pequeños.
- Coloca un CTA claro al final.

Lo simple abre más puertas que lo complicado.

"El agente que habla simple conecta profundo."

Día 69

USA TESTIMONIOS EN TUS CORREOS

En ventas, pocas cosas convencen más que la experiencia de alguien que ya tomó la decisión. Cuando un prospecto ve que otra persona obtuvo resultados reales, la confianza aparece más rápido. ¿Tu mensaje incluye pruebas de que tu asesoría funciona?

Deja que un cliente hable por ti. Un agente decidió añadir algo sencillo en sus correos. Después de explicar brevemente el valor de proteger a la familia, incluyó una frase de una clienta satisfecha: "María dice: 'Gracias a este seguro ahora mi familia tiene tranquilidad'". No era un texto largo ni una historia complicada. Era una voz real que mostraba el impacto de la decisión. Ese pequeño detalle cambió la reacción de varios prospectos. Algunos respondieron diciendo que querían saber más porque alguien como ellos ya había vivido el beneficio.

Esto cobra sentido porque las personas confían en la experiencia de otros antes de tomar una decisión.

Acciones estratégicas a implementar

- Pide a tus clientes frases cortas de su experiencia.
- Incluye una foto (con permiso) para mayor impacto.
- Añade un testimonio en al menos un correo al mes.

Lo que tus clientes dicen de ti vende más que lo que tú dices de ti.

"El agente que muestra resultados gana la confianza sin palabras extra."

Día 70

MIDE Y AJUSTA TUS CAMPAÑAS DE EMAIL

El email marketing no se trata solo de enviar mensajes. La verdadera mejora ocurre cuando observas qué sucede después. ¿Cuántas personas abren tu correo? ¿Quién hace clic? ¿Quién responde? Esos números cuentan una historia sobre lo que realmente funciona con tu audiencia.

Mide tus correos para mejorar cada campaña. Una agente comenzó a revisar con atención las estadísticas de sus campañas. Notó algo curioso: los correos enviados los martes tenían muchas más aperturas que los que enviaba los viernes. No cambió el contenido; solo cambió el día de envío. Ese pequeño ajuste hizo que más personas vieran sus mensajes y, con el tiempo, sus campañas se volvieron mucho más efectivas. Lo importante no fue una idea brillante, sino prestar atención a lo que los datos estaban mostrando.

Esto genera valor porque las métricas revelan patrones que a simple vista pasan desapercibidos.

Acciones estratégicas a implementar

- Revisa métricas en tu plataforma de email.
- Cambia horarios, asuntos o contenido según resultados.
- Haz pruebas A/B con diferentes correos.

Lo que se mide se mejora.

"El agente que mide sus acciones controla su crecimiento."

Día 71

OPTIMIZA TU PERFIL DE FACEBOOK COMO TARJETA DE PRESENTACIÓN

Para muchos prospectos, tu perfil de Facebook es el primer lugar donde te observan antes de escribirte. En pocos segundos deciden si pareces confiable o no. ¿Tu perfil refleja a un profesional que ayuda a proteger familias, o parece simplemente una cuenta personal sin dirección clara?

Haz que tu perfil de Facebook trabaje para ti. Un agente lo descubrió después de escuchar una pregunta de un prospecto: "Te vi en Facebook antes de escribirte". Esa frase lo llevó a revisar su propio perfil. Notó que su foto era informal, la portada no decía nada sobre su trabajo y su biografía era muy vaga. Decidió hacer algunos cambios simples. Colocó una fotografía profesional, diseñó una portada con su mensaje principal y escribió una descripción clara de cómo ayudaba a las familias a proteger su futuro. También añadió su número de contacto. En pocas semanas ocurrió algo interesante: varias personas comenzaron a escribirle directamente desde su perfil.

Esto se sostiene en que la confianza empieza con una buena primera impresión.

Acciones estratégicas a implementar

- Usa una foto profesional con fondo limpio.
- Agrega tu propuesta de valor en la biografía.
- Incluye datos de contacto visibles.

Tu perfil habla antes de que abras la boca.

"El agente que cuida su imagen, cuida su futuro."

Un perfil cuidado puede abrir conversaciones incluso antes de que publiques algo.

Día 72

PUBLICA CONTENIDO EDUCATIVO EN FACEBOOK

Las redes sociales no fueron hechas solo para ofrecer productos. Su verdadero poder está en compartir conocimiento útil. Cuando ayudas a las personas a entender mejor cómo proteger su futuro, comienzan a verte como alguien confiable. ¿Tus publicaciones enseñan algo valioso o solo intentan vender?

Educa a tu audiencia antes de vender. Un agente decidió probar un enfoque diferente. En lugar de hablar siempre de pólizas, comenzó a publicar cada martes un consejo sencillo sobre protección financiera. Explicaba ideas prácticas: cómo elegir un beneficiario, por qué revisar tu cobertura cada año o qué significa realmente proteger a la familia. No eran publicaciones largas ni complicadas, solo orientaciones claras. Con el paso de las semanas algo interesante ocurrió. Sus seguidores comenzaron a comentar, guardar los consejos y compartirlos con otros. Después de algunos meses, varias personas que habían visto esos tips le escribieron para pedir una asesoría personalizada.

Esto resulta eficaz porque la educación crea confianza antes de la decisión.

Acciones estratégicas a implementar

- Define un día fijo para publicar tips.
- Usa lenguaje simple y claro.
- Incluye ejemplos reales.

  Quien educa en redes, vende sin presión.

"El agente que enseña se convierte en el mentor que todos buscan."

Cuando enseñas con constancia, tu nombre se convierte en una referencia natural.

Día 73

UTILIZA GRUPOS DE FACEBOOK PARA PROSPECTAR

Los grupos de Facebook son espacios donde las personas conversan sobre intereses comunes, buscan apoyo y comparten experiencias. Allí no funciona entrar con un discurso de ventas. Lo que realmente genera atención es aportar valor. ¿Estás participando en conversaciones o solo publicando ofertas?

Participa en comunidades, no solo en ventas. Una agente decidió probar algo diferente. Se unió a un grupo de madres emprendedoras donde muchas mujeres compartían preguntas sobre trabajo, familia y estabilidad económica. En lugar de ofrecer seguros directamente, comenzó a responder dudas cuando aparecían temas relacionados con salud o protección financiera. Explicaba conceptos simples y ofrecía orientación cuando alguien lo necesitaba. Con el tiempo su nombre empezó a ser reconocido dentro del grupo. Algunas participantes comenzaron a escribirle por mensaje privado para pedir más información. En pocos meses, esas conversaciones se transformaron en varias citas reales.

Cuando ayudas primero, las oportunidades de negocio aparecen de forma natural.

Acciones estratégicas a implementar

- Únete a 3–5 grupos relacionados con tu mercado meta.
- Responde preguntas con valor.
- Comparte tips sin vender directamente.

Las comunidades son el puente entre desconocidos y clientes.

"El agente que aporta en comunidad cosecha relaciones y ventas."

Día 74

MUESTRA TESTIMONIOS EN FACEBOOK E INSTAGRAM

En redes sociales, una historia real puede convencer más que una explicación larga. Cuando un prospecto escucha a alguien que ya vivió el beneficio de tu asesoría, la confianza aparece de inmediato. ¿Qué mejor prueba de tu trabajo que la voz de un cliente satisfecho?

Deja que las historias hablen por tu trabajo. Un agente decidió compartir un video breve en sus redes. En él, un cliente explicaba con palabras simples lo que había significado contratar un seguro de vida: "Gracias a este seguro, ahora duermo tranquilo porque sé que mi familia está protegida". No era un discurso elaborado, solo una experiencia sincera. Esa publicación comenzó a circular entre amigos y familiares del cliente. Varias personas la compartieron y algunos contactos escribieron al agente para pedir más información. La historia había logrado algo que ningún anuncio frío puede hacer: mostrar el impacto real de la protección financiera.

Esto produce resultados porque las personas confían en experiencias auténticas.

Una historia real puede abrir conversaciones que una promoción jamás lograría.

Acciones estratégicas a implementar

- Pide permiso a tus clientes para compartir su experiencia.
- Usa testimonios en formato texto, foto o video.
- Publícalos al menos una vez al mes.

Las voces de tus clientes hablan más fuerte que tus anuncios.

"El agente que comparte resultados multiplica oportunidades."

Día 75

USA HISTORIAS DE INSTAGRAM TODOS LOS DÍAS

Las historias en redes sociales tienen algo especial: son cercanas, rápidas y espontáneas. Allí las personas no esperan un contenido perfecto; esperan ver a la persona detrás del servicio. ¿Tus seguidores pueden ver cómo trabajas en tu día a día?

Muestra tu trabajo en las historias. Una agente decidió empezar a usar las historias de manera simple. No preparaba grandes producciones. A veces mostraba que estaba camino a una reunión, otras respondía una pregunta frecuente sobre seguros o compartía un consejo rápido sobre protección financiera. En ocasiones incluso preguntaba a sus seguidores qué dudas tenían sobre el tema. Con el tiempo, esas pequeñas apariciones diarias empezaron a generar algo importante: familiaridad. Varias personas que veían sus historias terminaron enviándole mensajes directos para pedir orientación.

Esto da sentido porque la constancia y la cercanía construyen confianza.

Cuando las personas ven tu trabajo de cerca, se sienten más cómodas iniciando una conversación.

Acciones estratégicas a implementar

- Publica al menos 3 historias diarias.
- Combina consejos, testimonios y momentos personales.
- Usa encuestas y preguntas para generar interacción.

La constancia en historias es constancia en la mente de tu audiencia.

"El agente visible es el agente recordado."

Día 76

DISEÑA UN PERFIL DE INSTAGRAM PROFESIONAL

Instagram funciona como una vitrina digital. Muchas personas visitarán tu perfil antes de decidir si seguirte o escribirte. En esos pocos segundos tu biografía debe responder tres preguntas: quién eres, cómo ayudas y qué deben hacer después. ¿Tu perfil responde esas preguntas o deja al visitante con dudas?

Convierte tu biografía de Instagram en una invitación clara. Un agente revisó su biografía y notó que decía algo muy personal: "Padre de familia, amo el fútbol". No estaba mal, pero no explicaba su trabajo. Decidió cambiarla por una frase directa: "Ayudo a familias a proteger su futuro con seguros de vida y salud. Agenda tu cita gratis aquí". También añadió un enlace para contacto. El resultado fue inmediato. Las personas que llegaban a su perfil entendían rápidamente qué hacía y cómo podían hablar con él. En pocas semanas comenzó a recibir muchos más mensajes directos.

Una biografía clara puede convertir un visitante curioso en un prospecto real. Esto logra su propósito porque la claridad facilita la decisión.

Acciones estratégicas a implementar

- Coloca una foto profesional
- Una biografía clara abre puertas a nuevas conversaciones.

"El agente que se presenta con claridad atrae clientes con facilidad."

Día 77

PUBLICA CARRUSELES EDUCATIVOS EN INSTAGRAM

Los carruseles en redes sociales permiten explicar una idea paso a paso de forma visual y sencilla. Cada imagen es una pequeña parte de la historia, y el lector avanza deslizando hasta entender el mensaje completo. ¿Estás aprovechando ese formato para enseñar algo útil sobre seguros?

Usa carruseles para explicar lo que importa. Una agente decidió probarlo con una idea clara. Creó un carrusel titulado: "5 razones para tener un seguro de salud". En cada imagen explicaba un punto con frases simples: protección financiera, acceso a tratamiento, tranquilidad para la familia, prevención médica y estabilidad ante imprevistos. Las personas podían leerlo rápidamente y guardar la publicación para revisarla después. Con el paso de los días notó algo interesante: muchos seguidores estaban guardando el contenido y algunos comenzaron a escribirle para pedir orientación.

Cuando enseñas paso a paso, tu contenido se vuelve útil y fácil de compartir. Esto da resultado porque la información visual se entiende rápido y se recuerda mejor.

Acciones estratégicas a implementar

- Elige un tema corto y claro.
- Diseña 5–7 diapositivas simples.
- Finaliza con un CTA: "Escríbeme si quieres saber más".

El conocimiento compartido es la semilla de la confianza.

"El agente que enseña en imágenes deja huellas en la memoria de sus clientes."

Día 78

USA REELS PARA MOSTRAR TU PERSONALIDAD

Instagram impulsa especialmente los Reels porque son contenidos rápidos y fáciles de consumir. No necesitas efectos complicados ni humor forzado. Lo que realmente funciona es compartir un mensaje claro y auténtico. ¿Podrías explicar una idea importante sobre seguros en menos de un minuto?

Usa Reels para ampliar tu alcance. Un agente decidió probarlo con algo sencillo. Grabó un Reel corto donde decía: “Tres errores que muchas personas cometen al elegir un seguro de vida”. Luego explicó cada punto en frases breves y fáciles de entender. No hubo producción compleja, solo claridad y naturalidad. En pocos días el video comenzó a aparecer en el feed de personas que no lo seguían. Las visualizaciones crecieron, nuevos usuarios empezaron a seguir su cuenta y algunos enviaron mensajes para pedir más información.

Un video corto puede presentar tu trabajo a cientos de personas que aún no te conocen. Esto funciona gracias a que los videos breves permiten que más personas descubran tu contenido.

Acciones estratégicas a implementar

- Haz videos cortos de 30–60 segundos.
- Habla de un solo tema por Reel.
- Usa subtítulos para que puedan leerte sin sonido.

Tu voz y tu autenticidad son tu mayor herramienta de ventas.

“El agente que se atreve a mostrarse inspira confianza y acción.”

Día 79

ESTRATEGIA DE HASHTAGS: ÚSALOS CON ESTRATEGIA, NO POR COSTUMBRE

Durante años se creyó que los hashtags eran la clave para volverse viral. En realidad, funcionan como palabras clave que ayudan a clasificar el contenido y a conectarlo con personas interesadas en ese tema. Pero hoy las plataformas valoran mucho más otras señales: cuánto tiempo la gente mira tu publicación, cuántos comentarios recibe y cuántas veces se guarda o comparte. Por eso, llenar una publicación con etiquetas ya no garantiza mayor alcance.

Usa hashtags con estrategia, no por costumbre. En Nueva York, Andrés, un agente latino, creaba buen contenido, pero al final había agregado más de veinte hashtags. Le explique sobre usar estrategia. Decidió colocar de 2 a 3 etiquetas relevantes para su audiencia, y concentró su esfuerzo en mejorar el carrusel y la llamada a la acción. Dos semanas después, las publicaciones comenzaron a recibir más guardados y comentarios. Incluso llegaron más mensajes directos.

Los hashtags ayudan, pero el verdadero valor esta en el contenido. Esto hace que las personas deseen guardarlo y compartir con otros.

Acciones estratégicas a implementar

- Deja de pensar en "más hashtags" y piensa en "mejores".
- Usa de 3 a 5 hashtags máximo por publicación:
- Evita hashtags genéricos y gigantes tipo #love #happy #instagood: no te traen prospectos de calidad.
- Recuerda: primero **un contenido claro y útil**, luego hashtags que complementen y lo ayuden.

Los hashtags son un apoyo, no la estrella del show: el protagonista siempre será tu contenido.

"El agente que entiende la realidad de los hashtags deja de perseguir algoritmos y empieza a conquistar personas."

PUBLICA DE MANERA CONSTANTE EN INSTAGRAM

Muchos creen que el éxito en Instagram llega con una publicación viral. En realidad, lo que construye resultados duraderos es la constancia. Cuando apareces de forma regular, tu nombre se vuelve familiar para quienes te siguen. ¿Estás publicando con un ritmo claro o solo cuando te acuerdas?

La constancia construye tu presencia. Una agente decidió probar algo sencillo pero disciplinado. Se propuso publicar tres veces por semana durante seis meses. Al principio la interacción era baja y parecía que pocos prestaban atención. Sin embargo, cada publicación sumaba un pequeño paso. Con el tiempo sus seguidores comenzaron a reconocer su contenido, comentar y compartirlo. Lo que empezó como un esfuerzo silencioso terminó convirtiéndose en una comunidad que confiaba en su experiencia. Poco a poco llegaron mensajes de personas que ya la habían visto varias veces y querían pedir orientación.

Cuando tu presencia es constante, tu nombre permanece en la mente de quienes un día necesitarán tu ayuda. Esto se basa en que la confianza se construye con repetición y presencia.

Acciones estratégicas a implementar

- Define un calendario de publicaciones.
- Elige 2–3 días fijos por semana.
- Alterna entre tips, testimonios y Reels.

La disciplina digital crea autoridad real.

"El agente constante se convierte en el agente confiable."

Día 81

CREA TU CANAL DE YOUTUBE PROFESIONAL

YouTube no es solo una red social; es uno de los motores de búsqueda más utilizados del mundo. Cada día miles de personas buscan respuestas allí. Si alguien escribe "qué cubre un seguro de vida" y encuentra tu explicación, ya llegas con ventaja. ¿Estás presente donde la gente busca aprender?

Usa YouTube para que nuevos prospectos te descubran. Un agente decidió abrir su canal con una idea simple: responder preguntas reales de los clientes. Uno de sus primeros videos se tituló "Qué cubre un seguro de vida y qué no". No fue una producción complicada. Solo una explicación clara en pocos minutos. Con el tiempo el video empezó a aparecer en búsquedas de personas que querían entender ese tema. En tres meses acumuló más de mil visualizaciones. Lo más importante no fue el número de visitas, sino que varias personas lo contactaron después de verlo para pedir orientación.

Un solo video útil puede seguir atrayendo prospectos durante meses o incluso años . Esto permite avanzar porque quien busca una respuesta ya tiene interés en el tema.

Acciones estratégicas a implementar

- Crea un canal con nombre profesional (ej.: "Seguros con [Tu Nombre]").
- Diseña una portada clara con tu propuesta de valor.
- Configura la descripción del canal con datos de contacto y enlaces.

  Tu canal es tu oficina digital abierta 24/7.

"El agente que crea su propio espacio digital construye autoridad eterna."

Día 82

COMPARTE VIDEOS EDUCATIVOS CORTOS EN YOUTUBE

Los videos de tres a cinco minutos tienen una ventaja importante: son lo suficientemente cortos para mantener la atención y lo suficientemente largos para explicar una idea con claridad. Cuando ayudas a las personas a entender un tema complejo de forma simple, tu credibilidad crece. ¿Podrías explicar un concepto importante de seguros en pocos minutos?

Educa con videos breves y claros. Una agente decidió hacerlo con una pregunta que escuchaba con frecuencia. Grabó un video de cuatro minutos titulado: "Tres errores al elegir seguro médico". En ese tiempo explicó de forma sencilla los puntos que muchas personas pasan por alto al tomar esa decisión. No utilizó términos complicados ni explicaciones largas. El video comenzó a circular en redes y algunos seguidores lo compartieron en grupos donde otras personas tenían la misma duda. Con el tiempo, varias de esas personas la contactaron para pedir asesoría.

Un video claro puede convertirse en tu mejor presentación ante personas que aún no te conocen. Esto se apoya en que las personas confían en quien les ayuda a entender antes de vender.

Acciones estratégicas a implementar

- Elige un tema simple y directo.
- Explica con lenguaje claro y ejemplos.
- Finaliza con una invitación a contactarte.

La educación abre más puertas que la persuasión.

"El agente que enseña con claridad cosecha confianza sin esfuerzo."

Día 83

USA YOUTUBE SHORTS PARA AUMENTAR ALCANCE

Los Shorts son videos de menos de sesenta segundos que YouTube impulsa con fuerza porque son rápidos de consumir. Para un agente, representan una oportunidad simple: explicar una idea clara en pocos segundos y aparecer frente a personas que aún no conocen tu trabajo. ¿Podrías resumir un consejo importante en menos de un minuto?

Aprovecha los Shorts para llegar a más personas. Un agente decidió intentarlo con una comparación fácil de entender. Grabó un Short diciendo: "Un seguro de vida puede costar menos que tu café diario". Luego explicó brevemente lo que esa pequeña inversión puede significar para la seguridad de una familia. El video era corto y directo, pero captó la atención. En dos semanas acumuló miles de visualizaciones y varias personas comenzaron a seguir su canal para ver más contenido.

Un mensaje breve puede abrir la puerta para que muchas personas descubran tu trabajo. Esto es útil porque los mensajes breves se consumen rápido y se comparten con facilidad.

Acciones estratégicas a implementar

- Graba mensajes cortos y poderosos.
- Añade subtítulos automáticos.
- Publica al menos 2 Shorts por semana.

En menos de un minuto puedes sembrar una gran oportunidad.

"El agente que se adapta a lo breve conquista la atención en segundos."

Día 84

OPTIMIZA TUS VIDEOS CON TÍTULOS Y PALABRAS CLAVE

Subir un video es solo el primer paso. Si el título y la descripción no son claros, muchas personas nunca lo encontrarán. En YouTube, las palabras que usas funcionan como señales que ayudan al buscador a entender de qué trata tu contenido. Pregúntate algo simple: ¿tu título coincide con lo que la gente realmente busca?

Haz que tus videos sean fáciles de encontrar. Un agente subió un video explicando un concepto básico de seguros. Al principio lo tituló de forma muy general y casi nadie lo encontraba. Decidió cambiar el enfoque. Renombró el video como "Seguro de vida explicado fácil" y añadió en la descripción algunas frases que las personas suelen escribir en Google y YouTube cuando tienen esa duda. También incluyó etiquetas relacionadas con el tema. Con el tiempo el video empezó a aparecer en resultados de búsqueda y nuevas personas comenzaron a verlo sin que él tuviera que promocionarlo.

Cuando tu contenido es fácil de encontrar, cada video se convierte en una puerta abierta hacia nuevos prospectos. Esto es útil porque los buscadores priorizan contenido que coincide con las palabras que usan los usuarios.

Acciones estratégicas a implementar

- Usa títulos claros con la palabra clave principal.
- Describe el contenido en la caja de descripción.
- Añade etiquetas relacionadas.

Ser visible es ser elegible para tu cliente.

"El agente que sabe posicionarse nunca pasa desapercibido."

Día 85

INVITA A LA ACCIÓN EN CADA VIDEO

Un video puede informar, entretener o educar. Pero si termina sin indicar qué hacer después, la oportunidad se queda a medio camino. El prospecto entiende tu mensaje, pero no sabe cómo continuar. ¿Tus videos explican el siguiente paso con claridad?

Indica siempre el siguiente paso. Un agente notó que sus videos tenían visualizaciones, pero pocas conversaciones reales. Decidió cambiar algo sencillo. Al final de cada video añadió una frase directa: "Si quieres una asesoría personalizada, escríbeme al WhatsApp que está en la descripción". También colocó el enlace visible debajo del video. Con el tiempo ocurrió algo interesante. Algunas personas que veían el contenido y tenían dudas sabían exactamente cómo contactarlo. El video ya no era solo información; era una puerta abierta a una conversación.

Cuando tu contenido muestra el siguiente paso, es más fácil convertir interés en oportunidad. Esto cobra sentido porque las personas responden mejor cuando el camino está claro.

Acciones estratégicas a implementar

- Define una acción clara: agendar, escribir, suscribirse.
- Colócala al final del video y en la descripción.
- Hazlo simple y directo.

  Un contenido sin acción es una puerta sin salida.

"El agente que guía con claridad transforma miradas en decisiones."

Día 86

RESPONDE SIEMPRE A LOS COMENTARIOS EN TUS REDES

Cada comentario en tus publicaciones es más que una reacción: es una puerta abierta a una relación. Cuando alguien se toma el tiempo de escribir, espera ser escuchado. Si no respondes, el mensaje que transmites es distancia. ¿Qué pasaría si trataras cada comentario como el inicio de una conversación?

Responde cada comentario como si fuera una conversación. Un agente lo descubrió en una publicación sencilla sobre seguros de vida. Entre varios comentarios apareció una pregunta básica: "¿Esto aplica si tengo hijos pequeños?". Podía haberla ignorado o responder con una frase corta. En cambio, contestó con calma, explicando de forma clara y agradeciendo la pregunta. Esa pequeña interacción generó algo importante: la persona sintió que alguien realmente estaba dispuesto a ayudar. Días después le escribió por mensaje privado para hablar con más detalle. Esa conversación terminó convirtiéndose en una nueva póliza.

Una respuesta amable puede transformar una simple pregunta en una oportunidad real. Esto genera valor porque la atención genuina crea confianza.

Acciones estratégicas a implementar

- Dedica 15 minutos diarios a responder comentarios.
- Agradece usando el nombre de la persona.
- Si surge interés, invita al privado para dar más información.

La interacción crea comunidad, y la comunidad crea clientes.

"El agente que escucha y responde siembra confianza duradera."

Día 87

USA TESTIMONIOS DE CLIENTES EN TUS REDES

Las personas confían más en la experiencia de otros que en cualquier explicación de ventas. Un testimonio muestra algo que ningún argumento puede demostrar por sí solo: que lo que ofreces ya ha funcionado para alguien más. ¿Qué pasaría si tus prospectos escucharan directamente a quienes ya confían en tu asesoría?

Deja que tus clientes cuenten la historia. Una agente decidió compartir un video corto en sus redes. En él, una clienta explicaba con naturalidad cómo su póliza de salud le había dado tranquilidad cuando más la necesitó. No era un anuncio elaborado, solo una experiencia real contada con sinceridad. El efecto fue inmediato. Varias personas que vieron la publicación comenzaron a escribirle para preguntar por la misma cobertura. Para ellas, escuchar a otra clienta fue suficiente para sentirse más seguras al dar el siguiente paso.

Una experiencia auténtica puede convencer más que cualquier discurso de ventas. Esto se sostiene en que la confianza crece cuando alguien ve resultados reales.

Acciones estratégicas a implementar

- Pide permiso a tus clientes satisfechos.
- Graba un testimonio breve (1 minuto máximo).
- Súbelo a tus redes con una frase inspiradora.

  Tu mejor vendedor es un cliente feliz.

“El agente que deja hablar a sus clientes multiplica su credibilidad.”

Día 88

REALIZA TRANSMISIONES EN VIVO EN TUS REDES

Un live tiene algo que ninguna publicación logra: interacción inmediata. Las personas pueden preguntar, opinar y escuchar respuestas en el momento. Esa conversación directa crea cercanía y confianza. ¿Cuándo fue la última vez que hablaste en vivo con tu audiencia?

Usa los lives para conversar, no solo para explicar. Un agente decidió probar este formato con un tema que escuchaba constantemente: "Cómo elegir un seguro de salud en EE. UU.". Anunció el live con anticipación y preparó algunos puntos clave para explicar. Durante la transmisión comenzaron a aparecer preguntas en el chat. Respondía una por una, con ejemplos simples, como si estuviera conversando en una reunión. Las personas no solo escuchaban; participaban. Al terminar, varios asistentes le escribieron para pedir más información. En los días siguientes, algunas de esas conversaciones se transformaron en nuevas pólizas.

Una conversación en vivo puede transformar curiosidad en decisión. Esto resulta eficaz porque la interacción en tiempo real genera confianza rápidamente.

Acciones estratégicas a implementar

- Anuncia tu live con al menos 3 días de anticipación.
- Prepara un tema de alto interés.
- Cierra con una llamada a la acción clara.

La cercanía en vivo crea confianza inmediata.

"El agente que se muestra disponible conquista la lealtad de sus clientes."

Día 89

COMPARTE HISTORIAS PERSONALES EN TUS REDES

Las personas recuerdan historias, no cifras. Cuando compartes una experiencia personal, tu audiencia deja de ver a un vendedor y empieza a ver a una persona con motivos reales para hacer su trabajo. ¿Qué experiencia te hizo entender la importancia de proteger a una familia?

Comparte historias que revelen tu propósito. Una agente decidió contar algo muy personal en sus redes. Explicó cómo, años atrás, la póliza de salud de su padre ayudó a cubrir gastos médicos inesperados en un momento difícil. No habló de coberturas técnicas ni de planes específicos. Solo relató lo que significó para su familia tener esa protección cuando más la necesitaban. El mensaje era simple y sincero. Esa publicación generó muchos comentarios y fue compartida por seguidores que se identificaron con la historia. Varias personas le escribieron diciendo que nunca habían pensado en el seguro de esa manera.

Una historia auténtica puede hacer que tu mensaje permanezca en la mente de quienes te escuchan. Esto produce resultados porque las experiencias reales despiertan empatía y comprensión.

Acciones estratégicas a implementar

- Elige una experiencia personal relacionada con seguros.
- Escríbela en formato breve y honesto.
- Finaliza con una enseñanza práctica.

Las historias inspiran decisiones más que los datos.

"El agente que comparte su verdad toca el corazón de sus clientes."

PUBLICA CONTENIDO CON PREGUNTAS INTERACTIVAS

Las redes sociales no son solo un lugar para publicar; son un espacio para conversar. Cuando haces una pregunta, invitas a tu audiencia a opinar, reflexionar y participar. ¿Tus publicaciones abren diálogo o solo transmiten información?

Haz preguntas que inviten a participar. Una agente decidió probar algo simple. En lugar de compartir solo un consejo, publicó una pregunta directa: "¿Qué crees que cuesta más: un seguro de vida o tu café diario?". La comparación era clara y fácil de entender. En poco tiempo comenzaron a aparecer comentarios con opiniones y curiosidad. Algunas personas querían saber más sobre el tema, otras compartían su experiencia. Lo que empezó como una pregunta terminó generando decenas de respuestas y varias conversaciones privadas con personas interesadas en conocer opciones de protección.

Una pregunta bien planteada puede transformar una publicación en un diálogo activo. Esto da sentido porque las personas participan con más facilidad cuando sienten que su opinión cuenta.

Acciones estratégicas a implementar

- Formula preguntas sencillas relacionadas con seguros.
- Responde a quienes participen.
- Usa esas respuestas para crear nuevo contenido.

La curiosidad abre el camino hacia la confianza.

"El agente que pregunta con intención obtiene respuestas valiosas."

SÉ CONSTANTE EN TUS PUBLICACIONES

Las redes sociales favorecen a quienes aparecen con regularidad. Cuando publicas solo de vez en cuando, tu contenido se pierde y tu audiencia deja de verte. En cambio, la constancia mantiene tu presencia viva. ¿Tu actividad en redes es un hábito o algo que haces solo cuando tienes tiempo?

La disciplina digital mantiene tu nombre visible. Un agente solía publicar una vez al mes. Sus publicaciones recibían poca interacción y casi nadie escribía para pedir información. Un día decidió cambiar su enfoque. Preparó un calendario simple y comenzó a compartir contenido cuatro veces por semana: consejos, historias de clientes, preguntas para la audiencia y explicaciones breves sobre seguros. Al principio parecía un esfuerzo silencioso. Pero con el tiempo su nombre empezó a aparecer con más frecuencia en el feed de sus seguidores. Las conversaciones crecieron y los mensajes privados comenzaron a llegar con mayor regularidad.

La constancia digital convierte tu presencia en una referencia constante para tus prospectos. Esto cobra sentido porque la repetición genera familiaridad.

Acciones estratégicas a implementar

- Define cuántas veces a la semana vas a publicar.
- Usa un calendario de contenidos.
- Ajusta la frecuencia según la respuesta de tu audiencia.

La constancia es el puente entre el contenido y los resultados.

"El agente que insiste cada día es el que la gente recuerda al decidir."

Día 92

INSTAGRAM TAMBIÉN VIVE EN GOOGLE: APROVÉCHALO

Desde hace algun tiempo Instagram comenzo a indexar en Google, esto significa que tu perfil ahora te ayuda a generar contenido para la web y no solo en instagram. Eso significa que cuando alguien busca tu nombre o escribe "seguros en tu ciudad", tu perfil puede convertirse en una de las primeras impresiones que vea el prospecto. Por esto es importante que te preguntes ¿Tu Instagram proyecta la imagen profesional que quieres mostrar?

Recuerdo que Mariana estaba reunida con una familia en Houston, cuando el padre comentó "Te busqué en Google y me salió tu Instagram, por eso te escribí". Al buscarse a sí misma descubrió que Google mostraba su perfil, algunos Reels y una publicación donde explicaba seguros de vida. Entendió entonces que cada publicación podía ser la primera impresión para alguien que la buscaba. Ajustó su biografía, añadió una descripción clara de su especialidad y destacó sus mejores contenidos educativos. Poco después, varios prospectos repitieron la misma frase: "Te encontré en Google y luego vi tu Instagram".

Tu Instagram puede convertirse en una puerta de entrada para nuevos prospectos. Esto logra su propósito porque tu presencia digital construye confianza antes de la conversación.

Acciones estratégicas a implementar

- **Búscate en Google ahora mismo**.
- Mira si aparece tu Instagram y qué se ve primero.
- **Optimiza tu nombre y usuario de Instagram** + lo que haces, tambien agrega ciudad o país en la bio y a quien ayudas.
- Que te gustaría que un cliente viera antes de conocerme

"El agente que entiende su huella digital construye una imagen que vende incluso cuando él no está presente."

Día 93

CREA TU PROPIO DOMINIO Y UNIFICA TU MARCA

Tener un dominio propio es como tener una oficina en la avenida principal de internet. Un nombre claro como tu-nombre.com o una frase que represente tu trabajo hace que tu presencia digital sea fácil de reconocer y recordar. ¿Qué ocurre cuando alguien intenta encontrarte y ve correos, enlaces y perfiles con nombres distintos?

Ten un dominio propio que represente tu nombre. Un cliente le comentó a Luis que había intentado buscarlo en internet, pero no estaba seguro si el perfil que encontró era realmente el suyo. Luis tenía un correo genérico, una página con un enlace complicado y nombres diferentes en sus redes. Esa misma noche decidió organizar todo bajo un mismo nombre. Registró un dominio sencillo, creó un correo profesional con ese dominio y actualizó sus redes para usar la misma identidad. En pocas semanas notó el cambio. Sus mensajes se veían más serios y los clientes podían encontrarlo con facilidad.

Un nombre claro en internet puede convertirse en la base de tu reputación profesional. Esto da resultado porque la coherencia digital genera confianza y facilita que te recuerden.

Acciones estratégicas a implementar

- **Elige el concepto de tu dominio:** Puede ser tu nombre: tunnombre.com, tunnombreseguros.com, o una frase que conecte con tu visión: segurosparalatinos.com
- **Verifica disponibilidad del dominio** en (GoDaddy, Namecheap).
- **Conecta tu dominio con tu marca en todos los canales**. Ajusta tus usuarios de redes para que se parezcan a tu dominio.

Cuando tu nombre, tu dominio y tus redes hablan el mismo idioma, el cliente te recuerda y confía más rápido.

"El agente que construye una marca congruente se convierte en una referencia clara en la mente de sus clientes."

Día 94

REUTILIZA TU CONTENIDO EN VARIAS PLATAFORMAS

Crear contenido desde cero todos los días puede parecer agotador. Pero una sola idea bien desarrollada puede transformarse en varias publicaciones para distintas redes. ¿Estás aprovechando al máximo el contenido que ya creas?

Convierte una idea en varios contenidos. Un agente decidió cambiar su forma de trabajar. Grabó un video para YouTube explicando un tema sencillo sobre seguros. Después tomó ese mismo material y lo adaptó. Recortó un fragmento corto para publicarlo como video en Instagram y extrajo algunas frases clave para crear una publicación en Facebook. Lo que empezó como un solo contenido terminó convirtiéndose en tres piezas diferentes que reforzaban el mismo mensaje. El tiempo invertido fue prácticamente el mismo, pero el alcance se multiplicó.

Cuando una idea se adapta a varios formatos, tu presencia digital crece sin duplicar el esfuerzo. Esto genera valor porque cada red social tiene su propio formato y su propia audiencia.

Acciones estratégicas a implementar

- Crea una pieza de contenido principal.
- Extrae fragmentos y adáptalos a cada red.
- Programa la publicación en distintas fechas.

Día 95

PUBLICA TESTIMONIOS EN VIDEO DE CLIENTES

El video tiene una fuerza especial: permite ver expresiones, escuchar la voz y percibir emociones reales. Por eso genera más confianza que una imagen o un texto. Cuando un prospecto observa a una persona hablando de su experiencia, la credibilidad aparece de inmediato. ¿Tu contenido permite que otros vean el impacto real de tu trabajo?

Deja que el video muestre tu trabajo. Una agente decidió grabar algo sencillo. Pidió a una clienta satisfecha que contara, en menos de treinta segundos, qué significaba para ella tener su seguro. La clienta habló con naturalidad sobre la tranquilidad que sentía al saber que su familia estaba protegida. El video no tenía producción compleja, solo autenticidad. Al publicarlo en sus redes, varias personas comenzaron a compartirlo con amigos y familiares. En pocos días llegaron nuevos mensajes de personas interesadas en conocer la misma protección.

Un testimonio en video puede transmitir en segundos la confianza que tardaría mucho más en explicarse con palabras. Esto se sostiene en que las personas confían más cuando ven experiencias reales.

Acciones estratégicas a implementar

- Pide permiso a tus clientes para grabar testimonios.
- Hazlos breves y naturales.
- Súbelos con un título atractivo.

La voz de un cliente vale más que mil argumentos.

"El agente que da voz a sus clientes multiplica la confianza de su audiencia."

Día 96

USA LAS HISTORIAS DESTACADAS EN INSTAGRAM

Cuando alguien visita tu perfil por primera vez, quiere entender rápidamente quién eres y qué haces. Las historias destacadas cumplen ese papel: son como pequeñas secciones que permanecen visibles y explican tu trabajo en segundos. ¿Tu perfil muestra con claridad lo que ofreces?

Organiza tus historias destacadas como una vitrina. Un agente decidió ordenar sus historias para que cualquier visitante entendiera su propuesta sin esfuerzo. Creó tres categorías simples: "Seguros de vida", "Salud" y "Testimonios". En cada una colocó explicaciones breves, ejemplos y experiencias de clientes. Así, cuando alguien entraba a su perfil podía recorrer esas historias y comprender de inmediato cómo ayudaba a las personas. Muchas conversaciones comenzaron después de que un visitante revisaba esas secciones y encontraba información clara.

Cuando tu perfil está bien organizado, un visitante curioso puede convertirse fácilmente en un prospecto. Esto resulta eficaz porque la organización facilita la comprensión.

Acciones estratégicas a implementar

- Crea carpetas de historias destacadas.
- Organiza tu contenido por temas.
- Añade portadas visuales y atractivas.

Lo que muestras define lo que inspiras.

"El agente que ordena su mensaje es recordado con claridad."

Día 97

PUBLICA CONTENIDO DE ESTILO DE VIDA

Tus seguidores no solo quieren ver información sobre seguros. También quieren saber quién está detrás del servicio. Cuando compartes momentos de tu vida, tu audiencia comienza a verte como una persona real, no solo como un profesional. ¿Tu perfil muestra algo de tu historia o solo habla de trabajo?

Deja que las personas conozcan quién eres. Una agente comenzó a incluir en sus redes algunos momentos personales: un viaje con su familia, una celebración especial o una reflexión sobre lo que significaba para ella proteger a las familias. No eran publicaciones exageradas ni fuera de contexto, simplemente pequeñas ventanas a su vida. Con el tiempo notó algo interesante. Sus seguidores comentaban más y algunos prospectos mencionaban que se sentían identificados con su forma de vivir y sus valores. Esa cercanía hizo que las conversaciones fueran más naturales.

Cuando tu audiencia conoce tu historia, tu mensaje se vuelve más cercano y memorable. Esto produce resultados porque las personas conectan con personas, no solo con servicios.

Acciones estratégicas a implementar

- Comparte momentos reales de tu vida.
- Relaciónalos con tu propósito.
- Mantén un balance con contenido profesional.

Las personas se conectan con personas, no con productos.

“El agente que muestra su esencia atrae clientes que valoran su autenticidad.”

Día 98

INCLUYE LLAMADOS A LA ACCIÓN EN TUS PUBLICACIONES

Una publicación puede gustar, informar o inspirar. Pero si termina sin indicar qué hacer después, se queda solo en contenido. El prospecto puede pensar: "Interesante", y seguir desplazándose. ¿Tu publicación deja claro cuál es el siguiente paso?

Guía siempre al siguiente paso. Un agente notó que muchas personas daban "me gusta" a sus publicaciones, pero pocas lo contactaban. El contenido era útil, pero faltaba dirección. Decidió añadir una frase sencilla al final de cada post: "Si quieres una asesoría gratuita, escríbeme por mensaje". No cambió el tema de sus publicaciones ni su estilo. Solo agregó una invitación clara. En poco tiempo comenzó a recibir más mensajes privados. Las personas sabían exactamente cómo continuar la conversación.

Un buen contenido atrae atención; una llamada a la acción convierte esa atención en oportunidades. Esto da sentido porque la claridad facilita la acción.

Acciones estratégicas a implementar

- Define el objetivo de cada publicación.
- Cierra con una invitación clara.
- Hazlo simple y directo.

El contenido sin acción es solo entretenimiento.

"El agente que dirige a su audiencia transforma seguidores en clientes."

Día 99

PUBLICA CONTENIDO EN HORARIOS ESTRATÉGICOS

Un buen contenido puede pasar desapercibido si se publica en el momento equivocado. En redes sociales el horario importa, porque determina cuántas personas verán tu mensaje cuando aparece por primera vez. ¿Sabes a qué hora tus seguidores suelen estar conectados?

Publica cuando tu audiencia está presente. Un agente acostumbraba publicar temprano en la mañana, justo antes de comenzar su jornada. Sus publicaciones eran útiles, pero recibían poca interacción. Un día revisó las estadísticas de su cuenta y notó algo interesante: la mayoría de sus seguidores se conectaban por la noche, después del trabajo. Decidió probar un cambio sencillo. En lugar de publicar a primera hora del día, empezó a hacerlo alrededor de las ocho de la noche. El contenido era el mismo, pero el momento era diferente. En poco tiempo las reacciones, comentarios y mensajes comenzaron a aumentar de forma clara.

Cuando el mensaje aparece en el momento adecuado, tiene muchas más posibilidades de ser visto y recordado. Esto logra su propósito porque el algoritmo muestra más el contenido que recibe interacción desde el inicio.

Acciones estratégicas a implementar

- Revisa las estadísticas de tus redes.
- Identifica los horarios de mayor actividad.
- Programa tus publicaciones en esos momentos.

  El momento correcto multiplica el impacto.

“El agente que elige la hora correcta logra ser escuchado con más fuerza.”

MIDE Y AJUSTA TU ESTRATEGIA EN REDES

Las redes sociales cambian constantemente. Lo que hoy genera atención puede perder fuerza mañana. Por eso no basta con publicar; también es necesario observar qué está funcionando. ¿Tus decisiones se basan en suposiciones o en lo que muestran los datos?

Ajusta tu estrategia con lo que muestran los resultados. Una agente decidió revisar con calma las métricas de su cuenta. Observó algo claro: los videos recibían más comentarios, más guardados y más alcance que las imágenes. El contenido no era muy distinto, pero el formato marcaba la diferencia. En lugar de seguir publicando de todo un poco, decidió concentrarse en videos cortos donde explicaba conceptos simples sobre seguros. En pocas semanas el efecto fue evidente. Su alcance creció y más personas comenzaron a descubrir su perfil.

Cuando escuchas lo que dicen los números, tu estrategia se vuelve más clara y efectiva. Esto da resultado porque los datos revelan qué tipo de contenido conecta mejor con tu audiencia.

Acciones estratégicas a implementar

- Revisa tus métricas cada mes.
- Identifica qué formatos generan más interacción.
- Ajusta tu plan en base a resultados.

Lo que se mide, se mejora.

"El agente que aprende de sus resultados nunca se queda estancado."

CONSTRUYE TU PROPIA BASE DE DATOS DESDE CERO

Un agente que depende solo de leads comprados o de contactos ocasionales siempre estará limitado. En cambio, una base de datos organizada es como un terreno fértil: allí guardas las personas que conoces, quienes han mostrado interés y quienes pueden recomendarte. ¿Sabes exactamente cuántos contactos tienes hoy y cómo volver a hablar con ellos?

Cultiva tu base de datos como tu activo principal. Un agente comenzó con algo sencillo. Tomó su agenda del teléfono y empezó a organizar los contactos en una hoja de cálculo: amigos, familiares, conocidos y personas que alguna vez habían preguntado por seguros. No era una lista perfecta, pero sí un punto de partida. Cada semana retomaba algunas conversaciones, compartía información útil o simplemente saludaba. Con el tiempo notó que varias de esas relaciones se transformaban en oportunidades reales. En pocos meses algunos contactos se convirtieron en clientes y otros lo recomendaron a nuevos prospectos.

Una base de datos bien cuidada puede convertirse en la fuente más estable de tu crecimiento. Esto se basa en que las relaciones bien cuidadas generan oportunidades constantes.

Acciones estratégicas a implementar

- Crea un archivo en Excel, Google Sheets o un CRM sencillo.
- Escribe los nombres de todas las personas que conoces.
- Añade teléfonos, correos y relación contigo.
- Clasifícalos en categorías: prospecto, cliente, referido.

Tu base de datos es tu mina de oro: cuídala y crecerá contigo.

"El agente que organiza sus contactos nunca se queda sin oportunidades."

CLASIFICA TUS CONTACTOS POR NIVEL DE PRIORIDAD

No todos los contactos tienen el mismo nivel de interés. Algunos están listos para tomar una decisión, otros apenas están explorando y muchos simplemente forman parte de tu red de conocidos. Cuando no haces esta diferencia, terminas dedicando el mismo tiempo a todos. ¿Estás enfocando tu energía en las personas con mayor potencial?

Prioriza tu base de datos para trabajar con enfoque. Un agente decidió ordenar su lista de contactos con un sistema muy simple. Clasificó cada nombre en tres grupos: A, B y C. Los del grupo A eran prospectos que ya habían mostrado interés claro y estaban cerca de tomar una decisión. Los del grupo B eran personas interesadas, pero que necesitarían más tiempo o información. Los del grupo C eran conocidos que aún no pensaban en seguros. Con esa claridad, comenzó a concentrar sus llamadas y seguimientos en los contactos del grupo A. En poco tiempo notó que sus conversaciones eran más productivas y los cierres llegaban con mayor frecuencia.

Cuando sabes a quién priorizar, tu tiempo y tu energía producen mejores resultados. Esto se apoya en que el enfoque multiplica la efectividad.

Acciones estratégicas a implementar

- Revisa cada contacto y asigna un nivel (A, B o C).
- Concéntrate primero en los “A” para cierres rápidos.
- Programa recordatorios para los “B”.
- Mantén comunicación ligera con los “C”.

El éxito está en priorizar lo que realmente importa.

“El agente que aprende a priorizar convierte el caos en resultados.”

Día 103

MANTÉN TU BASE DE DATOS ACTUALIZADA

Una base de datos solo tiene valor si la información es correcta. Con el tiempo, las personas cambian de número, de correo o incluso de ciudad. Si no actualizas esos datos, terminarás llamando a teléfonos que no existen o enviando correos que nadie recibe. ¿Cuándo fue la última vez que revisaste tu lista de contactos?

Mantén tu base de datos viva y actualizada. Un agente lo descubrió al intentar retomar contacto con personas de su base después de varios años. Al empezar a llamar, notó algo frustrante: muchos números ya no funcionaban. Decidió entonces hacer una limpieza completa. Revisó cada registro, eliminó contactos inválidos y pidió nuevamente los datos correctos a quienes seguían en su red. Ese trabajo tomó algunos días, pero el resultado fue claro. Sus llamadas comenzaron a ser más productivas porque hablaba con personas reales y actualizadas.

Una base de datos cuidada es un activo que mantiene abiertas tus oportunidades. Esto funciona gracias a que una base organizada facilita el contacto efectivo.

Acciones estratégicas a implementar

- Revisa tu base de datos al menos una vez al mes.
- Actualiza números, correos y direcciones.
- Pregunta a tus clientes si han cambiado de datos.
- Elimina contactos imposibles de recuperar.

  Una base de datos viva es un negocio vivo.

"El agente disciplinado mantiene su mina de oro siempre pulida."

Día 104

USA UN CRM PARA PROFESIONALIZAR TU GESTIÓN

Una hoja de cálculo puede servir al inicio, pero llega un momento en que se vuelve limitada. Cuando tu base de datos crece, necesitas algo que te ayude a organizar, recordar y dar seguimiento a cada contacto. Ahí entra el CRM: una herramienta diseñada para gestionar relaciones con clientes. ¿Sabes exactamente cuándo fue la última vez que hablaste con cada prospecto?

Pasa de una lista de contactos a un sistema profesional. Un agente trabajaba durante años con simples hojas de cálculo. Tenía los datos, pero muchas veces olvidaba cuándo debía volver a llamar o enviar información. Decidió probar un CRM. De pronto su trabajo cambió. El sistema le recordaba cumpleaños de clientes, le avisaba cuándo debía hacer seguimiento y le mostraba estadísticas de sus ventas. Ya no dependía de la memoria o de notas dispersas. Cada contacto tenía su historial claro y organizado.

Cuando tu información está organizada, cada relación con tus clientes se gestiona con mayor profesionalismo. Esto permite avanzar porque la organización convierte la información en acción.

Acciones estratégicas a implementar

- Investiga CRMs para agentes de seguros (ej.: Zoho, HubSpot, AgencyBloc).
- Registra tus contactos actuales en la herramienta.
- Configura recordatorios y etiquetas.
- Revisa reportes de actividad semanalmente.

La tecnología es tu aliada para crecer más rápido.

"El agente que adopta herramientas modernas acelera su camino al éxito."

Día 105

HAZ DE TU BASE DE DATOS TU RUTINA DIARIA

Tener una base de datos organizada es valioso, pero solo produce resultados cuando se utiliza. Muchos agentes guardan contactos y luego pasan semanas sin revisarlos. La diferencia entre una lista olvidada y una fuente constante de clientes está en la disciplina diaria. ¿Cuánto tiempo dedicas cada día a revisar y activar tus contactos?

Trabaja tu base de datos todos los días. Un agente decidió convertir esa actividad en un hábito. Cada mañana, antes de comenzar el resto de su jornada, reservaba treinta minutos para revisar su base de datos. Llamaba a algunos contactos, enviaba correos a otros y agendaba nuevas citas con quienes mostraban interés. No era un esfuerzo extraordinario, solo una rutina constante. Con el tiempo notó algo importante: las conversaciones se multiplicaban y casi cada semana lograba cerrar al menos una nueva venta.

Cuando tu base de datos se convierte en parte de tu rutina, el flujo de oportunidades deja de depender de la suerte. Esto resulta eficaz porque la constancia crea oportunidades donde antes había silencio.

Acciones estratégicas a implementar

- Reserva 30 minutos diarios para trabajar tu base.
- Haz al menos 5 llamadas diarias desde tu lista.
- Anota los resultados y programa seguimiento.
- Conviértelo en un hábito innegociable.

El éxito está en la rutina, no en los golpes de suerte.

"El agente que cultiva su base de datos cada día siembra ventas para mañana."

Día 106

SEGMENTA TU BASE DE DATOS POR TIPO DE PRODUCTO

No todos los clientes buscan el mismo tipo de protección. Algunos están interesados en seguros de vida, otros en salud o en otro tipo de cobertura. Cuando envías el mismo mensaje a todos, parte de tu audiencia siente que la información no es para ellos. ¿Tu comunicación considera lo que cada persona necesita?

Segmenta tu base para hablar de lo que realmente importa. Un agente decidió ordenar su base de datos por tipo de producto. Separó a quienes tenían interés en seguros de salud de quienes buscaban protección de vida. A partir de ese momento comenzó a enviar mensajes distintos para cada grupo. A los primeros les compartía consejos sobre cobertura médica y costos hospitalarios. A los segundos les hablaba de protección familiar y planificación financiera. El cambio fue inmediato. Las respuestas comenzaron a aumentar porque cada persona recibía información relacionada con su realidad.

Cuando hablas de lo que realmente le importa a cada cliente, la conversación se vuelve mucho más efectiva. Esto ofrece una ventaja porque la relevancia capta la atención.

Acciones estratégicas a implementar

- Revisa tu base y agrupa clientes según el producto que tienen o necesitan.
- Etiqueta cada contacto en tu CRM o Excel.
- Diseña mensajes específicos para cada grupo.
- Haz seguimientos diferenciados según su necesidad.

La segmentación convierte la información en resultados.

"El agente que conoce a su cliente habla el idioma que abre puertas."

Día 107

REGISTRA CUMPLEAÑOS Y FECHAS IMPORTANTES

Los pequeños gestos fortalecen las relaciones. Un cliente puede olvidar muchos detalles de una conversación, pero recuerda cuando alguien demuestra atención genuina. Felicitar en una fecha especial es una forma simple de mostrar que valoras la relación. ¿Cuántos de tus clientes reciben un mensaje tuyo en su cumpleaños o aniversario?

Recuerda las fechas que importan. Un agente comenzó a registrar en su base de datos algunas fechas importantes de sus clientes. Cuando llegaba un cumpleaños o un aniversario, enviaba un mensaje breve y personalizado. No hablaba de ventas ni de seguros; simplemente felicitaba y deseaba un buen día. Un cliente respondió agradeciendo el gesto y mencionó que pocos profesionales se tomaban ese tiempo. Días después, ese mismo cliente recomendó al agente a varios amigos que buscaban asesoría.

Un gesto sencillo puede mantener viva una relación y abrir nuevas oportunidades. Esto es útil porque las relaciones se fortalecen cuando las personas se sienten recordadas.

Acciones estratégicas a implementar

- Registra cumpleaños, aniversarios y fechas clave en tu base.
- Programa recordatorios en tu CRM o calendario.
- Envía un mensaje personalizado o realiza una llamada ese día.
- Aprovecha para agradecer y preguntar cómo se sienten con su cobertura.

  El detalle pequeño abre puertas grandes.

“El agente que celebra a sus clientes siembra fidelidad eterna.”

INTEGRA TU BASE DE DATOS CON TUS REDES SOCIALES

Tus clientes y prospectos pasan parte de su día en redes como Facebook, Instagram o LinkedIn. Cuando conectas tu base de datos con estas plataformas, tu presencia aparece con mayor frecuencia frente a personas que ya te conocen. ¿Estás aprovechando esa ventaja?

Conecta tu base de datos con tus redes. Un agente decidió hacerlo con una acción sencilla. Tomó los correos electrónicos de su base de datos y los cargó en una campaña de Facebook Ads para crear una audiencia personalizada. De esta forma, sus publicaciones y anuncios comenzaron a mostrarse principalmente a personas que ya habían tenido algún contacto con él. El efecto fue inmediato. Los mensajes que recibía no eran completamente fríos; venían de personas que ya reconocían su nombre y su trabajo. Las conversaciones comenzaron con más confianza y las decisiones se tomaban con mayor rapidez.

Cuando tu presencia aparece donde ya están tus clientes, tu mensaje se vuelve más familiar y efectivo. Esto cobra sentido porque las personas responden mejor cuando ya han tenido contacto previo contigo.

Acciones estratégicas a implementar

- Exporta tu base de datos en un archivo CSV.
- Súbela a Facebook Ads o LinkedIn Ads para crear audiencias.
- Crea campañas de retargeting con mensajes claros.
- Mide los resultados y ajusta tu estrategia.

Donde están tus clientes, allí debes estar tú.

"El agente que conecta datos con presencia digital multiplica oportunidades."

USA TU BASE DE DATOS PARA PEDIR REFERIDOS

Tus clientes actuales son la fuente más natural de nuevos prospectos. Ellos ya conocen tu trabajo, han visto tu compromiso y pueden recomendarte con confianza. La pregunta es sencilla: ¿estás aprovechando esa relación para ampliar tu red?

Pide referidos a quienes ya confían en ti. Un agente decidió revisar su base de datos con un objetivo claro. Identificó a varios clientes que estaban satisfechos con su asesoría y les escribió un mensaje sencillo. Les agradeció la confianza y les comentó que, si conocían a alguien que también quisiera proteger a su familia, estaría encantado de ayudar. No fue un pedido agresivo, solo una invitación abierta. En pocas semanas comenzaron a llegar nombres y contactos de personas interesadas. Algunas de esas recomendaciones se transformaron en nuevas pólizas.

Una recomendación genuina puede abrir puertas que la publicidad no logra alcanzar. Esto genera valor porque las personas confían más cuando la recomendación viene de alguien cercano.

Acciones estratégicas a implementar

- Identifica a tus clientes más satisfechos en tu base.
- Pídeles referidos de forma profesional y amable.
- Registra esos nuevos contactos de inmediato.
- Da seguimiento rápido y agradece a quien te los recomendó.

Un cliente feliz abre la puerta a muchos más.

"El agente que pide referidos construye un negocio sin límites."

PROTEGE TU BASE DE DATOS COMO UN TESORO

Tu base de datos representa años de conversaciones, relaciones y oportunidades. Perderla no significa solo perder números de teléfono; significa perder parte de tu historia profesional. Por eso proteger esa información es una responsabilidad diaria. ¿Tienes una copia segura de tus contactos?

Protege tu base de datos como tu activo más valioso. Un agente aprendió esta lección de forma difícil. Un día perdió su laptop donde guardaba toda su información de clientes. No tenía respaldo en la nube ni otra copia disponible. Durante meses tuvo que reconstruir su lista contactando personas una por una. Fue un proceso lento que afectó su ritmo de trabajo. Después de esa experiencia decidió cambiar su forma de manejar la información. Comenzó a guardar su base de datos en sistemas en línea y a crear copias de seguridad periódicas.

Cuando tu información está protegida, tu negocio puede continuar incluso ante cualquier imprevisto. Esto se sostiene en que un respaldo evita que un imprevisto detenga tu negocio.

Acciones estratégicas a implementar

- Haz copias de seguridad mensuales en la nube.
- Usa contraseñas seguras en tus archivos y herramientas.
- Limita el acceso a tu base solo a personas autorizadas.
- Revisa periódicamente tus métodos de protección digital.

  Cuidar tu base es cuidar tu futuro.

"El agente que protege su base protege sus ingresos de mañana."

CREA UN CORREO CORPORATIVO CON TU DOMINIO WEB

Tu dirección de correo también comunica quién eres como profesional. Un correo genérico puede funcionar, pero uno con tu propio dominio transmite mayor seriedad y coherencia con tu marca. ¿Qué impresión recibe alguien cuando ve desde qué dirección le escribes?

Usa un correo que refleje tu marca. Un agente decidió hacer un cambio pequeño pero significativo. Durante años utilizó un correo gratuito para comunicarse con clientes y aliados. Un día registró un dominio con su marca y creó una dirección corporativa para su negocio. Luego actualizó su firma de correo, sus tarjetas y sus perfiles en redes. El cambio fue inmediato en la percepción de quienes recibían sus mensajes. Algunos clientes incluso comentaron que su comunicación ahora se veía más profesional. Con el tiempo notó que sus correos obtenían más respuestas y que otros profesionales lo tomaban más en serio para posibles colaboraciones.

Un correo alineado con tu marca refuerza tu profesionalismo en cada mensaje que envías. Esto resulta eficaz porque los detalles coherentes fortalecen tu imagen.

Acciones estratégicas a implementar

- Asegúrate de tener un dominio propio
- Solicita una dirección corporativa. con alguno de estos servicios de correo corporativo (Google Workspace, Microsoft 365, Zoho Mail u otro que te ofrezca tu proveedor web).
- Actualiza tu firma de correo, tarjetas de presentación, redes sociales, web y materiales de contacto con tu correo corporativo.

Cada correo que envías es una tarjeta de presentación: haz que tu dirección hable bien de ti.

“El agente que usa un correo corporativo deja de parecer improvisado y empieza a ser visto como un verdadero profesional.”

INCLUYE UN FORMULARIO DE CONTACTO ESTRATÉGICO

Una página web no debe limitarse a informar. Su verdadero valor está en convertir visitantes en personas interesadas en hablar contigo. Para lograrlo, el primer paso debe ser claro y fácil. ¿Tu página invita al visitante a dejar sus datos o solo le ofrece información?

Convierte tu web en una fuente de prospectos. Un agente decidió hacer un cambio sencillo en su sitio. Hasta entonces su página explicaba los servicios, pero no tenía una forma directa de contacto. Agregó un formulario visible en la primera sección con un mensaje claro invitando a solicitar información. El formulario pedía solo lo esencial: nombre, teléfono y una breve consulta. Con ese pequeño ajuste, las personas que visitaban la web podían dejar sus datos en segundos. Con el paso de las semanas comenzaron a llegar nuevos contactos de forma constante.

Una web bien diseñada puede generar oportunidades incluso cuando tú no estás conectado. Esto se sostiene en que cuando el siguiente paso es simple, más personas lo toman.

Acciones estratégicas a implementar

- Crea un formulario simple con nombre, teléfono y correo.
- Colócalo en la parte superior de tu web.
- Configura alertas para recibir los datos por correo.

Cada visitante de tu web es un cliente potencial: capta sus datos.

"El agente que pide información abre la puerta a nuevas relaciones."

Día 113

CREA CONTENIDO DE VALOR EN TU WEB

No basta con tener una página estática. El contenido de valor (artículos, guías, consejos) posiciona tu web en Google y demuestra tu experiencia como asesor.

Un agente comenzó a publicar una vez al mes artículos sobre "cómo elegir el seguro de salud correcto". Sus publicaciones aparecieron en búsquedas locales y generaron nuevas citas con clientes.

Beneficio directo

Mejor posicionamiento en buscadores.

Mayor confianza del cliente en ti.

Fuente gratuita y constante de prospectos.

Acciones estratégicas a implementar

- Define 3 temas comunes que tus clientes siempre preguntan.
- Escribe artículos cortos (500–700 palabras).
- Publica al menos 1 vez al mes en tu web.
- Comparte los enlaces en tus redes sociales.

  El conocimiento compartido es la mejor publicidad.

"El agente que enseña se convierte en el referente al que todos buscan."

Día 114

AGREGA TESTIMONIOS DE CLIENTES SATISFECHOS

Los testimonios son prueba social: muestran que otras personas ya confiaron en ti y tuvieron buenos resultados. Eso reduce las dudas de nuevos prospectos.

Un agente agregó a su web 3 testimonios de clientes agradecidos. En menos de 2 semanas, un prospecto lo contactó diciendo: "Vi lo que otros dijeron de ti y quiero trabajar contigo".

Beneficio directo

Generas confianza inmediata.

Te diferencias de otros agentes.

Acortas el tiempo de decisión del cliente.

Acciones estratégicas a implementar

- Pide a tus mejores clientes que escriban un breve testimonio.
- Incluye su nombre y foto (si lo autorizan).
- Colócalos en la página principal de tu web.
- Actualízalos cada 3–6 meses.

Lo que otros dicen de ti vende más que lo que digas tú mismo.

"El agente que muestra resultados inspira confianza inmediata."

Día 115

COMPRENDE Y CONSIDERA EL PODER DE LAS PLATAFORMAS

Muchos agentes aún creen que TikTok es solo para bailes o contenido juvenil. Sin embargo, hoy millones de personas lo usan para aprender sobre dinero, seguros y decisiones financieras. Las plataformas cambian con el tiempo: primero fue Twitter, luego Facebook, después Instagram. Ahora TikTok ocupa un lugar central. No se trata de gustos personales, sino de entender dónde está la atención del público. ¿Estás presente donde las personas buscan información hoy?

No ignores los nuevos escenarios digitales. Un sábado por la mañana en Dallas, Luis, agente de seguros, revisaba sus estadísticas en Instagram. Sus Reels funcionaban bien, pero el crecimiento se había estancado. Un amigo le sugirió algo simple: subir esos mismos videos a TikTok. Luis creó su cuenta y publicó cinco videos que ya tenía, con títulos claros como "3 errores al elegir tu seguro de salud". En pocos días uno de ellos superó miles de visualizaciones. También comenzaron a llegar nuevos seguidores y mensajes de personas interesadas en asesoría.

Un nuevo canal puede mostrar tu trabajo a miles de personas que aún no saben que existes. Esto da sentido porque cada plataforma tiene su propia audiencia.

Reto de 24 horas:

- Abre una cuenta en TikTok si aún no la tienes.
- Sube uno de tus videos educativos en formato corto.
- Añade un título claro que responda a una pregunta común.

TikTok no es solo para entretener: también es para educar, posicionarte y atraer clientes nuevos.

"El agente que se sube temprano a las plataformas que crecen no persigue tendencias: las aprovecha para construir su cartera."

Día 116

INCLUYE UN BLOG O SECCIÓN DE NOTICIAS

Un blog bien utilizado hace más que posicionar tu página en Google. También muestra a los prospectos que entiendes tu trabajo y que estás dispuesto a explicar lo que otros apenas mencionan. Cuando alguien encuentra una respuesta clara en tu página, comienza a verte como un asesor confiable. ¿Tu web responde las preguntas que tus clientes hacen todos los días?

Convierte tu blog en una fuente de confianza. Un agente decidió empezar con algo sencillo. Creó una sección de blog y escribió artículos breves sobre dudas frecuentes, como "5 errores comunes al elegir un seguro de vida". No eran textos complicados, solo explicaciones claras que ayudaban a las personas a entender mejor sus decisiones. Con el tiempo esos artículos comenzaron a aparecer en búsquedas de Google. Algunas personas llegaban a su página, leían el contenido y luego le escribían para pedir orientación. Varias de esas conversaciones terminaron en nuevas pólizas.

Un buen artículo puede seguir atrayendo prospectos mucho después de haber sido publicado. Esto produce resultados porque quien enseña primero gana credibilidad.

Acciones estratégicas a implementar

- Define 5 temas frecuentes de tus clientes.
- Escribe artículos sencillos y prácticos.
- Publica al menos una vez al mes.
- Comparte cada artículo en tus redes sociales.

  El conocimiento compartido genera confianza automática.

"El agente que educa a su audiencia atrae clientes sin perseguirlos."

Día 117

OFRECE UN RECURSO GRATUITO (LEAD MAGNET)

Muchas personas visitan una página web buscando información, pero aún no están listas para contratar. Ofrecer un recurso gratuito puede convertir esa visita en una relación futura. Una guía, un checklist o un pequeño ebook responden preguntas y al mismo tiempo te permiten obtener el correo del visitante. ¿Qué información valiosa podrías compartir hoy con tus prospectos?

Ofrece un recurso útil para atraer contactos. Un agente decidió crear un recurso sencillo: una guía titulada "10 pasos para elegir tu seguro de salud". No era un documento largo, solo una explicación clara de los puntos que cualquier persona debía considerar antes de tomar una decisión. Colocó la guía en su página y ofrecía descargarla a cambio del correo electrónico. Con el tiempo comenzó a notar algo interesante: cada semana se sumaban nuevos contactos interesados en aprender más sobre el tema.

Un contenido útil puede convertirse en la puerta de entrada para futuras conversaciones. Esto produce resultados porque las personas valoran recibir información útil antes de tomar una decisión.

Acciones estratégicas a implementar

- Diseña un recurso sencillo (1–3 páginas).
- Súbelo a tu web en formato PDF.
- Configura un formulario para descargarlo.
- Haz seguimiento a los nuevos registros.

  Quien da primero, recibe después.

"El agente que regala valor abre la puerta a relaciones duraderas."

Día 118

COLOCA UN BOTÓN DE WHATSAPP VISIBLE

Cuando una persona visita tu página web y tiene interés, quiere una forma rápida de comunicarse. Muchas veces llenar un formulario parece largo o impersonal. En cambio, un botón de WhatsApp permite iniciar una conversación en segundos. ¿Tu web facilita ese contacto inmediato?

Haz que contactarte sea fácil. Un agente notó que varias personas visitaban su página, pero pocos completaban el formulario. Decidió agregar un botón flotante de WhatsApp visible en todas las páginas del sitio. El visitante solo tenía que presionarlo para iniciar un mensaje. Ese pequeño cambio transformó la interacción. Personas que quizá no se habrían detenido a llenar un formulario comenzaron a escribirle directamente con preguntas simples. Algunas de esas conversaciones se convirtieron en citas y, más adelante, en nuevos clientes.

Cuando el primer paso es sencillo, más personas se animan a darlo. Esto se basa en que la facilidad de contacto reduce la fricción.

Acciones estratégicas a implementar

- Instala un botón de WhatsApp con tu número.
- Ubícalo en todas las páginas de tu web.
- Configura un mensaje de bienvenida automático.
- Responde en el menor tiempo posible.

La rapidez en responder puede ser la diferencia entre cerrar o perder un cliente.

“El agente que facilita el contacto facilita la decisión del cliente.”

MIDE EL TRÁFICO DE TU WEB CON GOOGLE ANALYTICS

Tener una página web es solo el primer paso. Lo realmente útil es entender cómo las personas la usan. ¿Cuántos visitantes llegan? ¿Qué páginas miran primero? ¿En qué sección pasan más tiempo? Esos datos muestran qué temas despiertan más interés y dónde debes enfocar tu esfuerzo.

Mide lo que ocurre en tu página. Un agente comenzó a revisar las estadísticas de su sitio con curiosidad. Descubrió algo que no esperaba: la página más visitada no era la de servicios generales, sino la sección dedicada a seguros de vida. Esa información le dio una pista clara. Decidió mejorar ese contenido, añadir ejemplos, testimonios y un formulario de contacto más visible. En pocas semanas notó un cambio: más visitantes dejaban sus datos y las consultas comenzaron a aumentar.

Cuando observas cómo se comportan tus visitantes, cada mejora se convierte en una decisión estratégica. Esto logra su propósito porque los datos revelan lo que realmente busca tu audiencia.

Acciones estratégicas a implementar

- Crea una cuenta en Google Analytics.
- Vincula tu sitio web.
- Revisa estadísticas al menos una vez al mes.
- Ajusta tu estrategia según los resultados.

Los números te muestran el camino al crecimiento.

"El agente que mide su impacto asegura su progreso."

INCLUYE UN LLAMADO A LA ACCIÓN EN CADA PÁGINA

Una página web informativa es útil, pero una página que orienta al visitante es mucho más efectiva. Cada sección de tu sitio debe invitar a una acción clara: agendar una cita, llenar un formulario o iniciar una conversación. Cuando esa guía no existe, muchas personas simplemente se van sin hacer nada. ¿Tu página muestra con claridad cuál es el siguiente paso?

Guía al visitante hacia el siguiente paso. Un agente revisó su sitio y notó que explicaba bien sus servicios, pero no invitaba al visitante a actuar. Decidió añadir un botón visible en cada página con un mensaje simple: "Solicita tu asesoría gratuita aquí". Ese pequeño cambio transformó la experiencia del usuario. Ahora quien leía la información encontraba inmediatamente cómo continuar la conversación. Con el paso de las semanas, el número de mensajes y formularios completados aumentó de forma notable.

Una indicación clara puede convertir una visita casual en una oportunidad real. Esto da resultado porque las personas responden mejor cuando el camino está claro.

Acciones estratégicas a implementar

- Define qué acción quieres que realice el visitante en cada página.
- Coloca un botón o enlace visible.
- Usa frases claras y directas como: "Agenda tu cita ahora".
- Prueba diferentes llamados y mide resultados.

  Una página sin acción es una oportunidad perdida.

"El agente que guía al cliente lo lleva directo al cierre."

SECCIÓN 3

HERRAMIENTAS Y ORGANIZACIÓN

Propósito de la sección

Un agente sin organización es como un capitán sin brújula: puede avanzar, pero difícilmente llegará a puerto seguro. Esta sección existe para que tu negocio de seguros se convierta en un sistema ordenado y escalable. Aquí aprenderás a utilizar tus recursos de forma eficiente: cómo construir y mantener tu base de datos, cómo crear un sitio web funcional, qué herramientas básicas no pueden faltarte, cómo gestionar tu tiempo y cómo estructurar una planificación y seguimiento efectivos.

El propósito es simple: eliminar la improvisación y trabajar con estructura. La diferencia entre un agente promedio y un agente exitoso no suele estar en la técnica de venta, sino en la capacidad de organizarse para que cada día esté alineado con sus metas.

Qué dominarás aquí

En esta sección aprenderás a construir un sistema de organización profesional que te permita trabajar con claridad y continuidad. El primer paso es desarrollar una base de datos viva, una lista de contactos que crece, se actualiza y se fortalece cada día con nuevas interacciones y oportunidades.

También verás cómo diseñar un sitio web práctico que genere confianza y facilite el contacto con prospectos. Además, aprenderás a utilizar herramientas digitales como CRM, calendarios y software de gestión para registrar cada interacción, organizar tu agenda y optimizar tu tiempo.

Finalmente, desarrollarás la capacidad de planificar y dar seguimiento a cada contacto, una práctica que marca una gran diferencia en los resultados profesionales.

Cómo usar esta sección

Primero identifica tu nivel actual de organización: caótico, intermedio o estructurado.

Luego elige un tip y aplícalo durante una semana completa.

Al finalizar la semana, evalúa los resultados y realiza ajustes antes de avanzar al siguiente consejo. Con el tiempo, cada elemento se integrará hasta formar tu propio sistema de productividad.

Por qué es indispensable

La organización impacta directamente en los resultados. Cada llamada olvidada, cada seguimiento que no se hace o cada base de datos desactualizada representa oportunidades perdidas.

Un sistema claro no solo mejora tu eficiencia, también transmite profesionalismo y confianza ante tus clientes."

Día 121

TEN SIEMPRE UNA AGENDA FÍSICA O DIGITAL

Confiar solo en la memoria es un riesgo en un negocio donde cada conversación puede convertirse en una comisión. Una agenda —digital o física— organiza tus citas, recuerda seguimientos y protege oportunidades que de otro modo se pierden. ¿Cuántas ventas se escapan simplemente por no registrar un recordatorio? Un lunes a las 8:05 a. m., en una oficina compartida en Houston, Carolina abrió su correo y encontró un mensaje breve: "Gracias, ya contratamos con otro agente. Pensamos que no estaba interesado en darnos seguimiento". Recordaba perfectamente a ese prospecto, pero nunca anotó la fecha para volver a llamarlo. Ese momento le dejó una lección clara: su memoria no era un sistema. Ese mismo día comenzó a registrar cada cita y cada seguimiento en Google Calendar. Programó alertas y revisiones diarias. En pocas semanas dejó de olvidar llamadas importantes. Al final del mes notó el impacto: cuatro pólizas que antes se habrían perdido terminaron cerrándose gracias a un simple recordatorio.

Cuando tu agenda dirige tu día, las oportunidades dejan de depender de la memoria y empiezan a convertirse en resultados.

Acciones estratégicas a implementar

- Elige si usarás agenda física, digital o una combinación (por ejemplo: libreta + Google Calendar).
- Anota tus citas, seguimientos, renovaciones y tiempos de prospección.
- Programa alertas o recordatorios al menos 15 minutos antes de cada evento.
- Revisa tu agenda cada noche para planear el siguiente día.

Un agente organizado transmite confianza y seguridad.

«El agente que domina su agenda, domina su negocio.»

La organización es el puente invisible entre tu esfuerzo y tus resultados.

Día 122

UN CRM AUTOMATIZA LA GESTION Y EL SEGUIMIENTO DE TUS PROSPECTOS

Un agente puede hablar con muchas personas, pero sin un sistema que organice esa información es fácil perder oportunidades. Un CRM funciona como un "cerebro externo": registra contactos, guarda notas de cada conversación y recuerda cuándo debes hacer seguimiento. ¿Dónde están hoy todos tus prospectos: en un sistema claro o repartidos entre mensajes, cuadernos y hojas sueltas? Un martes a las 6:30 p. m., en un coworking de Chicago, Luis revisaba su cuaderno lleno de nombres tachados, flechas y anotaciones desordenadas. Sabía que había hablado con varias personas interesadas, pero no encontraba fácilmente la información. Un compañero le mostró un CRM sencillo. Esa misma noche comenzó a cargar todo lo que tenía: prospectos antiguos, referidos y contactos de eventos. Al ordenar los datos descubrió decenas de personas con las que nunca había hecho un segundo contacto. Durante el mes siguiente dedicó una hora diaria a llamar y actualizar notas. Varias de esas conversaciones terminaron en nuevas citas y pólizas que antes estaban olvidadas.

Cuando tu información está organizada, cada contacto vuelve a convertirse en una oportunidad real.

Acciones estratégicas a implementar

- Escoge un CRM sencillo (HubSpot, Zoho, Pipedrive u otro).
- Ingresa cada contacto nuevo , no "luego".
- Crea etiquetas simples: por ejemplo, *nuevo*, *cita agendada*, *en decisión*, *cliente*.
- Usa el CRM diariamente para registrar llamadas, notas y próximas acciones.

El seguimiento constante convierte prospectos en clientes.

«El agente que organiza relaciones, multiplica resultados.»

Día 123

TU FIRMA PROFESIONAL EN TUS CORREOS

Cada mensaje que envías también comunica quién eres como profesional. La firma de tu correo funciona como una tarjeta de presentación permanente: nombre completo, cargo, datos de contacto y elementos visuales transmiten seriedad incluso antes de que el cliente responda. ¿Qué impresión deja hoy tu correo cuando llega a la bandeja de entrada de un prospecto? Un jueves a las 9:10 a. m., en una oficina de Miami, Natalia revisaba una propuesta que acababa de enviar. Notó algo simple: su firma decía solo "Saludos, Natalia". Sin teléfono, sin cargo, sin forma clara de contactarla. Se preguntó si ella misma confiaría en un mensaje tan incompleto. Ese mismo día creó una firma más profesional con su nombre completo, cargo, logo de la agencia, teléfono y enlace directo a WhatsApp. Un mes después un cliente comentó algo revelador: había elegido trabajar con ella porque su correo transmitía más formalidad que el de otros agentes. La firma no cerró la venta por sí sola, pero reforzó la confianza desde el primer contacto.

Los pequeños detalles de presentación fortalecen la confianza incluso antes de la primera conversación..

Acciones estratégicas a implementar

- Diseña una firma sencilla con: nombre completo, cargo, logo, teléfono, WhatsApp y redes profesionales.
- Configúrala en tu servicio de correo (Gmail, Outlook, etc.) para que se agregue automáticamente.
- Asegúrate de que se vea bien en celular y computadora.
- Usa siempre la misma firma para construir consistencia de marca.

Tu firma habla de ti incluso cuando no estás presente.

«El agente que cuida los detalles proyecta excelencia.»

Día 124

LLEVA TARJETAS DE PRESENTACIÓN SIEMPRE CONTIGO

En un mundo lleno de contactos digitales, un objeto físico todavía tiene poder. Una tarjeta profesional puede quedarse en una billetera, en un escritorio o en una mesa durante semanas hasta que la persona decida llamarte. ¿Qué sucede cuando alguien piensa en seguros y no tiene cómo encontrarte? Un viernes a las 7:30 p. m., en una reunión social en un restaurante de Chicago, Miguel escuchó a alguien comentar que su familia estaba pensando en contratar un seguro de vida. Se presentó brevemente como agente y entregó una tarjeta limpia y profesional con su nombre y su número de WhatsApp. La conversación fue corta y no pasó nada más esa noche. Dos meses después, a las 9:12 p. m., recibió un mensaje: "Hola, soy Daniel. Nos conocimos en aquella cena. Encontré tu tarjeta y queremos revisar el seguro". Ese pequeño papel se convirtió en una póliza familiar y en nuevos referidos.

A veces una oportunidad no necesita un discurso largo, solo una forma clara de recordarte cuando llegue el momento adecuado.

Acciones estratégicas a implementar

- Diseña una tarjeta sobria y profesional (sin saturarla de información).
- Incluye nombre, cargo, teléfono, correo, WhatsApp y, si tienes, sitio web o redes profesionales.
- Lleva siempre al menos 10 tarjetas contigo: cartera, auto, maletín.
- Entrega tarjetas en eventos, reuniones, citas y momentos informales cuando tenga sentido.

Una tarjeta puede abrirte la puerta a grandes negocios.

«El agente preparado convierte cada encuentro en una oportunidad.»

Día 125

DOMINA HERRAMIENTAS DE VIDEOLLAMADA

Muchos clientes valoran hoy la rapidez y la comodidad de una reunión virtual. Dominar herramientas como Zoom, Google Meet o Microsoft Teams te permite atender personas en diferentes ciudades, reducir tiempo de traslado y mantener tu agenda más flexible. ¿Cuántas oportunidades se pierden cuando una cita depende únicamente de encontrarse en persona? Un miércoles a las 4:00 p. m., en su apartamento en Miami, Andrea recibió un mensaje de una familia que vivía en Orlando. Querían hablar sobre protección para su hogar y sus hijos, pero no podían viajar. Antes habría pospuesto la reunión. Esta vez propuso una videollamada. La noche anterior practicó cómo compartir su pantalla para mostrar la presentación y las cotizaciones. Durante la reunión explicó las opciones, respondió preguntas y revisaron juntos los números. En menos de una hora la familia decidió contratar una póliza que cubría a dos adultos y dos niños. Andrea cerró el día con una reflexión sencilla: había "viajado" cientos de millas sin salir de su sala.

Cuando dominas las reuniones virtuales, tu oficina deja de tener paredes y tu alcance crece mucho más allá de tu ciudad.

Acciones estratégicas a implementar

- Elige tu plataforma de videollamadas (Zoom o Google Meet).
- Aprende sus funciones básicas: compartir pantalla, silenciar, usar el chat, grabar (si el cliente está de acuerdo).
- Agenda citas virtuales con prospectos que viven lejos o disponen de poco tiempo.
- Envía enlaces inteligibles y comprueba que funcionen antes de la reunión.

La tecnología rompe barreras y multiplica oportunidades.

«El agente que se adapta al mundo digital nunca se queda atrás.»

Día 126

UTILIZA UN BUEN SOFTWARE DE COTIZACIONES

Preparar cotizaciones manualmente consume tiempo y puede transmitir inseguridad frente al cliente. Un software especializado permite mostrar escenarios claros, ajustar cifras en segundos y mantener una presentación más profesional. ¿Cómo se ve tu proceso cuando el cliente te observa calcular números? Un martes a las 3:15 p. m., en una cafetería de Los Ángeles, Joel estaba sentado frente a una pareja revisando cifras en una hoja de Excel. Borraba, corregía y volvía a escribir mientras ellos lo miraban en silencio. Percibió la duda en sus rostros y entendió que parecía improvisar. Decidió aprender el software de cotización que ofrecía su compañía. En su siguiente reunión llegó con las opciones preparadas y, durante la conversación, pudo ajustar coberturas y precios en segundos. La pareja comentó que todo se veía claro y bien organizado. Ese cambio no solo mejoró la percepción profesional; también le permitió atender más citas en el mismo tiempo.

Cuando la información se presenta con claridad y rapidez, el cliente percibe seguridad y la conversación avanza con más confianza.

Acciones estratégicas a implementar

- Investiga qué software de cotización está disponible para tus productos (el de tu compañía o uno externo autorizado).
- Practica con casos de prueba antes de usarlo en citas reales.
- Prepara tus cotizaciones antes de la reunión con el cliente.
- Mantén el software actualizado y anota mejoras o atajos que descubras.

El profesionalismo se refleja en la rapidez y precisión.

«El agente que agiliza procesos abre más puertas al éxito.»

Día 127

USA UN GESTOR DE CONTRASEÑAS

Gran parte del trabajo de un agente ocurre dentro de plataformas digitales: correo, CRM, portales de la aseguradora, cotizadores y banca. Cuando las contraseñas están dispersas en papeles o dependen de la memoria, cualquier olvido puede detener una venta o generar un problema de seguridad. ¿Qué ocurre si necesitas entrar a un sistema importante y no recuerdas el acceso? Un jueves a las 10:40 a. m., en su oficina en Houston, Mario estaba explicando opciones a un cliente cuando el portal de la aseguradora cerró su sesión. Buscó la contraseña en su cuaderno, pero lo había dejado en casa. Tuvo que decirle al cliente que no podía entrar al sistema en ese momento. La conversación perdió ritmo y terminó con un "lo revisamos luego" que nunca volvió. Después de esa experiencia decidió instalar un gestor de contraseñas en su computadora y su teléfono. Guardó todos sus accesos y activó verificación en dos pasos. Desde entonces entra a cada plataforma en segundos y sin estrés.

Cuando tu acceso a las herramientas es rápido y seguro, tu trabajo fluye sin interrupciones.

Acciones estratégicas a implementar

- Elige un gestor de contraseñas confiable (LastPass, 1Password u otro recomendado).
- Instálalo en tu computadora y celular.
- Guarda ahí todos tus accesos y crea una contraseña maestra fuerte.
- Activa la verificación en dos pasos siempre que sea posible.

La seguridad también es parte de tu éxito.

«El agente que protege su información protege su futuro.»

Día 128

APRENDE A USAR HERRAMIENTAS DE DISEÑO BÁSICO

Hoy el agente no solo explica; también comunica visualmente. Un mensaje acompañado de una imagen clara suele captar la atención más rápido que un texto largo. Herramientas sencillas de diseño permiten crear publicaciones, presentaciones o pequeños folletos sin necesidad de ser diseñador profesional. ¿Cómo se ve tu contenido cuando alguien lo encuentra en redes? Un sábado a las 4:20 p. m., en su apartamento en Los Ángeles, Laura revisaba Instagram y comparaba sus publicaciones con las de otros agentes. Sus textos eran largos y las imágenes poco cuidadas. Sabía que su asesoría era buena, pero su contenido no lo reflejaba. Decidió probar una herramienta de diseño simple. Con una plantilla creó una imagen limpia: la foto de una familia, una frase corta sobre proteger el futuro y su información de contacto. La publicó sin grandes expectativas. En menos de dos días recibió varios mensajes interesados, y uno terminó en una nueva póliza. Comprendió que no necesitaba ser diseñadora; solo debía presentar su mensaje de forma clara y visual.

Cuando tu mensaje se ve profesional, las personas perciben con mayor claridad el valor de tu asesoría.

Acciones estratégicas a implementar

- Abre una cuenta gratuita en Canva.
- Elige 2–3 plantillas prediseñadas para seguros, finanzas o negocios.
- Personalízalas con tus colores, tu nombre y tus datos de contacto.
- Publica tu primer diseño esta semana y mide la respuesta.

Un mensaje visual impacta más que mil palabras.

«El agente que comunica con imágenes multiplica su alcance.»

Día 129

USA UNA APLICACIÓN DE NOTAS RÁPIDAS

Las ideas útiles rara vez aparecen cuando estás sentado frente al escritorio. Surgen mientras manejas, haces ejercicio o escuchas algo que te inspira. Si no las capturas en ese momento, suelen desaparecer. ¿Dónde guardas hoy las ideas que podrían mejorar tu negocio? Un lunes a las 6:50 a. m., caminando en un parque de Houston, Ricardo escuchaba un podcast de ventas cuando se le ocurrió una frase perfecta para pedir referidos. Pensó que la recordaría más tarde. Al llegar a casa ya no estaba en su mente. Esa frustración lo llevó a instalar una aplicación sencilla de notas en su teléfono. Al día siguiente, mientras entrenaba en el gimnasio, surgió otra idea para hablar con dueños de negocio. Esta vez la escribió de inmediato. Durante esa misma semana aplicó ese enfoque con tres prospectos y consiguió nuevas citas. La diferencia fue mínima pero decisiva: la idea no se perdió.

Las ideas capturadas a tiempo se convierten en estrategias; las que no se registran suelen desaparecer..

Acciones estratégicas a implementar

- Descarga una app de notas rápidas en tu celular.
- Acostúmbrate a anotar cualquier idea útil en el momento, por muy pequeña que parezca.
- Crea etiquetas o carpetas (ej. "prospectos", "objeciones", "redes").
- Revisa tus notas una vez por semana y elige una idea para implementar.

Las grandes ideas se pierden si no las escribes.

«El agente que anota sus pensamientos convierte sueños en planes.»

Día 130

INVIERTE EN UN BUEN SMARTPHONE Y UNA LAPTOP CONFIABLE

Tu celular y tu laptop funcionan como tu oficina móvil. Si el equipo es lento, se queda sin batería o se congela en medio de una reunión, no solo pierdes tiempo: también puedes perder confianza del cliente. ¿Qué impresión transmiten tus herramientas cuando estás presentando una propuesta? Un miércoles a las 3:40 p. m., en una cafetería de Miami, Bruno estaba en videollamada con una pareja interesada en un plan de vida. Mientras compartía su pantalla, la computadora se congeló y se reinició. La conversación se cortó. Cuando logró reconectar, la energía de la reunión ya había cambiado y el interés se enfrió. Esa noche hizo un cálculo simple: el valor de esa posible póliza comparado con el costo de un equipo más confiable. Decidió invertir en una laptop más rápida y un celular con mejor cámara y memoria. En el mes siguiente realizó varias reuniones virtuales sin interrupciones y cerró nuevas pólizas importantes. Comprendió que su equipo no era un lujo, sino una herramienta de producción.

Cuando tus herramientas funcionan bien, tu atención puede enfocarse por completo en el cliente y en la conversación.

Acciones estratégicas a implementar

- Evalúa con honestidad si tu smartphone y tu laptop cumplen con lo que tu negocio necesita hoy.
- Si es momento de cambiar, define un presupuesto y busca un equipo que soporte videollamadas, multitarea y almacenamiento de documentos.
- Haz respaldos periódicos en la nube y en un disco externo.
- Considera el costo de no invertir: ¿cuántas ventas puedes perder por un equipo que falla?

Un buen equipo es una inversión, no un gasto.

«El agente que invierte en sus herramientas invierte en su éxito.»

Día 131

DEFINE TUS HORAS DE TRABAJO Y RESPÉTALAS

Trabajar sin horarios claros suele llevar a jornadas largas y resultados inconsistentes. Cuando el agente define un inicio, un cierre y espacios de descanso, empieza a operar como un empresario que dirige su tiempo en lugar de reaccionar a cada mensaje. ¿A qué hora comienza realmente tu jornada y a qué hora termina? Un martes a las 10:30 p. m., en su apartamento en Chicago, Ana seguía respondiendo mensajes mientras su familia ya dormía. Había pasado todo el día ocupada, pero sentía que no avanzaba. En una llamada, su mentor le hizo una pregunta simple: "¿Cuáles son tus horas de trabajo?". La respuesta fue reveladora: "Todo el tiempo". Decidieron establecer un horario claro: trabajo profundo de 9:00 a. m. a 1:00 p. m., bloque de tarde de 3:00 p. m. a 6:30 p. m., y nada de mensajes laborales después de las 7:00 p. m. Al principio costó mantener el límite, pero con el tiempo los clientes lo respetaron. Un mes después dormía mejor y producía más dentro de su jornada.

Cuando el tiempo tiene límites claros, el trabajo se vuelve más enfocado y los resultados más consistentes.

Acciones estratégicas a implementar

- Elige tus horas de inicio y cierre de jornada de lunes a sábado (o los días que trabajes).
- Agenda descansos breves (10–15 minutos) entre bloques intensos.
- Comunica tu horario a clientes y prospectos (por WhatsApp, correo, redes).
- Respeta tus límites: trabaja dentro de tu horario de trabajo, descansa realmente fuera de él.

El orden en tu tiempo crea orden en tus resultados.

«El agente que controla su tiempo, controla su destino.»

Día 132

PRIORIZA LO IMPORTANTE SOBRE LO URGENTE

En una jornada de ventas siempre aparecen mensajes, correos y pequeños imprevistos que parecen urgentes. El problema es que muchas de esas tareas no construyen resultados reales. Prospectar, presentar, dar seguimiento y cerrar son las actividades que sostienen el negocio. ¿Cuánto tiempo de tu día está dedicado realmente a esas acciones? Un lunes a las 11:45 a. m., en una oficina de Miami, Luis llevaba toda la mañana ocupado: respondió correos, organizó su escritorio, contestó grupos de WhatsApp y ayudó a un compañero. Sin embargo, no había hecho ni una llamada de prospección. Al terminar el día se sentía cansado, pero su tablero de ventas seguía igual. Decidió cambiar su enfoque. Cada mañana comenzó a escribir tres tareas verdaderamente importantes y las ejecutaba antes de abrir correo o redes. Durante una semana mantuvo ese orden. El cambio fue evidente: aumentó sus citas y cerró nuevas pólizas. Descubrió que su problema no era falta de trabajo, sino falta de prioridad.

Cuando priorizas lo que realmente mueve tu negocio, el esfuerzo del día se transforma en progreso real.

Acciones estratégicas a implementar

- Cada noche o cada mañana, haz una lista de pendientes.
- Marca con una estrella las tareas que generan ventas o te acercan a tu meta (importantes).
- Atiende **primero** esas tareas, aunque lo urgente esté gritando.
- Revisa las urgencias en bloques de tiempo (por ejemplo, 2 veces al día), no a cada rato.

No confundas movimiento con progreso.

«El agente que prioriza construye un negocio sólido, no solo ocupado.»

Día 133

USA LA TÉCNICA POMODORO PARA ENFOCARTE

La concentración sostenida suele ser difícil cuando el día está lleno de notificaciones y distracciones. La técnica Pomodoro propone un método simple: trabajar 25 minutos en una sola tarea y luego descansar 5 minutos antes de comenzar el siguiente bloque. ¿Qué pasaría si durante esos 25 minutos nada interrumpiera tu actividad principal? Un miércoles a las 9:00 a. m., en su escritorio en Chicago, Sergio abrió su lista de llamadas dispuesto a prospectar. Sin darse cuenta empezó revisando Instagram, luego respondió mensajes y revisó el correo. A las 11:00 a. m. apenas había marcado cuatro números. Decidió probar un temporizador con el método Pomodoro: 25 minutos dedicados solo a llamadas, seguidos por cinco minutos de descanso. En el primer bloque realizó nueve llamadas; en el segundo, ocho más. Antes del mediodía ya había superado las treinta llamadas, algo que antes no lograba en toda la jornada. Al final de la semana sus citas aumentaron y su mente se sentía menos saturada porque trabajaba en ciclos claros.

Cuando la atención se protege por intervalos cortos y definidos, la productividad aumenta de forma natural.

Acciones estratégicas a implementar

- Descarga una app Pomodoro o usa un temporizador en tu celular.
- Elige una tarea: llamadas, seguimientos, cotizaciones, estudio.
- Trabaja 25 minutos enfocado solo en una tarea, sin distractores.
- Descansa 5 minutos. Después de 4 ciclos, toma un descanso de 15–30 minutos.

La productividad está en la calidad del enfoque, no en la cantidad de horas.

«El agente que domina su enfoque domina su negocio.»

Día 134

PLANIFICA TU DÍA LA NOCHE ANTERIOR

La mañana se vuelve más productiva cuando el día ya está decidido desde la noche anterior. Si comienzas preguntándote qué hacer primero, gran parte de tu energía se pierde en decisiones pequeñas. Planificar con anticipación dirige tu atención hacia lo importante desde el primer minuto. ¿Cómo empieza normalmente tu jornada? Un jueves a las 10:15 p. m., en su cocina en Miami, Carla estaba cansada de sentir que cada día la arrastraba entre mensajes, llamadas y pendientes. Decidió probar algo sencillo: antes de dormir escribiría las tres prioridades del día siguiente y el momento aproximado para realizarlas. A la mañana siguiente ya no pasó tiempo revisando el teléfono para decidir por dónde empezar. Preparó café, miró su lista y comenzó con su tarea principal: llamadas de prospección. En pocas semanas notó el cambio. Sus días terminaban con más sensación de avance, y varios proyectos que antes quedaban pendientes empezaron a completarse.

Cuando el plan está listo desde la noche anterior, la mañana comienza con dirección en lugar de dudas..

Acciones estratégicas a implementar

- Antes de dormir, escribe tus 3 tareas clave del día siguiente (importantes, no solo urgentes).
- Agenda tus llamadas, citas y seguimientos en tu calendario.
- Visualiza tu día ya organizado, desde que te levantas hasta que terminas.
- Duermes mejor sabiendo que mañana no empezarás desde cero, sino con un plan.

Un día bien planeado comienza antes de dormir.

«El agente que se adelanta en la noche, conquista el día.»

Día 135

BLOQUEA TIEMPO PARA PROSPECTAR CADA DÍA

La prospección sostiene todo el ciclo de ventas. Sin nuevas conversaciones no hay citas, y sin citas los cierres dependen solo de la suerte. Cuando este trabajo no tiene un espacio fijo en la agenda, suele quedar relegado por tareas menores. ¿A qué hora exacta de tu día ocurre la prospección? Un lunes a las 9:05 a. m., en una oficina de Miami, Kevin comenzó su jornada revisando correos y mensajes. Después ayudó a un compañero, respondió grupos y atendió pequeños pendientes. Cuando miró el reloj eran las 3:00 p. m. y no había hecho una sola llamada de prospección. Su mentora le dio una recomendación directa: si no está bloqueado en la agenda, no existe. Kevin reservó todos los días de 9:00 a 11:00 a. m. exclusivamente para buscar nuevos prospectos, sin correo ni redes. Durante las primeras semanas el hábito se sintió extraño, pero lo mantuvo. En un mes había incrementado significativamente sus contactos, sus citas y sus cierres.

Cuando la prospección se vuelve un hábito diario, el flujo de oportunidades deja de depender del azar..

Acciones estratégicas a implementar

- Elige un bloque fijo de al menos 60–120 minutos diarios solo para prospectar.
- Decide qué harás en ese bloque: llamadas, mensajes, visitas, referidos.
- Elimina distracciones: notificaciones en silencio, correo cerrado, puerta cerrada si es posible.
- Evalúa cada semana cuántos prospectos nuevos generaste en esos bloques.

El futuro de tus ventas depende de lo que siembres hoy.

«El agente que protege su tiempo de prospección protege su ingreso.»

Día 136

AGENDA TUS REUNIONES CON ANTICIPACIÓN

La forma en que agendas una reunión ya comunica tu nivel de organización. Cuando las citas se proponen con anticipación, el cliente puede prepararse y percibe mayor profesionalismo. ¿Cómo sueles pedir una reunión: de forma improvisada o con tiempo suficiente? Un miércoles a las 4:10 p. m., en un estacionamiento de Los Ángeles, Camila solía llamar a sus prospectos con una pregunta rápida: si podía pasar en ese momento a explicarles un seguro. La mayoría respondía que no tenía tiempo. Pensaba que el problema era la falta de interés. Su líder le mostró otra perspectiva: no era falta de tiempo, era falta de planificación. Cambió su método. Comenzó a proponer citas con al menos 48 horas de anticipación, enviar una confirmación por mensaje y recordar la reunión el día previo. En pocas semanas notó un cambio claro: menos cancelaciones y más presentaciones completas en su agenda.

Cuando la cita se organiza con claridad desde el inicio, la conversación comienza con mayor disposición y respeto por el tiempo de ambos..

Acciones estratégicas a implementar

- Usa tu calendario digital (Google Calendar, Outlook, etc.) para todas tus reuniones.
- Agenda al menos 48 horas de anticipación cuando sea posible.
- Envía un mensaje de confirmación con lugar, hora y duración estimada.
- Envia recordatorio el día anterior (o unas horas antes) y llega siempre puntual.

La organización anticipada abre puertas a cierres seguros.

«El agente que se adelanta siempre llega primero al éxito.»

Día 137

APRENDE A DECIR "NO" A LO QUE NO SUMA

Cada decisión sobre tu tiempo tiene un costo. Cuando aceptas reuniones sin propósito o compromisos que no aportan a tu negocio, ese espacio desaparece para las actividades que sí generan resultados. ¿Cuántas horas de tu semana se van en compromisos que no acercan tus metas? Un viernes a las 6:30 p. m., en una cafetería de Chicago, Diego revisó su agenda y notó algo incómodo: dos almuerzos sin objetivo, varios encuentros sociales y una reunión que no tenía relación con su trabajo. Al sumar el tiempo descubrió que había invertido casi diez horas en actividades que no producían nada. Entendió que el problema no era falta de tiempo, sino cómo lo entregaba. Decidió aplicar una regla simple: antes de aceptar algo nuevo, preguntarse si lo acercaba o lo alejaba de sus metas. La semana siguiente rechazó algunas invitaciones y utilizó ese espacio para hacer seguimientos. Una de esas llamadas terminó en una nueva póliza.

Proteger tu tiempo con decisiones claras permite que tu energía se dirija a lo que realmente produce resultados.

Acciones estratégicas a implementar

- Evalúa cada invitación o tarea con la pregunta: "¿suma a mis metas o solo me distrae?".
- Di "no" con respeto, sin justificar de más: "En este horario estoy enfocado en mi negocio, podemos ver otro momento".
- Agenda compromisos personales fuera de tus horas de alta productividad.
- Celebra cada vez que protejas tu tiempo con un "no" estratégico.

Cada NO a lo irrelevante es un SÍ a tu éxito.

«El agente que protege su tiempo lo convierte en riqueza.»

Día 138

AGRUPA TAREAS SIMILARES EN BLOQUES

Cambiar constantemente de una tarea a otra agota la mente y reduce la productividad. Cada vez que saltas de llamadas a correos o de cotizaciones a mensajes, tu atención necesita volver a adaptarse. Agrupar tareas similares en bloques permite mantener el enfoque por más tiempo. ¿Cuántas veces cambias de actividad durante una hora de trabajo? Un lunes a las 2:00 p. m., en su escritorio en Los Ángeles, Valeria se dio cuenta de que su día era una cadena de interrupciones: abría el correo, respondía un mensaje, intentaba cotizar y volvía a atender el teléfono. Terminaba cansada y con poco avance real. Decidió organizar su jornada por bloques: una hora solo para llamadas, otro espacio para correos y un bloque específico para cotizaciones. En pocos días notó menos errores y más tareas completadas. Al cabo de un mes sus cierres semanales aumentaron porque cada actividad recibía atención completa.

Cuando cada bloque tiene un propósito único, la energía se concentra y el trabajo avanza con mayor rapidez.

Acciones estratégicas a implementar

- Identifica tus tareas repetitivas: llamadas, correos, cotizaciones, WhatsApp, reportes.
- Asigna bloques fijos en tu agenda para cada tipo de tarea.
- Durante ese bloque, evita hacer otras cosas (nada de "solo reviso rápido...").
- Evalúa al final de la semana cuánto avanzaste usando este método.

El enfoque es la clave para lograr más en menos tiempo.

«El agente que domina sus bloques de tiempo domina sus resultados.»

Día 139

USA ALARMAS Y RECORDATORIOS ESTRATÉGICOS

La mente humana funciona mejor creando soluciones que recordando cada detalle operativo. Cuando intentas guardar en la memoria todas las llamadas pendientes, seguimientos y renovaciones, el riesgo de olvidar algo importante aumenta. Las alarmas y recordatorios funcionan como un asistente silencioso que mantiene el orden. ¿Cuántas oportunidades dependen hoy solo de tu memoria? Un jueves a las 11:15 a. m., en su auto en Houston, Jorge revisó su CRM y encontró un prospecto que debía llamar la semana anterior para cerrar una póliza importante. Simplemente lo había olvidado. Ese momento lo llevó a cambiar su sistema. Comenzó a programar recordatorios para cada seguimiento relevante, alarmas para sus bloques de prospección y alertas periódicas para renovaciones. En las semanas siguientes notó la diferencia: ningún contacto importante quedaba sin atención y varias oportunidades que antes se enfriaban volvieron a activarse.

Cuando los recordatorios trabajan por ti, tu mente queda libre para concentrarse en la conversación y en el cliente.

Acciones estratégicas a implementar

- Usa tu calendario para cada reunión y seguimiento importante (nada "de memoria").
- Activa alarmas para tareas críticas: prospección, llamadas clave, renovaciones.
- Configura alertas de 10–15 minutos antes de cada evento.
- Revisa tus recordatorios cada noche para preparar el día siguiente.

La disciplina tecnológica respalda tu éxito personal.

«El agente que se apoya en la tecnología multiplica su eficiencia.»

Día 140

DELEGA TAREAS ADMINISTRATIVAS

El valor principal de un agente está en asesorar, prospectar y cerrar negocios. Cuando gran parte del día se dedica a formularios, reportes y tareas administrativas, el tiempo productivo disminuye. ¿Cuántas horas de tu semana se van en actividades que no generan ingresos directos? Un lunes a las 7:45 p. m., en Los Ángeles, Ricardo estaba frente a un escritorio lleno de papeles después de completar varios formularios. Había trabajado todo el día, pero no había hecho una sola llamada nueva. Su coach le hizo una pregunta simple: cuánto valía una hora suya vendiendo frente a una hora llenando documentos. Decidió contratar una asistente virtual algunas horas a la semana para organizar archivos, coordinar citas y preparar reportes básicos. En poco tiempo recuperó más de una decena de horas semanales. Ese espacio volvió a dedicarse a prospectar y presentar propuestas. En pocos meses sus resultados crecieron de forma visible porque estaba usando su tiempo en lo que realmente produce ingresos.

Cuando tu tiempo se concentra en actividades de alto valor, el negocio comienza a crecer con mayor rapidez.

Acciones estratégicas a implementar

- Haz una lista de tareas que **no** generan ventas directas (formularios, citas, reportes).
- Identifica cuáles puedes delegar (a un asistente, freelancer, servicio de tu agencia).
- Empieza delegando solo 1–2 tareas y mide el impacto en tus horas de venta.
- Supervisa sin microgestionar: da instrucciones claras y revisa resultados.

Delegar no es gastar, es invertir en tu libertad.

«El agente que delega multiplica su productividad y su paz.»

Día 141

PLANIFICA TU SEMANA CADA DOMINGO

Un agente sin planificación semanal suele reaccionar a lo que aparece: mensajes, urgencias y solicitudes de otros. Cuando la semana se organiza con anticipación, el trabajo deja de ser improvisado y se convierte en ejecución. ¿Cómo comienza normalmente tu lunes: con un plan o con incertidumbre? Un domingo a las 7:30 p. m., en su comedor en Miami, Héctor pensaba en la semana que venía mientras su familia veía una película. Sabía que al día siguiente llegaría a la oficina sin una dirección clara. Recordó una frase escuchada en un entrenamiento: la semana que se planifica bien se ejecuta con facilidad. Tomó su libreta y su calendario y dedicó media hora a ordenar los días siguientes: metas de llamadas, número de citas, bloques de prospección y espacios para formación y familia. El lunes no llegó a improvisar, llegó a ejecutar. Al final del mes notó un cambio evidente: mayor productividad y más sensación de control sobre su negocio.

Cuando la semana comienza con un plan definido, cada día se convierte en un paso concreto hacia tus objetivos.

Acciones estratégicas a implementar

- Reserva 20–30 minutos cada domingo para tu "sesión de planificación".
- Revisa tus metas mensuales de pólizas e ingresos.
- Define 3 prioridades de la semana (ej. número de citas, eventos, alianzas).
- Agenda bloques de prospección, reuniones y formación dentro de la semana.

«El agente que domina sus semanas conquista sus meses.»

Día 142

ESTABLECE UN PLAN MENSUAL DE VENTAS

Trabajar sin un plan mensual deja los resultados al azar. Cuando defines metas claras de ingresos, pólizas y prospectos, el mes se convierte en un proyecto con números concretos. ¿Sabes hoy cuántas pólizas necesitas para alcanzar tu objetivo del mes? Un lunes a las 8:00 p. m., en su casa en Houston, Luis revisaba sus estados de cuenta y sentía frustración. Algunos meses ganaba bien y otros caía demasiado. En una reunión, su líder le señaló algo simple: si no existe un plan, los resultados serán igual de variables. Esa noche Luis creó su primer plan mensual. Definió un objetivo de ingresos, calculó cuántas pólizas necesitaba y estimó el número de citas y prospectos necesarios para lograrlo. Luego dividió la meta por semanas y colocó el plan frente a su escritorio. El mes siguiente no alcanzó exactamente su objetivo, pero se acercó mucho más que antes y, por primera vez, entendió qué debía ajustar.

Cuando el mes tiene números claros, el trabajo diario se convierte en ejecución de un plan, no en una apuesta.

Acciones estratégicas a implementar

- Define tu meta de ingresos mensual (en dólares).
- Traduce esa meta en número de pólizas que debes cerrar.
- Calcula cuántas citas y prospectos necesitas para llegar a esa cantidad.
- Revisa tu avance cada semana y ajusta tus acciones si estás por debajo.

El ingreso mensual es la cosecha de tu plan diario.

«El agente que mide sus meses, controla sus años.»

Día 143

TU CRM ES TU MOTOR DE SEGUIMIENTO PROFESIONAL

Tener un CRM no garantiza resultados si solo se usa como una libreta de contactos. Su verdadero valor aparece cuando funciona como el tablero diario que guía tus seguimientos y tu pipeline de ventas. ¿Revisas tu CRM cada día o solo cuando recuerdas que existe? Un martes a las 3:30 p. m., en una pequeña oficina de Los Ángeles, Andrea abrió su sistema y encontró más de sesenta prospectos marcados como "en seguimiento". Muchos llevaban meses sin contacto. Comprendió que no faltaban oportunidades; faltaba acción organizada. Decidió reorganizar su CRM con etapas claras: nuevo contacto, contacto realizado, cita agendada, propuesta enviada y resultado final. También programó recordatorios de seguimiento para cada prospecto y comenzó a revisar el sistema cada mañana antes de iniciar otras tareas. En pocas semanas recuperó conversaciones olvidadas y varias se transformaron en nuevas pólizas. El CRM dejó de ser una lista pasiva y se convirtió en su panel de control diario.

Cuando el CRM se usa como guía de acción diaria, cada contacto vuelve a convertirse en una oportunidad real.

Acciones estratégicas a implementar

- Define etapas simples en tu CRM (máximo 5–7) para tu proceso de ventas.
- Para cada prospecto, registra la **siguiente acción** y la fecha.
- Revisa diariamente las tareas del CRM y ejecútalas antes de otras cosas.
- Limpia tu CRM cada mes: actualiza estados y aprende de lo que se ganó y se perdió.

La confianza del cliente nace del seguimiento constante.

«El agente que organiza su base asegura sus ventas.»

Día 144

CIERRA CADA DÍA CON UNA REVISIÓN RÁPIDA

La forma en que termina tu jornada influye en cómo comienza el día siguiente. Sin una breve revisión, los pendientes quedan dispersos en la mente y la sensación es de cansancio sin claridad. ¿Qué haces normalmente en los últimos minutos de tu día de trabajo? Un jueves a las 9:20 p. m., en su apartamento en Chicago, Valeria terminaba cada jornada revisando el teléfono hasta quedarse dormida. Al día siguiente despertaba sin recordar con precisión qué había logrado ni qué debía hacer primero. Un mentor le sugirió algo sencillo: dedicar diez minutos a cerrar el día con una revisión. Comenzó a anotar tres logros, tres pendientes para el día siguiente y una mejora que quería aplicar. En pocos días notó que su mente descansaba mejor porque los asuntos ya estaban organizados. La mañana siguiente comenzaba con más claridad y dirección. Con el tiempo, esa pequeña rutina también mejoró su sensación de progreso.

Un día que se revisa termina con claridad, y esa claridad prepara el terreno para un mejor comienzo al día siguiente.

Acciones estratégicas a implementar

- Reserva 10 minutos al final de tu jornada solo para ti y tu libreta.
- Revisa tu lista de tareas: marca lo completado y lo que pasa a mañana.
- Escribe 3 logros (no importa si son pequeños).
- Identifica una mejora que aplicarás al día siguiente.

  Un día que se revisa bien, se cierra en paz.

«El agente que honra su día se prepara para un mejor mañana.»

Día 145

MIDE TU PROGRESO CADA SEMANA

El progreso en ventas se vuelve visible cuando los números se observan con regularidad. Si esperas hasta el final del mes para revisar resultados, es demasiado tarde para corregir el rumbo. La revisión semanal permite detectar qué funciona y qué necesita ajuste. ¿Conoces hoy cuántas llamadas, citas y cierres produjo tu última semana? Un domingo a las 6:00 p. m., en su comedor en Los Ángeles, Samuel hablaba con su líder sobre sus resultados. Sentía que había trabajado mucho, pero las comisiones no lo reflejaban. Su líder le pidió tres cifras simples: llamadas realizadas, citas agendadas y cierres logrados. Samuel no tenía esos datos claros. Al reconstruirlos descubrió algo importante: sus semanas estaban produciendo muy poco volumen. Decidió comenzar un registro semanal sencillo. En pocas semanas vio el cambio. Al aumentar sus llamadas también crecieron las citas y, con ellas, los cierres.

Cuando tus números se revisan cada semana, los ajustes llegan a tiempo y el mes deja de depender de la suerte.

Acciones estratégicas a implementar

- Define 3 indicadores básicos: llamadas, citas, cierres (y, si quieres, ingresos de la semana).
- Anota tus números todos los días y suma al final de la semana.
- Compáralos con tu meta semanal.
- Decide una acción concreta para mejorar la siguiente semana.

Lo que se mide, mejora; lo que no, se pierde.

«El agente que mide, crece; el que ignora, se estanca.»

Día 146

AJUSTA TU PLAN CADA 90 DÍAS

Un plan anual solo tiene valor si se revisa y se ajusta con regularidad. El mercado cambia, tus habilidades evolucionan y las estrategias que funcionaban hace unos meses pueden dejar de hacerlo. Por eso una revisión cada 90 días permite corregir el rumbo antes de que el año avance demasiado. ¿Cuándo fue la última vez que comparaste tus metas con tus resultados reales? Un lunes a las 9:00 a. m., en una sala de reuniones en Chicago, Mariana observaba sus metas anuales pegadas en la pared y notaba que estaba muy por debajo de lo esperado. En una reunión trimestral con su director revisaron tres preguntas simples: qué funcionó, qué no funcionó y qué debía cambiar. Descubrió que los referidos habían generado sus mejores resultados, pero casi no les había dedicado tiempo, mientras que otro segmento absorbía muchas horas sin responder. Para el siguiente trimestre decidió concentrarse más en referidos y probar un nuevo nicho. En pocos meses sus cifras mejoraron con claridad.

Cuando revisas tu plan periódicamente, el crecimiento deja de ser accidental y se convierte en una decisión consciente.

Acciones estratégicas a implementar

- Programa en tu calendario una revisión trimestral fija (cada 90 días).
- Compara metas vs. resultados: ingresos, pólizas, citas.
- Identifica qué funcionó (repítelo) y qué no (ajústalo o elimínalo).
- Redefine metas y estrategias para los próximos 90 días.

El éxito es disciplina con ajustes inteligentes.

«El agente que se adapta a tiempo, nunca se queda atrás.»

Día 147

DOCUMENTA TUS PROCESOS CLAVE

Cuando los procesos viven solo en tu mente, cada tarea depende de tu memoria y de tu presencia. Eso vuelve el negocio difícil de delegar y difícil de mejorar. Documentar cómo trabajas convierte tu experiencia en un sistema que puede repetirse y perfeccionarse. ¿Podría otra persona explicar hoy cómo prospectas o cómo das seguimiento a un cliente? Un miércoles a las 2:30 p. m., en su oficina en Miami, Gabriel intentaba entrenar a una asistente nueva. Mientras explicaba su forma de trabajar se dio cuenta de algo incómodo: cada cliente recibía un proceso distinto. A veces confirmaba citas, otras no; algunos seguimientos eran a los dos días y otros semanas después. Cuando la asistente preguntó cuál era el procedimiento correcto, Gabriel comprendió que no lo tenía definido. Decidió escribir paso a paso sus procesos clave: cómo agendar una cita, cómo dar seguimiento después de una propuesta y qué hacer tras un cierre. En pocas semanas el trabajo se volvió más consistente y su asistente comenzó a ejecutar tareas con autonomía.

Cuando los procesos están claros y documentados, tu negocio deja de depender de la improvisación y comienza a operar como un sistema.

Acciones estratégicas a implementar

- Haz una lista de tus procesos más frecuentes (prospectar, agendar, presentar, cerrar, dar seguimiento).
- Elige uno y escribe cada paso de principio a fin.
- Guarda el documento en un lugar accesible (Drive, carpeta física).
- Actualízalo cuando descubras una forma mejor de hacerlo.

Lo que se documenta se puede perfeccionar.

«El agente que escribe sus procesos escribe su éxito.»

Día 148

USA INDICADORES DE SEGUIMIENTO SIMPLES

Medir demasiadas cosas puede crear más confusión que claridad. Cuando comienzas a analizar cada detalle —redes, correos, minutos de llamada— es fácil perder de vista lo esencial. Al inicio, unos pocos indicadores bien elegidos muestran con precisión cómo avanza tu negocio. ¿Qué números revisas realmente cada semana? Un viernes a las 4:45 p. m., en su escritorio en Los Ángeles, Estela intentaba seguir una larga lista de métricas: vistas en redes, correos enviados, tiempo en el CRM y más. Aun con tantos datos, no sabía si estaba mejorando. Su mentor le propuso algo simple: concentrarse solo en tres cifras clave —personas contactadas, citas realizadas y pólizas cerradas—. Durante dos meses registró únicamente esos números. Con el tiempo comenzó a ver patrones claros entre su actividad y sus resultados. Las semanas con más contactos producían más citas, y esas citas generaban más cierres.

Cuando los números clave se siguen con disciplina, el progreso se vuelve visible y las decisiones se toman con mayor claridad.

Acciones estratégicas a implementar

- Elige tus 3 indicadores clave (ej. contactos nuevos, citas, cierres).
- Anota esos 3 números cada semana, sin falta.
- Compáralos con tu meta y con semanas anteriores.
- Toma decisiones basadas en ellos: más contactos, más citas, mejor tasa de cierre, etc.

«El agente que mide lo esencial, alcanza lo extraordinario.»

Día 149

HAZ SEGUIMIENTO HASTA OBTENER RESPUESTA

Muchos prospectos no responden al primer contacto porque están ocupados, indecisos o simplemente no es el momento adecuado. Abandonarlos después de un intento significa perder oportunidades que ya costaron tiempo conseguir. La clave no es insistir con presión, sino mantener un seguimiento respetuoso y constante. ¿Cuántos prospectos has descartado solo porque no respondieron la primera vez? Un martes a las 10:15 a. m., en su escritorio en Miami, Felipe revisaba su lista y veía varios nombres marcados como "no respondió". Pensó que lo mejor sería buscar nuevos contactos. En una capacitación escuchó algo que cambió su perspectiva: muchas ventas ocurren después de varios seguimientos. Decidió crear una secuencia simple combinando llamadas, mensajes y correo durante varias semanas. Volvió a contactar a prospectos que había dejado de lado. En uno de los seguimientos una cliente respondió agradeciendo la constancia y aceptó revisar la propuesta. Esa conversación terminó en una nueva póliza.

Cuando el seguimiento se vuelve un hábito disciplinado, muchos "no respondieron" se transforman en nuevas oportunidades.

Acciones estratégicas a implementar

- Crea una secuencia de **5 a 7 seguimientos** para cada prospecto.
- Combina canales: llamadas, WhatsApp, SMS, correos.
- Define un intervalo entre seguimientos (por ejemplo: día 1, día 3, día 7, día 14, día 21...).
- No cierres un prospecto en tu CRM hasta que haya dicho claramente "sí" o "no".

La persistencia vence donde otros se rinden.

«El agente que sigue tocando puertas encuentra más oportunidades.»

Día 150

EVALÚA TU DESEMPEÑO CON UN MENTOR

Cuando trabajas solo, es fácil justificar resultados o pasar por alto hábitos que están frenando tu progreso. Un mentor aporta una mirada externa que revela esos puntos ciegos y convierte las sensaciones en números claros. ¿Con qué frecuencia revisas tu desempeño con alguien que pueda evaluarlo objetivamente? Un jueves a las 5:30 p. m., en una cafetería de Los Ángeles, Carla decía que el mercado estaba difícil y que, a pesar de eso, no le iba tan mal. Su mentor le pidió revisar cifras concretas. Cuando miraron los registros descubrieron algo distinto a su percepción: muy pocas llamadas, pocas citas y ningún cierre esa semana. Ese momento no fue cómodo, pero fue revelador. Juntos definieron metas simples para los siguientes treinta días y acordaron revisar los resultados cada semana. Con el mismo mercado y las mismas herramientas, Carla empezó a ejecutar el plan con disciplina. En pocas semanas aparecieron nuevos cierres.

Una mirada externa, basada en datos, acelera el aprendizaje y evita que los errores se repitan durante meses.

Acciones estratégicas a implementar

- Elige un mentor con resultados comprobados en el mundo de los seguros.
- Agenda reuniones periódicas (mensuales o quincenales) solo para revisar tus números y tu estrategia.
- Lleva datos claros: llamadas, citas, cierres, ingresos, obstáculos.
- Escucha, toma notas y **aplica** al menos una mejora en los siguientes 7 días.

La mirada externa ilumina tus puntos ciegos.

«El agente que escucha a un mentor avanza diez pasos más rápido.»

Día 151

ROMPE EL HIELO CON UNA SONRISA GENUINA

La primera impresión comienza antes de que expliques un solo detalle del producto. La forma en que saludas, tu expresión y tu actitud comunican seguridad o tensión. Una sonrisa natural transmite cercanía y abre la conversación desde el primer momento. ¿Qué siente el cliente en los primeros segundos cuando te ve? Un lunes a las 6:55 p. m., en Houston, Lorena llegó a una cita con una familia referida. Estaba tan nerviosa que al abrir la puerta apenas dijo un saludo breve y serio. La reunión fue correcta, pero el ambiente se sintió frío y distante. Días después, en una capacitación, escuchó una idea simple: la sonrisa es el primer puente de confianza. En su siguiente cita respiró antes de tocar la puerta y decidió entrar con una actitud más relajada. Saludó con una sonrisa sincera y agradeció que la recibieran. El cambio fue inmediato: la conversación fluyó con más naturalidad y la pareja participó con mayor apertura.

Una sonrisa auténtica puede transformar los primeros segundos de una cita en el inicio de una conversación de confianza.

Acciones estratégicas a implementar

- Antes de cada cita, respira profundo y sonríe conscientemente.
- Practica tu sonrisa natural frente al espejo, sin exagerar.
- Haz contacto visual amable al saludar.
- Acompaña la sonrisa con un saludo claro y una frase de gratitud por el tiempo del cliente.

Una sonrisa abre puertas que las palabras no logran.

«El agente que sonríe transmite seguridad y conquista corazones.»

Día 152

HAZ UNA PREGUNTA LIGERA PARA EMPEZAR

Comenzar una reunión hablando directamente del producto puede generar una barrera inmediata. Las personas suelen abrirse más cuando primero sienten que están conversando con alguien interesado en ellas, no con alguien que solo quiere vender. ¿Cómo empiezan normalmente tus reuniones? Un miércoles a las 5:05 p. m., en una cafetería de Miami, David llegó a una cita con una prospecto que parecía ocupada y seria. Nervioso, comenzó explicando de inmediato los beneficios del seguro. La reacción fue evidente: la conversación se volvió rígida y distante. Días después decidió probar un enfoque distinto. En una nueva reunión, un viernes por la tarde en Houston, inició con una pregunta simple sobre cómo había estado su semana. La prospecto respondió con naturalidad y la charla fluyó durante unos minutos. Luego David conectó esa conversación con el tema de la tranquilidad financiera para momentos inesperados. El ambiente ya era diferente: había confianza.

Cuando la conversación empieza con interés genuino, el cliente se siente escuchado y la explicación posterior se recibe con mayor apertura.

Acciones estratégicas a implementar

- Prepara 3–5 preguntas ligeras que puedas usar según el contexto (familia, trabajo, semana, recomendación, ciudad).
- Úsalas al inicio de la conversación, sin apresurarte a hablar del producto.
- Escucha la respuesta con atención y haz un comentario breve.
- Usa lo que la persona te dice como puente hacia el tema de protección.

La curiosidad genuina conecta más que cualquier discurso.

«El agente que pregunta con interés abre el corazón de su cliente.»

Día 153

ENCUENTRA UN PUNTO EN COMÚN

Las personas suelen sentirse más cómodas con alguien que perciben como cercano o parecido. Un pequeño punto en común puede transformar una conversación formal en una relación más humana. ¿Qué detalles observas cuando entras al espacio de un cliente? Un sábado a las 11:00 a. m., en la casa de una familia en Chicago, Paola notó una camiseta de un equipo de fútbol mexicano colgada en la sala. Ella también tenía recuerdos ligados a ese equipo, pero antes habría evitado mencionarlo para no desviarse del tema. Esta vez decidió comentarlo. Al escuchar que compartían esa conexión, el cliente sonrió y comenzaron a hablar brevemente de su ciudad, del estadio y de recuerdos familiares. Ese intercambio cambió el ambiente: la conversación dejó de sentirse entre extraños. Cuando más tarde hablaron sobre proteger a la familia, la confianza ya estaba establecida.

Un pequeño elemento en común puede convertirse en el puente que facilita una conversación de confianza.

Acciones estratégicas a implementar

- Observa el entorno: fotos, cuadros, diplomas, camisetas, libros. Todo habla.
- Haz preguntas que te ayuden a descubrir puntos en común (ciudad, equipo, idioma, etapa de vida).
- Comenta brevemente tu propia experiencia SIN robar el protagonismo.
- Usa ese punto en común como puente para hablar de protección, familia o futuro.

Lo que compartimos nos une y abre caminos de confianza.

«El agente que conecta desde lo humano gana desde el corazón.»

Día 154

ESCUCHA ANTES DE HABLAR

Muchos agentes llegan a una cita con la intención de explicar todo lo que saben. Sin embargo, cuando el cliente siente que no ha sido escuchado, la información pierde impacto. Escuchar primero permite entender qué preocupa realmente a la persona y qué solución tiene sentido presentar. ¿Cuánto tiempo hablas tú en una reunión comparado con el cliente? Un martes a las 3:00 p. m., en una oficina de Miami, Nicolás realizó una presentación completa: beneficios, coberturas y detalles de la compañía. Habló durante varios minutos sin interrupción. El prospecto escuchó con educación, pero al final respondió que lo pensaría. Más tarde comprendió algo importante en una capacitación: la venta comienza cuando el cliente siente que su situación fue entendida. En la siguiente reunión cambió su enfoque. Inició con preguntas sobre las preocupaciones financieras y familiares del cliente y escuchó con atención antes de presentar una propuesta. La conversación se volvió más específica y relevante porque la solución estaba alineada con lo que el cliente había expresado.

Cuando escuchas con atención, la propuesta deja de ser genérica y se convierte en una respuesta directa a lo que el cliente necesita.

Acciones estratégicas a implementar

- Empieza tus citas con 2–3 preguntas abiertas sobre la situación actual del cliente.
- Deja que hable sin interrumpir. Si se queda en silencio, espera unos segundos más.
- Toma notas y luego resume: “Entonces, lo que tú quieres es...”.
- Solo después de escuchar, presenta tu recomendación.

Escuchar es la mejor estrategia de apertura.

«El agente que escucha primero, gana siempre después.»

Día 155

PERSONALIZA TU SALUDO

Un saludo genérico mantiene la conversación en un nivel formal. Un saludo personalizado demuestra atención y memoria, dos señales que fortalecen la confianza del cliente. ¿Qué recuerda el cliente de ti cuando inicia la reunión? Un jueves a las 7:00 p. m., durante una videollamada entre Houston y Dallas, Lucía comenzó una reunión con un saludo estándar. La conversación fue correcta, pero distante. Días después revisó sus notas y encontró un detalle que el cliente había mencionado antes: su hijo participaba en torneos de fútbol. En la siguiente reunión decidió comenzar de otra manera. Al saludar, preguntó cómo iba el hijo en sus competencias. La reacción fue inmediata: el cliente sonrió y habló con entusiasmo. El ambiente cambió porque se sintió recordado. A partir de ese momento la conversación fluyó con mayor naturalidad y la reunión avanzó hacia nuevas decisiones.

Recordar pequeños detalles transmite atención genuina y convierte una reunión formal en una relación más cercana.

Acciones estratégicas a implementar

- Anota en tu CRM o libreta un detalle personal de cada prospecto o cliente (familia, trabajo, hobby, ciudad).
- Revísalo siempre antes de una cita o llamada.
- Incluye el nombre y ese detalle en tu saludo inicial.
- Mantén la naturalidad, sin exagerar ni invadir su privacidad.

El detalle de recordar hace grande tu relación.

«El agente que hace sentir único a su cliente abre la puerta de la confianza.»

Día 156

HAZ UN CUMPLIDO SINCERO

Un reconocimiento sincero puede cambiar el tono de una reunión desde el primer momento. Cuando el cliente percibe que observas y valoras algo importante para él, la conversación deja de sentirse comercial y se vuelve más humana. ¿Qué detalles notas cuando entras al espacio de un cliente? Un jueves a las 6:40 p. m., en la casa de una familia en Houston, Mario observó varias fotografías en la sala. Antes habría comenzado con un saludo formal y nada más. Esa vez señaló una imagen donde la familia aparecía reunida y comentó que transmitía una unión especial. La madre respondió con entusiasmo y explicó que era la graduación de su hija. Ese intercambio relajó el ambiente y permitió una conversación más cercana. Cuando más tarde habló sobre protección financiera, pudo relacionar la póliza con lo que había visto: cuidar los momentos y los sueños de esa familia.

Un comentario auténtico puede abrir la puerta a una conversación más cálida y receptiva.

Acciones estratégicas a implementar

- Llega a la cita unos minutos antes y observa: entorno, fotos, diplomas, detalles personales.
- Elige un solo aspecto real que puedas admirar: familia, orden, negocio, logro, decoración.
- Haz un cumplido breve, específico y natural.
- Nunca exageres ni inventes; si no encuentras nada auténtico, es mejor no decir nada.

El reconocimiento sincero siempre abre corazones.

«El agente que valora a su cliente crea lazos de confianza duraderos.»

Día 157

USA EL PODER DEL STORYTELLING CORTO

Las cifras explican un producto, pero una historia ayuda al cliente a imaginar su impacto en la vida real. Cuando una persona se ve reflejada en una situación concreta, entiende con mayor claridad para qué sirve la protección que estás proponiendo. ¿Cómo presentas normalmente el valor de un seguro: con números o con una historia que el cliente pueda visualizar?

Un martes a las 7:20 p. m., en una videollamada desde Los Ángeles con una pareja joven, Julián notó que ellos estaban atentos pero a la defensiva. En lugar de comenzar con detalles técnicos, compartió una historia breve sobre una familia con dos niños pequeños que había contratado una póliza sencilla "por si acaso". Meses después, un accidente los dejó sin ingresos durante varias semanas. Gracias a esa decisión previa, pudieron mantener su renta y los gastos de los niños sin endeudarse. Después de contar la historia guardó silencio. La pareja se miró y la conversación cambió: ya no hablaban de un producto, sino de su propia seguridad financiera.

Cuando el cliente puede verse dentro de la historia, la conversación deja de ser teórica y se vuelve personal.

Acciones estratégicas a implementar

- Elige 2 o 3 historias reales de tu experiencia.
- Estructúralas así: **situación antes → problema → cómo ayudaste → resultado concreto** (máximo 1 minuto).
- Úsalas al inicio o cuando notes que el cliente se está desconectando del discurso técnico.
- Cierra la historia con una frase que conecte con el cliente: Ej: "Por eso hoy quiero ayudarte a que tú también tengas esa tranquilidad".

Una historia bien contada engancha más que mil argumentos.

«El agente que cuenta historias conecta con el alma de sus clientes.»

Día 158

ADAPTA TU LENGUAJE AL DEL CLIENTE

La comunicación es más efectiva cuando se ajusta al estilo de la persona con la que hablas. No todos los clientes procesan la información del mismo modo. Algunos prefieren explicaciones directas y sencillas; otros valoran un tono más formal y detallado. Adaptar tu lenguaje demuestra respeto por su forma de entender el mundo. ¿Tu forma de explicar cambia según la persona que tienes enfrente?

Un viernes a las 10:00 a. m., en un taller mecánico de Houston, Carlos inició una reunión usando términos técnicos y una explicación muy formal. El dueño del negocio lo interrumpió porque no entendía lo que escuchaba. La conversación terminó rápido. Días después, en una cita similar en Chicago, decidió explicar la idea de forma más simple y directa: cómo el seguro podía mantener ingresos para la familia si algo impedía trabajar. Esta vez el cliente comprendió el mensaje con facilidad y la conversación avanzó con naturalidad.

Cuando el cliente entiende el mensaje en su propio lenguaje, la conversación se vuelve más natural y la decisión resulta más fácil.

Acciones estratégicas a implementar

- Observa cómo habla tu prospecto: rápido o despacio, formal o relajado, con humor o serio.
- Ajusta tu tono, tu vocabulario y tu velocidad de acuerdo con él, sin imitarlo de forma exagerada.
- Usa ejemplos que conecten con su realidad: negocio, trabajo, familia, etapa de vida.
- Pregunta: "¿Te lo estoy explicando de forma clara? ¿Quieres que lo diga de otra manera?".

Cuando hablas en el mismo idioma, hablas al corazón.

«El agente que se adapta, conecta; el que impone, pierde.»

Día 159

USA EL HUMOR LIGERO PARA RELAJAR

Un momento de humor ligero puede transformar el ambiente de una reunión tensa. No se trata de hacer chistes largos ni de distraer la conversación, sino de mostrar naturalidad y cercanía. ¿Cómo reacciona normalmente el cliente en los primeros minutos de la reunión?

Un miércoles a las 2:00 p. m., en una oficina de Miami, Andrés notó que el prospecto estaba serio y con los brazos cruzados. El ambiente se sentía rígido. En lugar de comenzar directamente con su presentación, comentó con una sonrisa que su GPS casi lo había llevado a la playa antes de encontrar la dirección. El cliente respondió con una broma y ambos rieron brevemente. Ese pequeño momento cambió el tono de la reunión. A partir de ahí la conversación fue más relajada y el cliente escuchó con mayor apertura la explicación del plan de protección.

Un toque de humor respetuoso recuerda al cliente que está conversando con una persona, no con un guion.

Acciones estratégicas a implementar

- Prepara 2–3 frases ligeras relacionadas con tráfico, clima, tecnología, nunca con temas sensibles (política, religión, salud del cliente, dinero).
- Úsalas solo si el contexto lo permite y con respeto.
- Observa la reacción: si el cliente no se ríe, no insistas con más chistes.
- Después del comentario ligero, aterriza rápido en el tema principal.

El humor abre puertas que la rigidez mantiene cerradas.

«El agente que sabe sonreír con sus clientes abre camino a la confianza.»

Día 160

MUESTRA EMPATÍA INMEDIATA

La empatía consiste en reconocer la emoción que hay detrás de las palabras del cliente. Cuando una persona siente que su situación es comprendida, baja la guardia y la conversación se vuelve más abierta. ¿Qué ocurre cuando el cliente percibe que solo quieres avanzar con la explicación sin notar cómo se siente?

Un lunes a las 8:15 p. m., en un apartamento en Chicago, una clienta abrió la puerta visiblemente cansada y comentó que acababa de salir de un día largo de trabajo. En lugar de continuar inmediatamente con la presentación, Diego reconoció su situación y agradeció que aun así hubiera reservado ese espacio para conversar. Ese gesto cambió el ambiente. La clienta se relajó, se sentó con mayor disposición y la conversación fluyó con naturalidad. A mitad de la reunión comentó que apreciaba la forma en que él había considerado su cansancio. Desde ese punto la explicación del plan se sintió como una ayuda, no como una presión.

Cuando el cliente se siente comprendido, la conversación avanza con más confianza y profundidad.

Acciones estratégicas a implementar

- Escucha no solo las palabras, sino el tono y el lenguaje corporal del cliente.
- Usa frases empáticas: "Te entiendo", "Es normal sentir eso", "Gracias por compartirme eso".
- Nunca minimices: evita frases como "no es para tanto".
- Conecta la empatía con la solución: "Justo por eso este tipo de protección es tan importante".

La empatía es el idioma universal de las relaciones humanas.

«El agente que entiende al cliente conquista su confianza desde el primer minuto.»

Día 161

PRESENTA BENEFICIOS, NO SOLO CARACTERÍSTICAS

Muchos agentes describen primero las características del producto: montos de cobertura, cláusulas o redes médicas. Sin embargo, el cliente no toma decisiones basadas en esos datos técnicos, sino en lo que esos datos significan para su vida. La característica explica cómo funciona el seguro; el beneficio muestra qué problema resuelve. ¿Qué escuchan tus clientes primero: números o tranquilidad?

Un miércoles a las 3:30 p. m., en una oficina de Miami, Enrique explicó a un cliente los detalles de una póliza: cobertura hospitalaria, ambulancia y red de médicos. El cliente escuchó con cortesía, pero al final respondió que lo pensaría. En otra reunión, días después en Houston, Enrique cambió el enfoque. En lugar de comenzar con cifras, explicó el resultado que la cobertura ofrecía: evitar que una hospitalización afectara los ahorros de la familia y permitir concentrarse en recuperarse. El cliente reaccionó de forma distinta, porque entendió el impacto real en su vida.

Cuando el cliente entiende el beneficio en su propia vida, el valor del seguro se vuelve mucho más claro.

Acciones estratégicas a implementar

- Toma cada característica técnica de tu producto y pregúntate: "¿Qué significa esto en la vida real del cliente?".
- Usa frases como: "Lo que esto significa para ti es...", "En la práctica, esto te permite...".
- Conecta siempre con familia, salud, ingresos, sueños o tranquilidad.
- Verifica: "¿Tiene sentido lo que te digo? ¿Te ves beneficiándote de esto?".

El cliente compra beneficios, no pólizas.

«El agente que transforma datos en soluciones conquista el corazón del cliente.»

Día 162

USA UN LENGUAJE SIMPLE Y CLARO

El conocimiento técnico es importante, pero la forma de explicarlo determina si el cliente realmente lo entiende. Cuando se usan demasiados términos especializados, la conversación puede volverse confusa y crear distancia. Explicar de manera sencilla demuestra dominio del tema y facilita la confianza. ¿El cliente entiende claramente lo que estás diciendo o solo asiente por cortesía?

Un jueves a las 11:00 a. m., en una oficina de Los Ángeles, Camilo explicó a una pareja los detalles de un plan utilizando términos técnicos como deducible y coaseguro. La pareja se miró con duda y preguntó si eso era bueno o malo. En ese momento comprendió que la explicación no estaba conectando. En una cita posterior, en Miami, decidió usar un lenguaje más simple: describió paso a paso qué pagaría primero el cliente y cómo el seguro cubriría la mayor parte del gasto después. El cambio fue inmediato. El cliente entendió la lógica del plan y pudo tomar una decisión con más seguridad.

Cuando el mensaje es claro y simple, el cliente siente confianza y puede decidir con mayor tranquilidad.

Acciones estratégicas a implementar

- Identifica las palabras técnicas que usas: deducible, prima, coaseguro, suma asegurada, etc.
- Prepara una versión "en lenguaje de cliente" para cada una.
- Cada vez que uses un término técnico, tradúcelo de inmediato con un ejemplo simple.
- Pregunta: "¿Te quedó claro? Si no, te lo explico con otro ejemplo".

  Lo simple siempre vende más que lo complicado.

«El agente que simplifica, multiplica sus resultados.»

Día 163

APÓYATE EN EJEMPLOS VISUALES

Las personas procesan mejor la información cuando pueden verla. Una explicación solo verbal puede resultar abstracta, mientras que una imagen o un esquema sencillo transforma la idea en algo concreto. ¿Qué ocurre cuando el cliente puede visualizar la diferencia entre estar protegido y no estarlo?

Un martes a las 6:10 p. m., en la mesa de comedor de una familia en Houston, Adrián explicaba coberturas y montos a una pareja que escuchaba con cortesía pero sin mostrar mucha reacción. Percibía que el mensaje no estaba llegando con claridad. Entonces tomó una hoja y dibujó dos columnas: una con seguro y otra sin seguro. Escribió un ejemplo de gasto médico elevado y mostró cuánto cubriría la póliza frente a lo que la familia tendría que pagar por su cuenta. Al ver la comparación en papel, la pareja se inclinó para observarla con atención. En ese momento comprendieron el impacto real de la protección.

Cuando el cliente ve la diferencia de forma clara, el concepto deja de ser abstracto y se vuelve una decisión tangible.

Acciones estratégicas a implementar

- Elige 1 o 2 productos clave y crea un **visual básico** para cada uno (tabla, gráfico, antes/después).
- Lleva siempre contigo ese material impreso o en tu tablet.
- Detente en el visual y explícalo con calma, pidiéndole al cliente que lo vea contigo.
- Pregunta: "¿En qué columna te quieres ver tú y tu familia?".

Lo que el cliente ve, lo cree y lo recuerda.

«El agente que ilustra su mensaje graba su valor en la mente del cliente.»

Día 164

RELACIONA EL SEGURO CON LA VIDA REAL DEL CLIENTE

Un seguro cobra sentido cuando el cliente puede relacionarlo con su propia vida. Si la explicación se queda en cifras o características, puede percibirse como un gasto más. Cuando se conecta con situaciones reales —familia, vivienda, ingresos— el valor se vuelve claro. ¿Cómo ayudas al cliente a imaginar el impacto del seguro en su vida cotidiana?

Un jueves a las 7:45 p. m., en un apartamento de Miami, un cliente revisaba una cotización y comentó que aún no estaba seguro de necesitarla. Sofía notó que repetir detalles técnicos no cambiaría su percepción. En lugar de eso, hizo una pregunta directa sobre qué ocurriría con los gastos del hogar si él no pudiera trabajar durante varios meses. El cliente guardó silencio unos segundos y reconoció que nunca había pensado en esa posibilidad. A partir de ese momento la conversación dejó de ser abstracta. El plan dejó de verse como un producto y empezó a verse como una protección concreta para su familia.

Cuando el cliente puede imaginar cómo la protección afecta su vida diaria, el seguro deja de parecer opcional y empieza a percibirse como necesario.

Acciones estratégicas a implementar

- Pregunta por su familia, trabajo, deudas, metas (escucha de verdad).
- Conecta lo que él te dice con el propósito del seguro.
- Usa frases como: "Imagina que...", "¿Qué pasaría con...?"
- Haz que el cliente se vea a sí mismo en el escenario, y luego muestra cómo el seguro cambia ese resultado.

  El seguro no es un papel, es protección para la vida real.

«El agente que conecta el producto con la vida despierta el deseo de proteger.»

Día 165

CUENTA HISTORIAS DE CLIENTES SATISFECHOS COMO PRUEBA SOCIAL

Después de explicar un producto, la decisión del cliente muchas veces depende de la confianza. Una forma poderosa de reforzarla es mostrar que otras personas en situaciones similares ya tomaron esa decisión y obtuvieron un resultado positivo. Las historias de clientes funcionan como prueba social. ¿Cómo demuestras que tu asesoría ya ha ayudado a otros?

Un miércoles a las 5:30 p. m., en una oficina de Chicago, Álvaro percibió que su prospecto estaba a punto de decir la frase habitual: que quería pensarlo. En lugar de presionar, compartió la experiencia de una familia parecida que había comenzado con un plan sencillo. Meses después enfrentaron una emergencia médica y la póliza cubrió gran parte de los gastos hospitalarios. Al escuchar la historia, el prospecto dejó de pensar en un escenario hipotético y comenzó a imaginar esa situación en su propia vida. La conversación cambió de una duda general a preguntas concretas sobre cómo funcionaba esa protección. Cuando otras experiencias hablan por ti, la confianza del prospecto crece sin necesidad de insistir.

Acciones estratégicas a implementar

- Recopila 3–5 historias reales de clientes que hayan usado su seguro o estén felices con la decisión.
- Pide permiso para compartir su caso SIN revelar datos sensibles.
- Cuenta la historia de 1 minuto, destacando el "antes y después".
- Comparte la satisfaccion que esperas al ayudar con cierres que conecten el bienestar del cliente: "Quiero que, si algún día te pasa algo, tú también me llames para agradecer la decisión que tomaste hoy".

Las historias reales convencen más que los argumentos.

«El agente que cuenta experiencias de éxito inspira confianza inmediata.»

Día 166

HAZ PREGUNTAS ABIERTAS DURANTE LA PRESENTACIÓN

Una presentación en la que solo el agente habla puede volverse un monólogo difícil de seguir. Cuando incorporas preguntas abiertas, la reunión se transforma en una conversación donde el cliente participa activamente. ¿Con qué frecuencia invitas al cliente a opinar durante tu explicación?

Un lunes a las 4:00 p. m., en un Starbucks de Los Ángeles, Nadia llevaba varios minutos explicando detalles del plan. Notó que el cliente empezaba a distraerse mirando el teléfono. En lugar de continuar con la presentación, hizo una pausa y preguntó qué parte de la explicación tenía más sentido para su situación. El cliente levantó la mirada y comentó que su mayor preocupación era perder su ingreso si no podía trabajar. A partir de esa respuesta, Nadia enfocó el resto de la conversación en ese punto específico. La reunión dejó de ser una exposición general y se convirtió en una discusión sobre una necesidad concreta.

Cuando el cliente participa en la conversación, su atención se mantiene y la propuesta se vuelve más relevante para su realidad.

Acciones estratégicas a implementar

- Prepara al menos 3 preguntas abiertas antes de cada cita.
- Úsalas en momentos clave para recuperar la atención.
- Escucha la respuesta sin interrumpir y conecta lo que te dice con tu propuesta.
- Cierra con una pregunta final del tipo: "¿Qué sería lo más importante para ti que este plan cubra?".

Quien pregunta, guía la conversación.

«El agente que escucha más de lo que habla siempre vende más.»

Día 167

USA COMPARACIONES SIMPLES

Las analogías ayudan a transformar conceptos técnicos en imágenes fáciles de entender. Cuando el cliente puede relacionar el seguro con algo cotidiano, la explicación deja de sentirse complicada. ¿Cómo traduces normalmente una idea financiera compleja a algo que el cliente ya conoce?

Un martes a las 11:30 a. m., en la sala de espera de una clínica en Chicago, Sergio escuchó a un prospecto decir que casi nunca se enfermaba y por eso dudaba de necesitar un seguro de salud. En lugar de entrar en datos técnicos, utilizó una comparación simple: explicó que el seguro funciona como un paraguas. No se compra para usarlo todos los días, sino para tenerlo cuando llega una tormenta fuerte. La imagen fue inmediata y clara. El cliente sonrió porque entendió el sentido de la protección sin necesidad de más detalles. A partir de ese momento la conversación cambió de "¿lo necesito?" a "¿qué tipo de cobertura sería adecuada?".

Cuando el cliente visualiza el concepto con algo cotidiano, la comprensión se vuelve natural y la explicación permanece en su memoria.

Acciones estratégicas a implementar

- Elige 3 productos que vendas con frecuencia.
- Asocia cada uno a un objeto cotidiano (paraguas, casco, cinturón, salvavidas, etc.).
- Practica la analogía en menos de 20 segundos.
- Verifica con el cliente: "¿Se entiende mejor con este ejemplo?".

  Cuando comparas, el cliente comprende sin esfuerzo.

«El agente que convierte lo complejo en simple gana la confianza de inmediato.»

Día 168

SÉ BREVE Y DIRECTO EN LO ESENCIAL

Cuando una presentación se extiende demasiado, la atención del cliente disminuye y la información pierde impacto. Una explicación breve y bien estructurada demuestra dominio del tema y respeto por el tiempo de la persona frente a ti. ¿Cuánto dura normalmente tu explicación principal?

Un viernes a las 7:00 p. m., en una casa de Houston, Javier llevaba más de una hora hablando sobre distintos detalles del plan. Mientras tanto, la familia comenzaba a mostrarse cansada y distraída. La conversación terminó sin decisión porque el momento adecuado se había perdido. Después de esa experiencia decidió simplificar su estructura. Organizó sus presentaciones en tres partes claras: primero el problema que el seguro resuelve, luego la solución con los beneficios principales y finalmente las cifras junto al siguiente paso. En una cita posterior aplicó ese formato y terminó su explicación en unos veinte minutos. El cliente agradeció la claridad y la conversación avanzó directamente hacia la decisión.

Cuando la información se presenta con claridad y brevedad, el cliente mantiene su atención y la decisión se vuelve más sencilla.

Acciones estratégicas a implementar

- Diseña una estructura simple de tu presentación con tiempo estimado por sección.
- Elige **solo 3 beneficios clave** a destacar.
- Practica con cronómetro hasta dominar la versión breve.
- Deja espacio para que el cliente pregunte y participe.

Lo breve conecta, lo largo cansa.

«El agente que va al grano llega más rápido al éxito.»

Día 169

USA CIFRAS REALES PARA HACER TANGIBLE EL VALOR

Los números pueden transformar una explicación abstracta en una evidencia concreta. Cuando el cliente ve una comparación clara entre lo que paga y lo que podría recibir, el seguro deja de parecer un gasto y empieza a verse como protección financiera real. ¿Cómo presentas normalmente el valor económico de una póliza?

Un miércoles a las 3:15 p. m., en una oficina de Miami, Karen escuchó a un prospecto decir que una cuota mensual de $85 le parecía alta. En lugar de discutir el precio, tomó una hoja y mostró un ejemplo real. Explicó que otro cliente pagaba una cantidad similar al mes y que, tras un accidente, la póliza cubrió decenas de miles de dólares en gastos médicos. Al comparar el costo anual con el monto que el seguro había cubierto, el prospecto pudo ver la proporción con claridad. Esa comparación cambió su percepción: ya no estaba evaluando solo el pago mensual, sino el riesgo que ese pago ayudaba a evitar.

Cuando el cliente ve la relación entre costo y beneficio en cifras claras, la decisión se vuelve más lógica y tangible.

Acciones estratégicas a implementar

- Reúne ejemplos reales (sin nombres) de casos donde el seguro haya pagado montos importantes.
- Presenta la relación **cuota mensual vs. monto cubierto** de forma clara.
- Usa frases como: "Esto significa que por X dólares al mes, tienes una protección de Y dólares".
- Deja que el cliente mire los números en silencio; no llenes ese espacio con más palabras.

Los números no mienten: muestran el verdadero valor.

«El agente que presenta cifras claras se convierte en un consejero confiable.»

Día 170

CIERRA TU PRESENTACIÓN CON UNA LLAMADA A LA ACCIÓN CLARA

Una presentación clara no garantiza una venta si no existe un paso final definido. Cuando el agente termina la explicación sin indicar qué sigue, el cliente queda en un espacio de duda donde la decisión se enfría. La llamada a la acción convierte la conversación en un siguiente paso concreto. ¿Qué ocurre normalmente al final de tus presentaciones?

Un viernes a las 8:20 p. m., en un apartamento de Los Ángeles, un agente terminó una explicación detallada y el cliente agradeció la información. Ambos se despidieron cordialmente, pero la conversación quedó sin decisión ni siguiente paso. Días después, en otra reunión en Miami, decidió cerrar de manera diferente. Tras responder preguntas, explicó con claridad el próximo paso: completar la solicitud para que la protección pudiera comenzar. Al presentar esa acción concreta, el cliente tuvo un camino claro para avanzar. La diferencia entre ambas reuniones no estuvo en la calidad de la explicación, sino en la claridad del paso final.

Cuando el cliente sabe exactamente qué hacer después, la decisión se vuelve más fácil de tomar.

Acciones estratégicas a implementar

- Define antes de cada cita **cuál es el siguiente paso ideal**: solicitud, fecha de firma, recolección de documentos, etc.
- Usa preguntas cerradas para avanzar: "¿Te parece si lo hacemos ahora o lo agendamos para mañana?".
- Si el cliente necesita tiempo, agenda de inmediato la siguiente cita clara (día, hora, motivo).

La claridad en la acción lleva al cliente a decidir.

«El agente que guía con firmeza convierte su presentación en resultados.»

SECCIÓN 4

VENTAS Y PRESENTACIONES

La venta es la gasolina (y el servicio es la base)

Puedes tener agenda perfecta, CRM impecable y campañas que traen prospectos cada día. Pero si, cuando te sientas frente a un cliente, no sabes conducir la conversación hasta una decisión, tu negocio se queda sin combustible. La organización es el motor; la venta es la gasolina que lo impulsa

En seguros esto se nota más que en casi cualquier industria. Nadie compra un seguro por emoción. Lo compra por calma, protección y futuro. Vender seguros es vender tranquilidad, y hacerlo bien requiere preparación: saber preguntar, saber escuchar, saber explicar sin enredar y saber cerrar sin incomodar.

Esta sección es el corazón del negocio porque aquí ocurre la transformación: un prospecto se convierte en cliente, y un cliente en relación de largo plazo. No desde la manipulación, sino desde el servicio y la claridad. La meta no es presionar; es ayudar a que el cliente entienda, decida y actúe con confianza.

La escena que cambia todo

Imagina a un agente que llega a una cita "con buena intención". Explica coberturas, enumera beneficios, habla y habla. El cliente asiente, hace dos preguntas y termina con un "déjame pensarlo". El agente sale frustrado y se repite: "La gente no compra".

Ahora imagina el mismo agente con un guion simple. Abre con una pregunta humana. Escucha de verdad. Resume el problema en voz alta. Presenta una solución con un ejemplo claro. Maneja la objeción sin discutir. Y cierra con un siguiente paso natural. El cliente no se siente empujado; se siente comprendido.

Esa diferencia no es magia. Es práctica.

Una idea que debes tener clara desde el inicio: el cliente no compra "un producto". Compra una decisión que lo hace sentirse seguro. Tu trabajo no es empujar; es iluminar. Cuando iluminas, el cierre deja de ser una batalla y se convierte en la conclusión lógica de una conversación bien guiada.

Puedes tener el mejor marketing y la mejor prospección, pero si no sabes cerrar, el negocio se muere de hambre. La venta es el punto donde el esfuerzo se convierte en ingreso. Y en seguros, además, es el punto donde tu cliente gana paz mental.

Un tip adicional: crea una "bitácora de ventas" semanal. No necesitas un software sofisticado; basta una hoja donde anotes: quién fue el cliente, qué quería proteger, qué objeción apareció y qué respuesta diste. En dos semanas verás patrones: las mismas dudas se repiten. Y cuando algo se repite, se entrena. Esa bitácora convierte la experiencia en aprendizaje, y el aprendizaje en cierre.

"Vender no es convencer: es servir con tanta claridad que el cliente se convence solo."

Día 171

ANTICÍPATE A LAS OBJECIONES MÁS COMUNES

Prepárate para las objeciones antes de que aparezcan, porque no son sorpresas; son parte natural de cada conversación de ventas. Frases como "Está caro", "Lo voy a pensar" o "Tengo que hablarlo con mi esposa" aparecen una y otra vez. El agente que improvisa se bloquea. El agente preparado responde con calma. ¿Qué cambia entre uno y otro? La preparación.

Un lunes por la noche en Houston, Carlos, un agente nuevo, escuchó la frase que ya conocía: "Me gusta, pero está caro". En ese momento se quedó sin palabras y la reunión terminó con un "lo pensamos". Después de perder varias citas por la misma razón, decidió cambiar su enfoque. Anotó las objeciones más comunes en su libreta y preparó respuestas claras y empáticas. Practicó cada noche hasta sentirse cómodo. Dos semanas después, cuando un prospecto repitió la misma frase, respondió con serenidad y explicó el costo de no tener protección. La conversación continuó... y esa vez la póliza se firmó.

Cuando conoces las objeciones, dejan de ser un obstáculo y se convierten en parte del camino hacia el cierre.

Acciones estratégicas a implementar

- Haz una lista de tus **5 objeciones más frecuentes**.
- Escribe una respuesta **clara, breve y empática** para cada una.
- Practícalas frente al espejo o con un colega hasta que suenen naturales.
- Revísalas cada mes y actualízalas según lo que vayas viviendo en campo.

  El agente preparado vence cualquier duda.

"El agente que se adelanta a las objeciones, convierte el 'no' en oportunidad."

Día 172

ESCUCHA ANTES DE RESPONDER

Muchos agentes cometen el error de responder de inmediato, Escucha con atencion primero, responde después. El problema es que muchas veces terminan contestando algo que el cliente ni siquiera estaba preguntando. Cuando escuchas con calma y haces una pregunta antes de responder, descubres la verdadera preocupación. ¿Estás reaccionando o estás entendiendo?

Un martes por la tarde en una cafetería de Chicago, Ana escuchó la frase que tantos agentes conocen: "La verdad... está caro". Antes habría defendido el precio al instante. Esta vez hizo algo distinto. Se detuvo y preguntó con calma qué parte del costo le preocupaba realmente. El cliente respondió que no era el precio en sí, sino el miedo a comprometerse con un pago que quizá algún mes no podría cubrir. De pronto la objeción cambió de forma. Ya no era una discusión sobre precio, sino sobre tranquilidad y flexibilidad. Ana explicó opciones de ajuste y la conversación avanzó con naturalidad.

Cuando escuchas con atención, las objeciones dejan de ser un choque y se convierten en una conversación.

Acciones estratégicas a implementar

- Deja que el cliente termine de hablar, aunque sientas ganas de contestar.
- Haz **preguntas aclaratoria**: "¿Qué es lo que más te preocupa de esto?" "¿A qué te refieres exactamente con...?"
- Resume lo que entendiste: "Entonces, lo que te preocupa es _______, ¿cierto?".
- Responde solo después de que el cliente confirme.

El cliente se siente valorado cuando lo escuchas.

"El agente que escucha primero responde con impacto."

Día 173

VALIDA LA OBJECIÓN DEL CLIENTE

Pocas cosas dañan más una conversación de ventas que minimizar lo que el cliente siente. Frases como "Eso no es para tanto" o "Eso no importa" cierran la puerta al diálogo, asi que Valida la preocupación antes de responder. Cuando alguien expresa una objeción, lo que busca primero es ser escuchado. Validar no significa estar de acuerdo; significa reconocer que su preocupación es real. ¿Cómo reacciona tu cliente cuando siente que lo estás comprendiendo?

En Miami, un cliente miró la cotización y dijo que no estaba seguro de poder pagarla cada mes. Antes, Luis habría respondido defendiendo el precio. Esta vez hizo algo distinto. Primero reconoció la inquietud del cliente y mencionó que muchas familias sienten lo mismo al inicio. Esa simple validación cambió el tono de la conversación. El cliente dejó de sentirse presionado y comenzó a escuchar con más apertura. Entonces Luis propuso buscar un monto que se ajustara a la realidad del cliente. La conversación se volvió colaborativa y el plan terminó ajustándose a lo que la familia podía sostener. Esto se apoya en que el respeto abre espacio para la solución.

Cuando el cliente se siente comprendido, la conversación avanza con más confianza.

Acciones estratégicas a implementar

- Escucha la objeción completa.
- Valida con una frase como:
- "Te entiendo, a muchos les pasa".
- "Tiene todo el sentido lo que dices".
- Recién después de validar, comparte tu explicación o alternativa.
- Mantén un tono tranquilo, sin prisa ni juicio.

El respeto abre más puertas que la presión.

"El agente que valida al cliente gana su confianza y atención."

Día 174

RESPONDE CON HISTORIAS, NO CON DISCUSIONES

Cuando discutes con un cliente, es natural que se ponga a la defensiva. En cambio, una historia permite reflexionar sin sentir que alguien intenta "ganar" la conversación. Las experiencias reales conectan con la emoción y muestran el mensaje sin confrontación. ¿Qué impacto tendría compartir un caso que el cliente pueda imaginar?

Una tarde en Los Ángeles, un prospecto joven y deportista dijo con seguridad: "Eso nunca me va a pasar a mí, estoy muy sano". En otro momento, Andrés habría respondido con estadísticas. Esta vez eligió contar una historia. Le habló de un cliente de treinta y dos años, también sano y activo, que sufrió un accidente de tránsito que no provocó. Durante un mes no pudo trabajar. Afortunadamente, el seguro que había contratado un año antes cubrió gastos médicos y le dio ingreso mientras se recuperaba. Andrés terminó la historia y guardó silencio. El prospecto miró la mesa unos segundos y luego dijo: "Hablemos de cuánto sería empezar con un plan pequeño".

Esto funciona gracias a que las historias permiten que el cliente llegue a su propia conclusión.

Una historia bien contada puede explicar en segundos lo que una discusión nunca logra.

Acciones estratégicas a implementar

- Elige **2 o 3 historias reales** de clientes (sin revelar datos).
- Asócialas a objeciones típicas: "no me pasará", "está caro", "no es el momento".
- Cuenta la historia en 1 minuto: situación, problema, cómo ayudó el seguro, y resultado con cierre benefisioso.

Una historia bien contada convence más que mil argumentos.

"El agente que cuenta historias derriba objeciones sin esfuerzo."

Día 175

CONVIERTE LA OBJECIÓN EN UNA PREGUNTA

Cuando un agente responde a una objeción con una lista de argumentos, muchas veces el cliente se cierra. Siente que lo están convenciendo o presionando. En cambio, cuando transformas la objeción en una pregunta, el cliente empieza a reflexionar por sí mismo. ¿Qué ocurre cuando la persona llega sola a la conclusión?

Un viernes por la tarde en Miami, durante una conversación en un restaurante, un prospecto miró el plan y dijo: "La verdad, está muy caro". Antes, Verónica habría defendido el precio con explicaciones. Esta vez hizo algo diferente. Le hizo una pregunta sencilla: "Si mañana tienes un accidente y el hospital te cobra treinta y cinco mil dólares, ¿crees que sería más caro este seguro o enfrentar ese gasto sin protección?". El prospecto se quedó en silencio unos segundos. Hizo un cálculo mental y respondió que claramente sería más caro enfrentar la emergencia sin seguro. Verónica solo añadió una frase final que resumía la decisión que tenía delante. Esto permite avanzar porque una pregunta bien planteada invita a pensar en lugar de discutir.

Practica usar esa pregunta en tu próxima conversación.

Cuando el cliente llega a la conclusión por sí mismo, la resistencia desaparece.

Acciones estratégicas a implementar

- Elige 3 objeciones frecuentes.
- Escribe una **pregunta poderosa** que transforme cada objeción.
- Haz la pregunta con tono calmado, sin ironía.
- Quédate en silencio y escucha la respuesta.

La mejor respuesta es hacer que el cliente se responda solo.

"El agente que transforma objeciones en preguntas abre la mente del cliente."

Día 176

RESPONDE CON BENEFICIOS, NO CON CARACTERÍSTICAS

Cuando aparece una objeción, muchos agentes reaccionan explicando más detalles técnicos: cláusulas, números o condiciones del producto. Sin darse cuenta, solo aumentan la confusión. Lo que realmente ayuda al cliente a decidir no es la estructura del seguro, sino entender cómo ese seguro impacta su vida. ¿Estás explicando el producto o el beneficio que representa?

Un lunes durante una videollamada, un prospecto frunció el ceño al revisar la cotización y comentó que todo lo relacionado con deducibles y redes de hospitales le parecía complicado. pero, Gabriela que habría respondido con de manera muy técnicas. Esta vez cambió el enfoque. Le dijo que, más allá de los términos, lo importante era algo simple: si su familia enfrentaba una cirugía o una emergencia, el seguro permitiría concentrarse en la recuperación y no en cómo pagar la cuenta médica. Esa imagen cambió la conversación. El prospecto dejó de pensar en la complejidad del producto y comenzó a ver el beneficio real. Las personas compran tranquilidad, no términos técnicos.

Cuando el cliente entiende cómo mejora su vida, el valor del seguro se vuelve evidente.

Acciones estratégicas a implementar

- Toma tus productos principales y escribe: **característica → beneficio**. Ej: “Cobertura de $250,000” → “Tu familia recibe $250,000 para seguir adelante si tú faltas”.
- Cuando surja una objeción, responde siempre con el beneficio, no con la cláusula.
- Usa frases simples como: “Lo que esto significa para ti es...”.

El cliente no compra pólizas, compra beneficios.

“El agente que vende beneficios transforma dudas en confianza.”

Día 177

USA LA TÉCNICA DEL "SÍ, Y ADEMÁS..."

Cuando un cliente expresa una objeción, la reacción natural de muchos agentes es corregirlo: "No, eso no es así". Ese tipo de respuesta genera choque inmediato. En cambio, cuando comienzas con "sí, y además...", validas lo que el cliente siente y luego amplías su perspectiva. ¿Qué ocurre cuando la conversación se mantiene en un tono de respeto?

Un martes por la noche en Chicago, un cliente miró la propuesta y dijo que quería pensarlo. Antes, Diego se apresuraba a insistir diciendo que no había nada que pensar. Esa presión solía cerrar la conversación. Esta vez hizo algo distinto. Reconoció primero que era normal querer reflexionar y luego añadió que ya tenían la información necesaria para proteger a su familia desde ese momento. También mencionó que el plan siempre podía ajustarse si surgía algún cambio. El cliente no se sintió presionado; sintió que su opinión era respetada.

Esto ofrece una ventaja porque la validación reduce la resistencia.

Cuando sumas a la perspectiva del cliente en lugar de contradecirla, la conversación avanza con mayor apertura.

Acciones estratégicas a implementar

- Identifica 3 objeciones frecuentes en las que sueles contradecir al cliente.
- Reescríbelas con la estructura: **"Sí, te entiendo... y además..."**.
- Practica hasta que salga natural, sin sonar mecánico.
- Ocupa esta técnica especialmente cuando el cliente trae experiencias negativas previas.

Decir "sí" abre puertas, decir "no" las cierra.

"El agente que suma valor con cada respuesta nunca pierde una venta."

Día 178

MANEJA EL SILENCIO COMO HERRAMIENTA

Muchos agentes sienten incomodidad cuando el cliente guarda silencio. En ese momento empiezan a hablar de más, a justificar el precio o incluso a reducir el valor del producto. Sin darse cuenta, debilitan su propia propuesta. El silencio bien utilizado no es vacío; es el espacio donde el cliente reflexiona y toma una decisión. ¿Puedes resistir unos segundos sin llenar ese espacio?

Daniel en Dallas, terminaba de explicar a una familia por Zoom cómo un seguro protegería sus ingresos si algo inesperado ocurría. Antes habría seguido hablando para reforzar su punto. Esta vez decidió hacer algo distinto. Terminó su explicación y preguntó con calma si lo que había dicho tenía sentido para ellos. Luego guardó silencio. Por dentro sentía la tentación de seguir hablando, pero se mantuvo tranquilo. Pasaron unos segundos. Finalmente el padre miró a su esposa y dijo que el plan tenía sentido y que querían continuar. Esto es útil porque el silencio permite que el cliente procese la información.

Un silencio bien usado puede ser el momento donde una conversación se convierte en una decisión.

Acciones estratégicas a implementar

- Responde a la objeción con calma y claridad.
- Termina con una pregunta sencilla:
- "¿Esto aclara tu duda?"
- "¿Tiene sentido para ti?"
- Guarda silencio consciente. No rellenes.
- Mantén contacto visual (o mirada a cámara) sin incomodar.

El silencio también vende.

"El agente que domina el silencio demuestra seguridad y controla la conversación."

Día 179

PREGUNTA: "¿QUÉ LE DETIENE EN ESTE MOMENTO?"

Muchas objeciones no dicen toda la verdad. Frases como "lo voy a pensar" suelen esconder algo más profundo: miedo, desconfianza o dudas económicas. Si aceptas la frase sin explorarla, la conversación termina ahí. Pero cuando preguntas con respeto qué está deteniendo al cliente, la situación cambia. ¿Qué ocurre cuando el cliente se siente escuchado?

Un viernes por la tarde en un Starbucks de Houston, Claudia terminó una presentación clara sobre un plan de protección. El cliente dijo que le gustaba, pero que prefería pensarlo. Antes, Claudia habría aceptado esa respuesta y se habría despedido. Esta vez decidió preguntar con calma qué era lo que realmente lo detenía. El cliente dudó unos segundos y finalmente confesó que había tenido una mala experiencia con otro agente y temía repetirla. En ese momento Claudia entendió que el problema no era el plan, sino la confianza. La conversación se enfocó entonces en aclarar dudas y en asegurar que el proceso sería transparente.

Esto es útil porque la pregunta correcta revela la raíz del problema.

Cuando descubres la verdadera objeción, puedes ofrecer la solución adecuada.

Acciones estratégicas a implementar

- Escucha la objeción inicial (ej. "lo voy a pensar").
- Responde con calma: "Te entiendo, y precisamente para ayudarte mejor..."
- Formula la pregunta clave: "¿Qué te detiene en este momento para tomar la decisión?"
- Escucha sin interrumpir y ataca **ese punto específico**.

La claridad revela la verdad detrás de las dudas.

"El agente que pregunta lo correcto llega al corazón de la objeción."

Día 180

NO INTENTES CERRAR EN MEDIO DE LA OBJECIÓN

Intentar cerrar cuando el cliente aún tiene dudas crea resistencia. Si la persona se siente confundida o incómoda, cualquier presión se percibe como una amenaza. Antes de pensar en la firma, el cliente necesita claridad y tranquilidad. ¿Estás intentando cerrar o estás ayudando a decidir?

Un lunes por la noche en Miami, durante una cita en casa de un prospecto, Pablo escuchó una frase que muchos agentes conocen: "Esto tengo que hablarlo con mi esposa". En el pasado habría respondido intentando acelerar la firma, lo que generaba incomodidad. Esta vez eligió otro camino. Reconoció que era una decisión familiar y propuso algo sencillo: una videollamada con ambos al día siguiente para revisar el plan juntos y responder todas las preguntas. El cliente aceptó con tranquilidad. Al día siguiente, la conversación con la pareja permitió aclarar dudas y entender mejor sus necesidades. La decisión llegó de forma natural.

Esto resulta eficaz porque la claridad elimina la presión.

Cuando primero creas claridad, el cierre llega con mucha más solidez.

Acciones estratégicas a implementar

- Detecta si la objeción es de **entendimiento**, **confianza** o **dinero**.
- Primero: escucha, valida y aclara.
- Pregunta: "¿Ahora te sientes más tranquilo con esto?"
- Solo entonces haz tu llamado a la acción:
- "Si estás de acuerdo, lo activamos hoy mismo".

Primero calma la mente, luego gana el compromiso.

"El agente que respeta el proceso de decisión conquista la venta con confianza."

Día 181

AGRADECE CADA OBJECIÓN

Una objeción no es un ataque. En realidad, es una señal de que el cliente sigue dentro de la conversación. Cuando alguien no tiene interés, simplemente dice que no y termina la reunión. Pero cuando expresa una preocupación, está tratando de entender mejor la decisión. ¿Cómo cambia la conversación cuando recibes esa objeción con apertura?

Un martes por la tarde en Los Ángeles, un prospecto miró la propuesta y dijo que el plan parecía caro para su nivel de ingresos. Antes, Valentina se habría sentido cuestionada y habría respondido justificando el precio. Esta vez reaccionó de forma distinta. Agradeció al cliente por hablar con franqueza sobre el tema del dinero. Ese gesto cambió el ambiente. El cliente dejó de sentirse incómodo y se abrió a continuar la conversación. Entonces revisaron juntos las opciones hasta encontrar un monto que protegiera a la familia sin afectar su estabilidad financiera.

Esto da sentido porque el agradecimiento convierte la tensión en diálogo.

Cuando el cliente se siente escuchado, la objeción deja de ser un obstáculo y se convierte en parte del proceso..

Acciones estratégicas a implementar

- Escucha la objeción sin interrumpir.
- Agradece con una frase breve y sincera:
- "Gracias por decirlo tan claro".
- "Te agradezco que lo menciones".
- Luego sí, aclara, pregunta o propone una alternativa.
- Mantén un tono tranquilo, sin sarcasmo.

Cada objeción es una señal de interés.

"El agente que agradece cada objeción transforma el 'no' en diálogo."

Día 182

USA EVIDENCIA SOCIAL

Cuando un cliente duda, no basta con decir que el plan es bueno. Las personas toman decisiones con más seguridad cuando ven que otros en situaciones parecidas ya lo hicieron y obtuvieron resultados. La evidencia social —testimonios, historias y casos reales— ayuda al cliente a imaginarse en ese mismo escenario. ¿Qué ocurre cuando descubre que alguien como él ya pasó por esa decisión?

Un miércoles por la tarde, durante una videollamada entre Chicago y New Jersey, un prospecto expresó que no estaba seguro de que el plan fuera adecuado para él. Sergio no respondió con argumentos técnicos. En cambio, compartió el caso de una clienta latina en Miami que había contratado ese mismo plan un año antes. Explicó cómo el seguro cubrió una cirugía costosa cuando surgió una emergencia inesperada. Mostró un testimonio breve y luego preguntó si al cliente también le gustaría tener esa tranquilidad ante una situación similar. La historia permitió que el prospecto viera el beneficio de forma concreta.

Cuando un cliente ve que otros ya confiaron y salieron beneficiados, la decisión se siente más segura.

Acciones estratégicas a implementar

- Recopila testimonios reales (escritos, audios o anécdotas) de tus mejores casos.
- Clasifícalos por tipo de cliente: familias jóvenes, dueños de negocio, trabajadores independientes, etc.
- Durante la cita, comparte el testimonio que más se parezca a la realidad del prospecto.
- Mantén los testimonios **breves y concretos**.

La voz de otros valida tu promesa.

"El agente que usa evidencia social convierte dudas en confianza sólida."

183

OFRECE OPCIONES DE PAGO

Muchas objeciones que parecen económicas en realidad no lo son. Cuando un cliente dice que no puede pagarlo, a menudo no significa que el seguro no tenga valor para él. Significa que la forma o el momento del pago no encaja con su realidad. ¿Estás escuchando el motivo exacto detrás de esa frase?

Un jueves por la tarde en Orlando, durante una cita por Zoom, un cliente revisó la propuesta y comentó que le gustaba el plan, pero que no podía pagarlo en ese momento. Antes, Karina habría dado la conversación por terminada. Esta vez decidió profundizar un poco más. Preguntó si la dificultad estaba en el monto mensual, en el pago inicial o en la forma de cobro. El cliente explicó que el problema era pagar todo el año de una sola vez. Al aclararlo, la solución apareció fácilmente. Karina le mostró que podía elegir un pago mensual o trimestral sin cambiar la protección del plan.

Esto se basa en que adaptar la forma de pago reduce la barrera percibida.

Cuando ajustas el formato del pago, muchas objeciones desaparecen sin reducir el valor del producto.

Acciones estratégicas a implementar

- Identifica qué esquemas de pago ofrece tu compañía (mensual, trimestral, anual, débito automático, etc.).
- Siempre presenta **al menos dos opciones** de pago.
- Cuando oigas "no puedo pagarlo", pregunta:
- "¿Te refieres a la forma de pago o al monto?".
- Ajusta el formato antes de pensar en bajar la cobertura.

El precio es flexible; la protección es invaluable.

"El agente que da opciones abre puertas al compromiso financiero."

Día 184

USA COMPARACIONES CLARAS

Cuando un cliente dice que el seguro está caro, muchas veces lo está comparando con nada. En su mente no hay referencia concreta, solo un número aislado. Tu trabajo es ayudarlo a comparar ese costo con algo que ya forma parte de su vida diaria. ¿Qué sucede cuando el cliente ve el valor en términos que entiende?

Después de revisar la propuesta, un cliente en Chicago comentó que noventa dólares al mes le parecía mucho. Enrique no discutió el precio. En lugar de eso, hizo una pregunta simple sobre cuánto gastaba la familia en una salida a cenar. El cliente respondió que fácilmente podía gastar una cantidad similar en una sola noche. Entonces Enrique explicó que el seguro costaba lo mismo que esa salida, pero ofrecía protección durante todo el mes. La comparación cambió la perspectiva. El cliente dejó de ver el número aislado y comenzó a relacionarlo con algo cotidiano. Esto logra su propósito porque las comparaciones convierten el precio en algo comprensible. Cuando el cliente entiende el costo en su propia realidad, el valor se vuelve evidente.

Acciones estratégicas a implementar

- Identifica 3 gastos típicos de tus clientes: salidas a comer, suscripciones, compras impulsivas, etc.
- Prepara comparaciones simples: "Cuesta menos que ___ al mes". "Equivale a ___ al día".
- En objeciones de precio, usa una comparación que el cliente conozca bien.
- Cierra con una frase que contraste: "Esto se acaba hoy, esta protección se queda todo el año".

El cliente entiende mejor cuando lo llevas a su realidad.

"El agente que compara con lo cotidiano muestra el verdadero valor del seguro."

Día 185

PREGUNTA: "¿QUÉ PASARÍA SI NO LO TUVIERA?"

Cuando un cliente dice que no está seguro de necesitar el seguro, muchas veces no está rechazando la idea; simplemente no ha visualizado el riesgo real. Repetir beneficios técnicos rara vez cambia esa percepción. En cambio, una pregunta bien formulada puede llevarlo a reflexionar sobre su propia realidad. ¿Qué pasaría si el cliente se detiene a imaginar el impacto en su familia?

Samuel estaba reunido una noche en Houston, con una pareja joven que tenía dos niños pequeños. El padre comentó que no estaba seguro de que el seguro fuera necesario. En lugar de explicar otra vez el producto, Samuel hizo una pregunta sencilla: qué ocurriría económicamente con la familia si él faltara. La conversación cambió de inmediato. El silencio que siguió permitió que la pareja pensara en su situación real. A partir de ese momento hablaron de protección, estabilidad y tranquilidad para los hijos. Esto resulta eficaz porque la pregunta correcta conecta el seguro con la vida del cliente.

Cuando el cliente visualiza el riesgo, la importancia de la protección se vuelve evidente.

Acciones estratégicas a implementar

- Escucha cuando el cliente diga frases como: "No sé si lo necesito", "No lo veo tan importante".
- Responde: "Te entiendo, déjame preguntarte algo con toda sinceridad..."
- Formula tu versión de la pregunta: "¿Qué pasaría si...?" aplicada a su familia, ingresos o negocio.
- Haz silencio y permite que el cliente imagine la escena.

El valor del seguro se ve más claro cuando el cliente imagina la **ausencia** de protección.

"El agente que plantea la ausencia del seguro despierta conciencia inmediata."

Día 186

RESUME LO QUE DIJO EL CLIENTE

Cuando un cliente plantea una objeción, muchos agentes reaccionan intentando corregirla de inmediato. El problema es que el cliente aún no se siente comprendido. Antes de explicar, es mejor demostrar que escuchaste con atención. Resumir lo que dijo el cliente crea un puente de confianza. ¿Qué ocurre cuando el cliente siente que realmente lo entendiste?

Un lunes por la mañana en Chicago, un cliente expresó una preocupación clara: temía que el seguro no cubriera todo y terminar con una sorpresa desagradable. En otro momento, Diego habría respondido de inmediato defendiendo el plan. Esta vez hizo algo diferente. Repitió la idea central del cliente para confirmar que la había entendido correctamente. El cliente asintió. En ese instante la tensión desapareció. Al sentirse escuchado, estuvo más dispuesto a escuchar también la explicación del agente sobre cómo funcionaba la cobertura y cuáles eran sus límites. Esto produce resultados porque la comprensión reduce la resistencia.

Confirma que lo entendiste antes de explicar tu respuesta. Cuando el cliente se siente comprendido, tu explicación llega con mucha más apertura.

Acciones estratégicas a implementar

- Escucha la objeción sin interrumpir.
- Resume con tus palabras:
- "Lo que te preocupa es..."
- "Si entiendo bien, lo que temes es..."
- Pregunta: "¿Es correcto?"
- Solo después de que el cliente confirme, responde con claridad.

  El cliente confía más en quien demuestra haberlo entendido.

"El agente que resume escucha con el corazón y responde con claridad."

Día 187

REENCUADRA LA OBJECIÓN COMO OPORTUNIDAD

La misma frase del cliente puede convertirse en un muro o en una puerta. Todo depende de cómo la interpretas. Cuando un prospecto menciona algo que parece cerrar la oportunidad, tu tarea no es contradecirlo, sino cambiar el enfoque. ¿Qué pasaría si esa objeción se transformara en el punto de partida para profundizar?

Un viernes por la tarde en un cowork de Miami, un prospecto comentó que ya tenía un seguro con otra compañía. Antes, Lisset habría interpretado esa frase como el final de la conversación. Esta vez reaccionó de otra forma. Reconoció primero que tener un seguro mostraba responsabilidad hacia su familia. Luego planteó la posibilidad de revisar si esa protección seguía siendo la mejor opción para su situación actual. El tono cambió inmediatamente. Lo que parecía una negativa se convirtió en una revisión constructiva. Al analizar la póliza existente, encontraron espacios donde la cobertura podía fortalecerse.

Esto funciona gracias a que el cliente siente que su decisión previa es respetada. Practica responder destacando primero lo positivo de la situación. Cuando cambias el enfoque, una objeción puede convertirse en una oportunidad para aportar más valor.

Acciones estratégicas a implementar

- Identifica la objeción.
- Encuentra el lado positivo detrás de esa frase.
- Responde usando ese ángulo a tu favor.
- Conecta con un beneficio directo para el cliente.

El secreto está en cambiar la perspectiva, no la objeción.

"El agente que reencuadra transforma resistencia en impulso."

Día 188

NO LO TOMES PERSONAL

Cuando un cliente expresa una objeción fuerte, muchos agentes reaccionan como si fuera un ataque directo. Esa reacción suele llevar a discusiones innecesarias y a respuestas defensivas. No tomes la objeción como algo personal, en realidad, la objeción casi siempre está dirigida a una idea, a una experiencia pasada o a algo que el cliente escuchó. ¿Qué cambia cuando decides no tomártelo como algo personal?

En Los Ángeles, Miguel recibió una llamada mientras estaba en su auto. El cliente dijo con firmeza que los seguros eran una pérdida de dinero. En el pasado, Miguel habría intentado defenderse o convencerlo de inmediato. Esta vez respiró y pensó que esa reacción probablemente venía de alguna experiencia negativa. En lugar de discutir, preguntó qué había ocurrido para que el cliente pensara así. El cliente entonces contó la historia de un familiar que no recibió el pago que esperaba. A partir de ahí, Miguel pudo explicar con calma cómo funcionaban realmente las coberturas y qué diferencias existían. Esto da resultado porque comprender la raíz de la objeción abre la conversación.

Cuando mantienes la calma, puedes convertir una reacción negativa en una conversación productiva.

Acciones estratégicas a implementar

- Separa mentalmente: "Esto no es sobre mí, es sobre lo que el cliente piensa o vivió".
- Respira profundo antes de responder.
- Haz una pregunta para entender el origen de su opinión.
- Responde con datos, historias y beneficios, no con ego.

La objeción es contra la idea, no contra ti.

"El agente que no se lo toma personal mantiene el poder en la venta."

Día 189

NO INVENTES RESPUESTAS

En una conversación de ventas, puede aparecer una pregunta para la cual no tienes la respuesta inmediata. En ese momento muchos agentes sienten la presión de contestar algo rápido para no perder la oportunidad. Sin embargo, una respuesta improvisada puede dañar la confianza. ¿Qué impresión genera un profesional que reconoce con claridad cuando necesita confirmar un dato?

Una mañana en Chicago, durante una reunión en una cafetería, un cliente preguntó si cierto seguro cubría enfermedades preexistentes desde el primer día. Laura sabía que la respuesta dependía de condiciones específicas. En lugar de adivinar, prefirió ser transparente. Explicó que quería confirmar la información con la compañía antes de responder. El cliente valoró esa honestidad. Más tarde, Laura envió la explicación correcta acompañada del documento oficial. La decisión se tomó con tranquilidad porque el cliente sintió que estaba tratando con alguien confiable.

Esto es útil porque la transparencia refuerza tu credibilidad. La honestidad construye confianza. Comprométete a responder siempre con datos verificados. Cuando priorizas la verdad sobre la improvisación, construyes relaciones que duran mucho más que una sola venta.

Acciones estratégicas a implementar

- Acepta que no tienes por qué saberlo todo en el momento.
- Usa frases como: "Buena pregunta, quiero asegurarte la respuesta exacta".
- Comprométete con un plazo claro: "Te lo confirmo hoy antes de las 6 p. m.".
- Da seguimiento puntual y registra esa información para futuras citas.

La transparencia siempre vende más que la improvisación.

"El agente honesto gana clientes para toda la vida."

CIERRA SIEMPRE CON UNA PREGUNTA DE CONTROL

Responder una objeción no significa que el cliente ya esté convencido. Muchas veces el agente explica y continúa la conversación sin confirmar si la preocupación realmente desapareció. Avanzar así es como caminar a oscuras. Una simple pregunta de verificación puede mostrar si el cliente ya tiene claridad o si todavía queda algo pendiente. ¿Sabes cuándo la conversación está lista para avanzar?

Un sábado por la mañana en Houston, durante una llamada desde su oficina en casa, Andrés escuchó la duda de un prospecto que no estaba seguro de que el seguro funcionara cuando realmente lo necesitara. Andrés explicó con calma cómo se procesan los reclamos y mencionó ejemplos de pagos realizados. Antes habría terminado ahí. Esta vez añadió una pregunta sencilla para comprobar si su explicación había sido suficiente. El cliente respondió que ahora entendía mejor cómo funcionaba el proceso. Esa respuesta fue la señal que Andrés necesitaba para continuar la conversación hacia el siguiente paso.

Esto funciona gracias a que la confirmación asegura que el cliente está listo para avanzar. Verifica si la objeción quedó resuelta. Cuando confirmas la claridad del cliente, el cierre llega con mayor naturalidad.

Acciones estratégicas a implementar

- Responde la objeción con calma.
- Lanza una pregunta de control: “¿Esto aclara tu duda?” “¿Hay algo más que te preocupe de este punto?”
- Escucha la respuesta con atención.
- Si está aclarado, haz tu llamado a la acción.

Quien pregunta controla la conversación.

“El agente que confirma cada paso avanza firme hacia el cierre.”

Día 191

PIDE LA VENTA CON NATURALIDAD

Muchos agentes hacen una gran presentación, responden objeciones y explican cada detalle... pero al final no piden la venta. Terminan con frases abiertas como "piénsalo y me avisas". El problema es que la decisión queda flotando y la mayoría de las veces se pierde. El cliente espera que alguien guíe el siguiente paso. ¿Estás liderando la conversación o la estás dejando en pausa?

Un jueves por la tarde en una panadería latina de Miami, Andrés terminó su presentación. El cliente había entendido las coberturas y estaba de acuerdo con los beneficios. Antes, Andrés habría terminado la reunión con un "avísame". Esta vez decidió cerrar de forma natural. Resumió brevemente lo que habían revisado y planteó una elección simple entre dos opciones del plan. La pregunta no presionaba; solo pedía una decisión clara. El cliente revisó la tabla unos segundos y eligió la opción más completa. Esto ofrece una ventaja porque las personas suelen responder mejor cuando el camino está claro. Pide la decisión con claridad

Cuando guías el momento final con seguridad, la conversación avanza hacia la acción.

Acciones estratégicas a implementar

- Asegúrate de haber explicado y respondido objeciones clave.
- Formula una pregunta de cierre clara y sencilla:
- "¿Con cuál opción te gustaría empezar hoy?"
- "¿Te parece si lo dejamos listo hoy mismo?"
- Guarda silencio y espera la respuesta.
- Si el cliente duda, vuelve a una pregunta de control o a su motivo principal.

  El cliente no decide solo, espera tu guía.

"El agente que pide con naturalidad abre la puerta al sí."

Día 192

USA EL CIERRE POR OPCIONES

Cuando preguntas "¿sí o no?", el cliente puede sentir presión o buscar una salida fácil. En cambio, cuando presentas dos opciones claras, mantienes la conversación en movimiento y el cliente siente que tiene el control de la elección. No se trata de presionar, sino de facilitar la decisión. ¿Cómo cambia la respuesta cuando la pregunta invita a elegir en lugar de aceptar o rechazar?

Un martes por la tarde en un Starbucks de Miami, Karina estaba frente a una pareja de recién casados. Habían revisado la información, resuelto dudas y ambos parecían convencidos, pero el silencio llenaba la mesa. Antes, Karina habría terminado la reunión dejando la decisión en el aire. Esta vez decidió formular una pregunta diferente. En lugar de preguntar si querían el seguro, les pidió elegir entre comenzar con un plan individual o uno familiar. La pareja se miró unos segundos y finalmente eligió la opción familiar. Esto permite avanzar porque elegir entre opciones es más natural que decidir entre sí o no.

Guía la decisión ofreciendo opciones Cuando el cliente siente que elige, la conversación avanza sin presión.

Acciones estratégicas a implementar

- Define **dos opciones** claras para cada plan (ej. estándar / premium, individual / familiar).
- Presenta ambas como buenas, pero resalta la que más le conviene al cliente.
- Lanza la pregunta de cierre por opciones: "¿Prefieres iniciar con ___ o con ___?".
- Guarda silencio y espera la respuesta.

  El poder está en cómo formulas la pregunta.

"El agente que ofrece opciones guía sin imponer."

Día 193

USA EL CIERRE POR URGENCIA

Muchos clientes dicen que quieren pensarlo, no porque estén en contra del seguro, sino porque posponen la decisión. El problema es que algunas oportunidades tienen condiciones que cambian con el tiempo: edad, tarifas o beneficios disponibles. Cuando esa información se explica con honestidad, el cliente puede evaluar si conviene decidir ahora. ¿Estás mostrando con claridad las consecuencias de esperar?

Un jueves por la noche en Houston, José había terminado de presentar un plan de vida. El cliente comentó que quería pensarlo unos días. En el pasado, José habría terminado la reunión esperando un mensaje que casi nunca llegaba. Esta vez mencionó algo importante: la prima preferencial que estaban viendo tenía vigencia solo hasta esa semana. Si se activaba el plan ese día, el cliente mantenía ese precio de forma permanente; si esperaba, la tabla de tarifas podría cambiar. Después de escuchar esto, el cliente revisó la información y decidió avanzar. Esto ofrece una ventaja porque la urgencia basada en hechos ayuda a tomar decisiones informadas.

Explica la urgencia cuando es real. Cuando el cliente entiende el momento de la decisión, la postergación pierde sentido.

Acciones estratégicas a implementar

- Identifica **urgencias reales**: cambios de tarifa, promociones, edad del cliente, fechas límite.
- Comunícalas con claridad y sin exagerar.
- Conecta la urgencia con el beneficio del cliente.
- Cierra con una pregunta directa: "¿Te parece si lo dejamos resuelto hoy para asegurar este beneficio?".

  El tiempo perdido no regresa, y el cliente lo sabe.

"El agente que domina la urgencia convierte dudas en acción."

Día 194

CIERRA POR BENEFICIO PRINCIPAL

Cada cliente llega a una reunión con una razón personal para considerar el seguro. Puede ser proteger a sus hijos, cuidar a sus padres o asegurar la estabilidad de su negocio. Cuando aparece la duda al final de la conversación, el cierre más poderoso no es técnico; es recordar ese motivo que el propio cliente expresó. ¿Qué ocurre cuando la decisión vuelve a conectarse con lo que realmente le importa?

Un lunes por la tarde en Chicago, durante la primera parte de una reunión, un padre mencionó que su mayor preocupación era que su hija pequeña estuviera protegida si algo llegaba a ocurrirle. Más tarde, al momento de decidir, comenzó a dudar y habló de esperar unos meses. En lugar de explicar nuevamente precios o beneficios técnicos, Andrea recordó las palabras que él mismo había dicho al inicio. Le señaló que el plan que estaban revisando respondía exactamente a esa prioridad que había compartido. Esto es útil porque las decisiones importantes se conectan con valores, no solo con cifras.

Vuelve al motivo principal del cliente. Cuando el cierre se conecta con la prioridad del cliente, la decisión se siente coherente y natural.

Acciones estratégicas a implementar

- Durante la conversación, identifica y anota su prioridad clave (familia, negocio, salud, retiro).
- Repite sus propias palabras al momento del cierre.
- Muestra cómo tu plan cumple justo ese deseo.
- Haz la pregunta: "¿Te gustaría dejar esto resuelto hoy para lograr eso que tú mismo dijiste que es lo más importante?".

El cierre más fuerte se apoya en lo más importante para el cliente.

"El agente que conecta con lo esencial toca el corazón del cliente."

Día 195

USA EL SILENCIO COMO HERRAMIENTA

Muchos agentes hacen todo bien hasta el último momento. Presentan el plan, responden objeciones y finalmente piden la decisión. Pero cuando llega el silencio, sienten incomodidad y comienzan a hablar otra vez. Sin darse cuenta, agregan argumentos innecesarios o debilitan lo que ya estaba claro. ¿Qué ocurre cuando decides confiar en el proceso y guardar silencio?

Un miércoles por la tarde, durante una videollamada desde Los Ángeles, Camilo terminó de explicar el plan y preguntó si el cliente quería iniciarlo ese mismo día. En el pasado, ese silencio lo ponía nervioso. Empezaba a añadir más explicaciones sobre inflación, beneficios o urgencia. El cliente se saturaba y pedía tiempo para pensarlo. Esta vez hizo algo distinto: terminó la pregunta y se quedó en silencio. Contó unos segundos mientras el cliente revisaba la información. Ese pequeño espacio permitió que el prospecto procesara la decisión con calma. Esto genera valor porque el silencio transmite seguridad.

Después del cierre, deja espacio para el silencio. A veces, la mejor herramienta para cerrar una venta es saber cuándo dejar de hablar..

Acciones estratégicas a implementar

- Pide el cierre con una frase clara.
- Cierra la boca. Literalmente.
- Mantén contacto visual (o mirada a la cámara en videollamada).
- Cuenta mentalmente hasta 7–10 si es necesario.

  El silencio también vende.

"El agente que domina el silencio transmite confianza absoluta."

Día 196

CIERRE POR PRUEBA SOCIAL

Las personas se sienten más seguras cuando descubren que otros en una situación parecida ya dieron el mismo paso. Esa es la fuerza de la prueba social. Cuando un cliente ve que no es el primero en confiar en una solución, su nivel de seguridad aumenta. ¿Cómo cambia la percepción cuando el cliente entiende que no está solo en esa decisión?

Un viernes al mediodía en un restaurante latino de Chicago, Álvaro conversaba con la dueña de un salón de belleza. Ella tenía interés, pero también dudas sobre si ese plan realmente era para su situación. En lugar de repetir características del producto, Álvaro mencionó algo que ya formaba parte de su experiencia: en la misma zona trabajaba con varios dueños de negocios latinos que habían tomado esa decisión para proteger sus ingresos y a sus familias. Explicó que el plan que estaba presentando era el mismo que ellos ya utilizaban. Esto logra su propósito porque la prueba social reduce la incertidumbre.

Muestra que otros ya tomaron la decisión. Cuando el cliente ve que otros como él ya confiaron, la decisión se siente mucho más segura..

Acciones estratégicas a implementar

- Reúne datos reales: número de familias, negocios o perfiles similares que ya atiendes.
- Llévalos a la conversación en frases cortas: "Otros como tú...".
- Conecta la prueba social con el cierre:
- "¿Te gustaría ser parte de ese grupo que ya está protegido?".
- No inventes cifras: la credibilidad es tu activo.

  La gente se siente segura cuando no decide sola.

"El agente que demuestra que otros ya confiaron abre la puerta al sí."

CIERRE POR ELIMINACIÓN DE RIESGO

Muchos clientes no dicen "no" al seguro; dicen "y si después me arrepiento". Ese temor a equivocarse frena la decisión. Cuando explicas una garantía o periodo de revisión, el cliente entiende que no está tomando un salto sin red. ¿Qué pasa cuando sabe que puede evaluar la decisión con calma?

Un sábado por la mañana en Houston, durante una llamada desde su oficina en casa, Esteban escuchó a un prospecto expresar exactamente ese temor. El cliente tenía miedo de pagar y luego sentir que había tomado la decisión equivocada. En lugar de insistir con más argumentos, Esteban explicó que el plan incluía un periodo de revisión de treinta días. Durante ese tiempo el cliente podía leer la póliza con tranquilidad y, si no estaba conforme, cancelarla según las políticas de la compañía. Al escuchar eso, el cliente se relajó. La presión desapareció porque entendió que tenía margen para revisar su decisión.

Esto se basa en que una garantía reduce la sensación de riesgo.

R educe el miedo con una garantía clara . Cuando el cliente siente que tiene una red de seguridad, decir sí resulta mucho más fácil.

Acciones estratégicas a implementar

- Pregunta a tu compañía qué garantías o periodos de revisión ofrece.
- Explica esa garantía en lenguaje simple.
- Conecta la garantía con el cierre:
- "Con esta garantía, ¿te parece si activamos hoy tu protección?".
- Asegúrate de cumplir siempre lo que prometes.

  La confianza crece cuando el riesgo desaparece.

"El agente que elimina el riesgo abre paso a la decisión sin miedo."

Día 198

CIERRE POR RECIPROCIDAD

Cuando una reunión ha sido útil para el cliente —porque recibió claridad, comparaciones honestas y respuestas a sus dudas— se crea un ambiente natural de confianza. En ese momento, el cierre no se siente como presión; se siente como el paso lógico después de una buena asesoría. ¿Qué ocurre cuando el cliente percibe que realmente lo ayudaste a entender?

Un lunes por la noche, en una reunión por Zoom entre Miami y Nueva Jersey, Carla llevaba casi una hora explicando opciones, resolviendo preguntas y comparando planes. El cliente comentó que nadie le había explicado el tema con tanta claridad. En lugar de esperar pasivamente una decisión, Carla conectó ese comentario con el siguiente paso. Señaló que ya habían avanzado bastante y preguntó si tenía sentido aprovechar ese trabajo para dejar la protección activa ese mismo día. Esto da sentido porque el cliente percibe coherencia entre la ayuda recibida y la decisión final.

Cuando la conversación se construye sobre servicio genuino, el cierre se vuelve una consecuencia natural y cierra apoyándote en el valor que ya diste.

Acciones estratégicas a implementar

- Da valor real antes de pedir: claridad, comparaciones, ejemplos, historias.
- Haz consciente ese valor al final: "Hoy ya ganaste esto, esto y esto...".
- Conecta la reciprocidad con el cierre: "¿Te parece que lo dejemos resuelto hoy mismo?".
- Agradece siempre la confianza, cierren o no.

Dar primero es la llave para recibir después.

"El agente que siembra valor cosecha decisiones."

Día 199

CIERRE POR COMPROMISO PREVIO

Durante una conversación de ventas, el cliente suele revelar lo que realmente le importa: su familia, su tranquilidad o la estabilidad de su negocio. Esas palabras tienen un valor especial porque reflejan su propia prioridad. Cuando llega el momento de decidir, recordar ese compromiso previo ayuda a que la decisión sea coherente con lo que él mismo expresó. ¿Qué ocurre cuando el cliente escucha nuevamente su propia motivación?

Una noche. Arturo le dijo a Rafael que lo más importante para él era que a sus dos niños nunca les faltara nada. Después de revisar coberturas y números, apareció la duda: pensaba esperar algunos meses antes de tomar la decisión. En lugar de discutir el precio, Rafael volvió a ese comentario inicial. Le recordó con respeto cuál había sido su prioridad desde el comienzo y explicó que el plan era la herramienta para cumplir exactamente con ese objetivo. Esto funciona porque las personas buscan actuar de forma coherente con lo que ya dijeron.

Cuando el cierre se apoya en las propias palabras del cliente, la decisión se siente natural y consistente. Cierra usando las propias palabras del cliente.

Acciones estratégicas a implementar

- Durante la cita, anota textualmente las frases clave del cliente: "Lo más importante para mí es...".
- Subráyalas en tu libreta o CRM: serán tu munición de cierre.
- Al final, repite con respeto sus propias palabras.
- Haz una pregunta clara: "¿Te gustaría que hoy tus acciones estén alineadas con lo que tú mismo dijiste que es prioridad?".

  El cliente busca ser coherente con lo que ya expresó.

"El agente que recuerda compromisos despierta coherencia en la acción."

CIERRE POR CELEBRACIÓN FUTURA

Muchas decisiones no se toman por falta de información, sino por miedo a equivocarse. En esos momentos, insistir con más datos rara vez ayuda. Lo que realmente mueve al cliente es imaginar cómo se sentirá cuando el problema ya esté resuelto. ¿Qué pasaría si pudiera verse a sí mismo disfrutando la tranquilidad que esa decisión trae?

Un viernes por la noche, en una videollamada entre Miami y Orlando, Sandra entendía el plan, pero dudaba. Como madre soltera, temía tomar una decisión equivocada. Mateo, en lugar de repetir cifras o coberturas, la invitó a imaginar algo simple: llegar a la noche sabiendo que la protección para su hijo ya estaba asegurada. Le pidió que pensara cómo dormiría esa noche con esa preocupación resuelta. Sandra guardó silencio unos segundos y reconoció que dormiría con más calma. En ese momento la conversación dejó de girar alrededor del producto y se centró en la tranquilidad que buscaba. Esto se sostiene en que las personas toman decisiones alineadas con cómo quieren sentirse.

Cuando el cliente visualiza la tranquilidad futura, el paso hacia el "sí" se vuelve natural. Haz que el cliente lo imagine.

Acciones estratégicas a implementar

- Identifica qué emoción domina al cliente: tranquilidad, orgullo, seguridad, amor.
- Haz una pregunta que lo lleve a imaginar el futuro resuelto.
- Escucha su respuesta sin interrumpir.
- Conecta de inmediato: "Si eso es lo que quieres sentir, démosle forma hoy".

  El futuro positivo inspira decisiones presentes.

"El agente que pinta el mañana asegura el sí de hoy."

CIERRE POR COMPARACIÓN POSITIVA

Cuando el cliente escucha el precio del seguro como un número aislado, puede parecer alto. Pero cuando ese número se compara con gastos cotidianos, el valor se vuelve más fácil de entender. Las personas toman decisiones todos los días sobre dinero; solo necesitan un punto de referencia claro. ¿Qué ocurre cuando el costo del seguro se pone al lado de algo familiar?

En una lonchera latina de Chicago, Juan, dueño de un food truck, escuchó que el plan costaba noventa dólares al mes. Su reacción inmediata fue que era mucho. Antes, la agente Lucero habría intentado defender el precio. Esta vez eligió otra estrategia. Le preguntó cuánto gastaba una familia promedio cuando comía allí. Juan respondió que fácilmente podía superar los sesenta dólares. Entonces Lucero comparó ese gasto con el costo del plan: por poco más que un almuerzo adicional al mes, su familia tendría protección si algo le ocurría. Esto genera valor porque la comparación convierte el precio en algo comprensible.

Haz visible el costo con comparaciones reales. Cuando el cliente ve el costo en su propia realidad, el valor del seguro se vuelve evidente.

Acciones estratégicas a implementar

- Identifica gastos comunes de tu cliente: cafés, salidas, apps, comida fuera.
- Traduce la prima mensual del seguro a esas equivalencias: "Es como X al mes".
- Formula la comparación de forma respetuosa, sin juzgar.
- Cierra con una pregunta: "¿Vale la pena este intercambio para la protección que estás recibiendo?".

El valor se entiende mejor cuando se compara con lo cotidiano.

"El agente que simplifica el costo revela la grandeza del valor."

CIERRE POR REPETICIÓN DE BENEFICIOS

Cuando una conversación se llena de detalles técnicos, el cliente puede sentirse saturado. En lugar de ayudar, más información puede generar confusión. En esos momentos, lo más poderoso es simplificar. Un resumen claro de los beneficios principales le permite ver la película completa: qué gana hoy, qué gana mañana y qué gana su familia. ¿Qué ocurre cuando el mensaje vuelve a lo esencial?

Un martes por la tarde en una oficina de Miami, Nora notó que su cliente estaba perdiéndose entre números y condiciones. Él mismo lo dijo: eran demasiados detalles. Antes, Nora habría seguido explicando más cosas. Esta vez hizo lo contrario. Se detuvo y resumió el plan en tres beneficios claros: la protección económica inmediata para su familia, la seguridad de mantener su estilo de vida si algo ocurría y una prima estable basada en su edad actual. De pronto la información dejó de ser compleja y se volvió comprensible. Esto cobra sentido porque el cerebro decide mejor cuando la información está ordenada.

Resume los tres beneficios que realmente importan. Cuando el cliente entiende lo esencial, la decisión se vuelve mucho más clara.

Acciones estratégicas a implementar

- Define los **3 beneficios principales** de tu producto estrella.
- Memorízalos y repítelos siempre igual.
- Úsalos justo antes de pedir el cierre.
- Formula tu pregunta final:
- "Teniendo claros estos tres beneficios, ¿te parece si activamos tu protección hoy?".

  La claridad repetida conduce a la decisión segura.

"El agente que recuerda beneficios abre camino a la acción."

CIERRE POR RESUMEN DE LA CONVERSACIÓN

Un buen cierre no aparece de repente. Es la conclusión natural de todo lo que ya se habló. Cuando resumes lo que el cliente dijo, lo que revisaron juntos y cómo el plan responde a su situación, la decisión deja de sentirse impulsiva. Se vuelve lógica. ¿Qué ocurre cuando el cliente escucha su propia historia organizada frente a él?

Un jueves por la mañana en un cowork de Chicago, Pedro llevaba casi cuarenta minutos conversando con María sobre su familia, sus ingresos y sus preocupaciones. Habían revisado números y opciones, pero ella aún se veía pensativa. En lugar de dejar la decisión en el aire, Pedro hizo algo simple: resumió la conversación. Recordó que su prioridad eran sus hijos, mencionó que habían analizado su presupuesto y explicó que el plan que tenían frente a ellos respondía exactamente a esa necesidad. Después de escuchar el resumen, María sintió que todo encajaba. Esto resulta eficaz porque el resumen ordena la decisión.

Cierra conectando todos los puntos. Cuando el cliente ve cómo todo encaja, decir "sí" se siente como la conclusión natural de la conversación.

Acciones estratégicas a implementar

- Toma notas durante la cita: miedos, metas, cifras y objeciones.
- Antes de cerrar, resume en 3–4 frases máximas lo más importante.
- Conecta el resumen con tu recomendación.
- Cierra con una pregunta natural: "Con todo esto, ¿te parece que lo dejemos resuelto hoy?".

  Resumir con claridad conduce a una conclusión natural.

"El agente que resume conecta los puntos hacia el sí."

Día 204

CIERRE CON TESTIMONIO REAL

Los datos informan, pero las historias convencen. Cuando un cliente escucha la experiencia de alguien parecido a él, el seguro deja de ser un concepto abstracto y se convierte en algo real. La combinación de prueba social y emoción permite que el prospecto se vea reflejado en la situación. ¿Qué ocurre cuando el cliente imagina que podría estar en esa misma historia?

Un sábado por la tarde en Los Ángeles, Leo escuchó a un prospecto decir que todo sonaba bien, pero que aún dudaba de si realmente valía la pena. En lugar de repetir argumentos, decidió contar una experiencia breve. Habló de un cliente latino, también padre de familia y trabajador independiente, que había contratado ese mismo plan. Meses después sufrió un accidente que lo dejó sin poder trabajar durante un tiempo. Gracias al seguro, su familia pudo cubrir gastos básicos sin endeudarse mientras él se recuperaba. Leo terminó la historia y dejó unos segundos de silencio. Esto logra su propósito porque las personas confían más en ejemplos reales que en explicaciones teóricas.

Usa historias reales para reforzar la decisión. Cuando el cliente se ve reflejado en la historia de otro, la decisión se vuelve mucho más cercana.

Acciones estratégicas a implementar

- Haz una lista de casos reales donde el seguro haya ayudado a tus clientes.
- Escribe cada historia en máximo 1 minuto de narración.
- Cuéntala justo antes de pedir el cierre.
- Respeta la confidencialidad: no des nombres completos si no tienes permiso.

Lo vivido por otros abre el camino a la confianza.

"El agente que comparte historias despierta certezas."

CIERRE POR VALIDACIÓN PROFESIONAL

Cuando un cliente está evaluando un seguro, no solo analiza el producto. También evalúa a la persona que lo asesora. Saber que está frente a alguien serio, con experiencia y compromiso a largo plazo reduce su miedo a equivocarse. Mostrar credenciales y trayectoria no es presumir; es darle al cliente tranquilidad. ¿Qué cambia cuando el cliente percibe que está en manos de un profesional?

Un lunes por la tarde en Miami, durante una reunión en una oficina de contabilidad, un cliente escuchó la explicación del plan y luego hizo una pregunta directa: cuánto tiempo llevaba Sofía trabajando en seguros. Comentó que había conocido agentes que desaparecían después de algunos meses. En lugar de reaccionar a la defensiva, Sofía respondió con hechos claros. Explicó los años que llevaba asesorando a familias en la ciudad, mencionó sus certificaciones y dejó claro que su trabajo incluía acompañar a los clientes después de la venta. Esto se basa en que la confianza se construye con evidencia.

Demuestra experiencia para generar confianza. Cuando el cliente percibe preparación y compromiso, la decisión de avanzar se vuelve mucho más segura.

Acciones estratégicas a implementar

- Haz una lista de tus credenciales: años de experiencia, certificaciones, reconocimientos, especialidades.
- Elige 2–3 datos clave para mencionar al momento del cierre.
- Inclúyelos en tu firma de correo, tarjetas y presentaciones.
- Úsalos con un tono humilde pero firme: "Esto es lo que me respalda para asesorarte bien".

"El agente que valida su experiencia transmite seguridad total."

CIERRE POR AHORRO FUTURO

Muchos clientes no rechazan el seguro; simplemente lo posponen. El problema es que el tiempo también tiene precio. Cada año que pasa aumenta la edad, cambian las primas y algunas opciones pueden desaparecer. Cuando el cliente ve con números simples cuánto le costará esperar, la decisión deja de ser emocional y se vuelve lógica. ¿Qué ocurre cuando el costo de no decidir se vuelve visible?

Un martes por la tarde en un Starbucks de Houston, Luis revisaba un plan con Andrés. La prima actual era de setenta y ocho dólares al mes. Andrés comentó que prefería esperar hasta el próximo año. En lugar de insistir, Luis tomó su libreta y mostró un cálculo sencillo: al cumplir un año más, la prima subiría a noventa y dos dólares. Esa diferencia mensual, multiplicada con el tiempo, representaba miles de dólares adicionales por la misma protección. De pronto la decisión dejó de ser abstracta. Esto produce resultados porque las personas reaccionan cuando ven el impacto financiero real.

Muestra el costo real de esperar. Cuando el cliente entiende el costo de posponer, actuar hoy se vuelve la decisión más lógica.

Acciones estratégicas a implementar

- Lleva siempre **dos escenarios de cotización**: hoy vs. futuro.
- Muestra la diferencia acumulada de pago a 10 o 20 años.
- Pregunta: "¿Te hace sentido pagar más por lo mismo solo por esperar?".
- Conecta con el cierre: "Si hoy tienes salud y edad a tu favor, este es el mejor momento para asegurar tu precio".

  El dinero que se ahorra hoy es tranquilidad mañana.

"El agente que muestra el futuro ahorra al cliente decisiones costosas."

CIERRE CON PRUEBA ESCRITA

Las conversaciones pueden ser claras, persuasivas y útiles, pero mientras todo quede en palabras, la decisión sigue siendo abstracta. Cuando el cliente ve su nombre, las cifras y los beneficios en un documento concreto, la situación cambia. El plan deja de ser una idea y se convierte en algo real. ¿Qué ocurre cuando el cliente puede ver exactamente lo que está a punto de activar?

Un jueves por la mañana en una oficina compartida de Los Ángeles, Carolina había explicado el plan con detalle. El cliente parecía interesado, asentía y entendía los beneficios, pero no terminaba de decidir. En lugar de cerrar la reunión con una respuesta abierta, Carolina sacó un documento preparado con el resumen del plan: el nombre del cliente, la prima y los beneficios principales. Al colocarlo frente a él, el cliente pudo ver la propuesta completa de forma tangible.

Esto da resultado porque las decisiones se vuelven más concretas cuando están frente a los ojos. Cuando el plan está escrito y claro, dar el paso final se vuelve mucho más natural.

Pon la decisión por escrito, asi se reduce la sensación de "aún lo estoy pensando", porque el plan ya existe en papel.

Acciones estratégicas a implementar

- Diseña un formato de propuesta simple: logo, datos del cliente, cobertura, prima, beneficios clave, espacio de firma.
- Llénalo **antes de la cita** con la información del cliente.
- Entrégalo o compártelo en pantalla al final de la presentación.
- Señala el espacio de firma y cierra con una frase natural:
- "Si estás listo para que esto sea oficial, aquí es donde activamos tu protección".

  Lo tangible hace que la decisión deje de ser abstracta.

"El agente que entrega papel convierte palabras en compromiso."

CIERRE CON LENGUAJE POSITIVO

Las palabras finales de una reunión influyen más de lo que parece. Cuando el agente termina con frases llenas de duda, el cliente percibe inseguridad y la decisión queda en el aire. En cambio, un lenguaje claro y positivo transmite dirección y respaldo. ¿Cómo cambia la reacción del cliente cuando escucha convicción en lugar de vacilación?

Un lunes por la noche en Chicago, Juan terminaba sus presentaciones con frases abiertas como "piénsalo y me avisas". La respuesta casi siempre era la misma: "yo te llamo". Con el tiempo entendió que ese tipo de cierre dejaba la decisión suspendida. En una reunión posterior decidió cambiar solo una cosa: las palabras finales. En lugar de pedir permiso para que el cliente pensara más, resumió lo que habían hablado y señaló que el paso natural era activar la protección para su familia.

Esto da resultado porque la seguridad en el lenguaje genera confianza.

Cierra con lenguaje seguro y positivo. Cuando tus palabras transmiten seguridad, el cliente percibe que está tomando la correcta decisión.

Acciones estratégicas a implementar

- Escribe las frases negativas o débiles que sueles usar al cerrar.
- Reescríbelas en versión positiva, clara y segura.
- Practícalas en voz alta hasta que suenen naturales.
- Asegúrate de que tu tono acompañe tus palabras: firme, tranquilo, sin pedir disculpas por vender protección.

  Las palabras correctas generan decisiones correctas.

"El agente que habla con certeza siembra confianza."

CIERRE POR CONTINUIDAD

Muchos agentes sienten que el cierre es un momento especial, casi un salto incómodo dentro de la conversación. En realidad, cuando el cliente ya entendió el plan y está de acuerdo con las condiciones, el cierre no necesita dramatismo. Puede presentarse simplemente como el siguiente paso natural del proceso. ¿Qué ocurre cuando la decisión se percibe como continuidad y no como presión?

Un miércoles por la tarde en una cafetería de Miami, Sofi había revisado con su cliente la cobertura, la prima y las opciones disponibles. Todo estaba claro, pero antes ella solía detenerse en ese punto, esperando una señal del cliente. Esta vez hizo algo distinto: continuó el flujo de la conversación. Señaló que, ya que habían definido el monto de protección y la prima adecuada, lo siguiente era completar la solicitud para activar la cobertura. Sacó el formulario y comenzó a llenar los datos. Esto funciona gracias a que el cliente percibe que está siguiendo un proceso lógico.

Presenta el cierre como el siguiente paso. Cuando el cierre se presenta como una continuación natural, la decisión fluye sin tensión.

Acciones estratégicas a implementar

- Define tu secuencia: explicación → elección del plan → datos → solicitud → firma.
- Practica frases de transición: "Ahora lo que sigue es...", "El siguiente paso en este proceso es...".
- No cambies el tono de voz: mantén la misma calma que durante la explicación.
- Empieza a llenar datos como algo normal, no como un evento extraordinario.

  El cierre no es un final abrupto, es un paso natural.

"El agente que hace fluir la conversación convierte el sí en lo obvio."

CIERRE POR COMPROMISO EMOCIONAL

Un seguro no se compra solo con lógica. Detrás de cada decisión hay una emoción profunda: amor por la familia, responsabilidad o el deseo de vivir con tranquilidad. Cuando el cierre vuelve a esa emoción que el cliente expresó al inicio, la decisión se vuelve clara. ¿Qué ocurre cuando el cliente recuerda por qué empezó la conversación?

Un sábado por la mañana en una casa en las afueras de Houston, una pareja con dos hijos pequeños conversaba con Andrés sobre un plan de protección. Al comienzo de la reunión, la madre había dicho que su mayor preocupación era que sus hijos no sufrieran económicamente si algo les ocurría. Más tarde, cuando revisaban la prima, el padre comenzó a dudar por el costo. En lugar de entrar nuevamente en cifras, Andrés recordó con respeto aquella preocupación inicial. Explicó que el plan estaba diseñado precisamente para responder a ese miedo y ofrecer estabilidad a los niños. Esto permite avanzar porque las decisiones importantes nacen de valores y emociones.

Conecta el cierre con la emoción central. Cuando el cierre se alinea con lo que el cliente más valora, la decisión se vuelve firme y coherente.

Acciones estratégicas a implementar

- En los primeros minutos de la cita, pregunta: "¿Qué es lo que más quieres proteger con este plan?".
- Anota esa frase exacta.
- Al cerrar, vuelve a esa emoción: familia, negocio, salud, legado.
- Formula tu cierre alineado a esa emoción:
- "Si eso es lo que más te importa, hoy puedes protegerlo de verdad".

  Las decisiones más firmes nacen desde el corazón.

"El agente que toca la emoción guía al cliente hacia la decisión verdadera."

Día 211

PIDE REFERIDOS EN EL MOMENTO DE MAYOR SATISFACCIÓN

Después de firmar una póliza ocurre algo especial: el cliente suele sentir alivio y tranquilidad. Acaba de resolver una preocupación importante y percibe que tomó una buena decisión. Ese instante es el punto más alto de confianza. Si esperas días o semanas para pedir referidos, esa emoción ya habrá disminuido.

María acababa de firmar su plan en Miami y comentó que se sentía más tranquila, como si hubiera cumplido una responsabilidad consigo misma. Ricardo, rapidamente conectó esa emoción con una pregunta natural: mencionó que muchas familias aún no tenían esa misma tranquilidad y le preguntó si pensaba en dos personas cercanas que también deberían tenerla. María pensó en su hermana y en una amiga que siempre hablaban del tema pero nunca actuaban. Esto funciona porque el cliente comparte con más facilidad cuando está satisfecho.

Pide referidos en el momento de mayor satisfacción. Anota los nombres y pide permiso para contactarlos mencionando la recomendación.

Cuando pides referidos en el momento correcto, cada cierre puede abrir la puerta a nuevas oportunidades..

Acciones estratégicas a implementar

- Incluye en tu guion de cierre un apartado para pedir referidos.
- Haz la pregunta **inmediatamente después** de que el cliente exprese alivio o satisfacción.
- Pide al menos **2 nombres y teléfonos**.
- Agradece de inmediato: “Gracias por confiar en mí al recomendarlos, los voy a cuidar igual que a ti”.

  El entusiasmo de hoy es la puerta abierta del mañana.

“El agente que siembra en el momento de la emoción cosecha oportunidades.”

Día 212

HAZ QUE REFERIR SEA FÁCIL

Muchas personas están dispuestas a recomendarte, pero no lo hacen porque el proceso les resulta complicado. Tienen que buscar tu número, explicar a qué te dedicas y recordar cómo presentarte. Cuando les das herramientas simples, recomendarte se vuelve casi automático. ¿Qué ocurre cuando el cliente solo tiene que reenviar un mensaje?

Un domingo por la tarde en Houston, después de salir de la iglesia, Raúl se encontró con un cliente que intentaba presentarlo a un amigo. El problema era simple: no tenía su número a la mano. Antes, Raúl dependía de la memoria de sus clientes. Esta vez decidió facilitar el proceso. Envió su contacto con un enlace directo a WhatsApp y compartió una tarjeta con código QR que llevaba a una página sencilla con su foto y una breve descripción de cómo ayudaba a familias latinas a proteger su futuro financiero. Esto ofrece una ventaja porque reduce el esfuerzo necesario para recomendarte.

Compártelo con tus clientes para que puedan reenviarlo fácilmente.

Haz que recomendarte sea fácil. Cuando recomendarte es tan simple como enviar un mensaje, los referidos comienzan a multiplicarse.

Acciones estratégicas a implementar

- Crea una tarjeta digital o física con: nombre, foto, especialidad, WhatsApp y, si puedes, **código QR**.
- Diseña un texto corto que tus clientes puedan copiar y pegar: "Te recomiendo a mi asesor de confianza...".
- Entrena al cliente: explícale cómo compartir tu contacto en 10 segundos.
- Verifica que los enlaces funcionen correctamente.

  La simplicidad abre la puerta a la acción.

"El agente que facilita el camino multiplica las recomendaciones."

PREMIA LA RECOMENDACIÓN

Cuando un cliente te refiere, no solo comparte un contacto; está poniendo su reputación junto a la tuya. Esa confianza merece ser reconocida. No se trata del valor material del regalo, sino del mensaje que transmites: aprecias el gesto y entiendes lo importante que fue para él recomendarte.

Un jueves por la tarde en Chicago, Sergio revisaba su base de datos y notó algo especial: Lucía le había enviado tres referidos en pocos meses. Dos ya se habían convertido en clientes. Antes, Sergio habría enviado un simple mensaje de agradecimiento. Esta vez decidió hacer algo más personal. Días después visitó a Lucía con una pequeña tarjeta escrita a mano y un detalle sencillo para agradecerle su confianza. El gesto no era grande en dinero, pero sí en significado. Esto funciona porque el reconocimiento fortalece la relación.

Considera un pequeño gesto simbólico que muestre tu aprecio.

Cuando reconoces a quien te recomienda, conviertes una recomendación puntual en una relación duradera.

Acciones estratégicas a implementar

- Define qué vas a ofrecer como agradecimiento: detalle físico, gift card, nota manuscrita, llamada especial.
- Establece la regla: ¿agradeces por cada referido o por cada referido que se convierta en cliente?
- Crea una plantilla de agradecimiento (digital o física).
- Envía tu agradecimiento en máximo **72 horas** después del cierre.

  Un agradecimiento abre la puerta a muchas más bendiciones.

"El agente que agradece multiplica su círculo de confianza."

Día 214

PIDE REFERIDOS CON UN GUION CLARO

Pedir referidos sin preparación suele sonar improvisado. Cuando el agente duda o busca palabras en el momento, el cliente percibe inseguridad y la conversación pierde fuerza. En cambio, un guion breve y claro transmite profesionalismo y hace que el proceso sea natural. ¿Qué cambia cuando el cliente entiende exactamente qué esperas de él?

Un lunes por la noche en Los Ángeles, Diego acababa de cerrar una póliza en la sala de un cliente. Durante mucho tiempo había querido pedir referidos, pero siempre lo hacía de forma improvisada y la respuesta era tibia. Esta vez llegó preparado. Después de la firma, agradeció la confianza y explicó que gran parte de su trabajo crecía gracias a recomendaciones de clientes satisfechos. Luego hizo una pregunta sencilla: si pensaba en dos personas cercanas que también podrían beneficiarse de esa tranquilidad, ¿quién le venía primero a la mente? Esto es útil porque la claridad facilita la acción.

Usa un guion simple para pedir referidos. Cuando el proceso es claro y repetible, los referidos dejan de ser casualidad y se convierten en parte de tu sistema de crecimiento.

Acciones estratégicas a implementar

- Escribe tu guion de petición de referidos en máximo 3 frases.
- Incluye: Agradecimiento, explicación de que trabajas por recomendación.
- Petición clara (número de personas).
- Practícalo frente al espejo hasta que se escuche natural.
- Úsalo en **TODOS** tus cierres, sin excepción.

La preparación da confianza, y la confianza genera resultados.

"El agente que pide con claridad recibe con abundancia."

USA REDES SOCIALES PARA OBTENER REFERIDOS

Tus clientes pasan gran parte del día en WhatsApp, Instagram o Facebook. Cuando uno de ellos comparte su experiencia contigo, su recomendación llega a muchas personas que ya confían en él. Esa recomendación funciona como un amplificador natural de tu trabajo. Un miércoles por la tarde en Houston, Ana acababa de terminar una reunión por Zoom. El cliente estaba agradecido por la claridad con la que le había explicado su plan de protección. En otro momento, Ana habría respondido con un simple agradecimiento. Esta vez decidió invitarlo a compartir su experiencia. Le preguntó si estaría dispuesto a publicar una historia mencionando que había recibido su asesoría. También le envió una publicación que podía compartir fácilmente. Esto se basa en que las recomendaciones en redes combinan confianza y visibilidad.

Convierte a tus clientes en embajadores en redes. Cuando un cliente comparte su experiencia, su red de contactos se convierte en una nueva puerta de prospectos.

Acciones estratégicas a implementar

- Diseña una publicación sencilla con tu foto, lo que haces y una frase de cliente satisfecho.
- Después del cierre, comparte el post al cliente y pídele que lo publique o lo reenvíe.
- Ten listas tus cuentas optimizadas (foto profesional, bio clara).
- Lleva un registro de cuántos prospectos llegan por redes sociales.

Un cliente feliz en redes es un imán de nuevas oportunidades.

"El agente que inspira en público atrae en privado."

Día 216

CREA UN CLUB DE REFERIDOS

Un cliente puede recomendar una vez por casualidad, pero cuando se siente parte de algo especial, empieza a hacerlo con intención. Un programa de referidos bien diseñado transforma una simple recomendación en un sistema continuo. No se trata solo de pedir contactos, sino de invitar al cliente a formar parte de un círculo de personas que ayudan a proteger a otras familias.

Un sábado por la mañana en Miami, Laura organizó un brunch con algunos de sus clientes. Allí presentó su programa de referidos, al que llamó "Club Protectores". Explicó que quienes compartieran su contacto con otras familias entrarían a distintos niveles dentro del club, con reconocimientos simbólicos según el número de recomendaciones. Uno de sus clientes, Carlos, había recomendado varias personas en pocos meses. Laura le entregó una tarjeta que reconocía su nivel dentro del programa. Esto da sentido porque las personas valoran el reconocimiento y la pertenencia.

Crea un club de referidos para tus mejores clientes. Cuando el cliente se siente parte de una comunidad, recomendarte deja de ser un favor y se convierte en un orgullo.

Acciones estratégicas a implementar

- Elige un nombre atractivo para tu programa (ej. "Círculo Protector", "Club 10K", "Familias VIP").
- Define niveles (Bronce, Plata, Oro, Platino) según número de referidos efectivos.
- Determina beneficios: detalles, reconocimientos, acceso a contenido exclusivo, eventos.
- Comunica el programa a tus clientes después de cerrar una póliza.

  La exclusividad motiva la acción constante.

"El agente que honra a sus clientes crea embajadores de por vida."

Día 217

PIDE REFERIDOS EN REVISIONES ANUALES

Una póliza no debería quedar olvidada después de firmarse. Igual que un chequeo médico, la revisión anual permite confirmar que todo sigue funcionando bien: beneficiarios correctos, montos adecuados y cambios en la vida del cliente. Ese momento también recuerda al cliente por qué confió en ti.

Un martes por la noche, Miguel se conectó por Zoom con Rosa, cliente desde hacía varios años. Revisaron su póliza, actualizaron algunos datos y ajustaron el nivel de protección para su situación actual. Al terminar, Rosa comentó que le daba tranquilidad saber que todo estaba en orden. Ese comentario marcó el momento perfecto para ampliar la conversación. Miguel mencionó que su objetivo era que más familias tuvieran esa misma seguridad y preguntó si alguien cercano podría beneficiarse de una revisión similar. Esto produce resultados porque la satisfacción del cliente crea un contexto positivo.

Usa la revisión anual para fortalecer la relación. Cuando cuidas la relación con tus clientes actuales, también abres puertas para nuevas oportunidades.

Acciones estratégicas a implementar

- Agenda revisiones anuales de forma sistemática en tu CRM o calendario.
- Lleva preparada una lista de puntos a revisar (beneficios, montos, cambios familiares).
- Al final, pide referidos usando una frase clara: "¿Quién más debería tener esta revisión y esta tranquilidad?".
- Registra los referidos en tu sistema y dales seguimiento rápido.

  Cada revisión es una nueva siembra de confianza.

"El agente que revisa y cuida abre puertas a nuevos comienzos."

HAZ SEGUIMIENTO A LOS REFERIDOS RECIBIDOS

Un referido llega con algo muy valioso: confianza prestada. Pero esa confianza puede enfriarse si pasan días sin respuesta. Cuando el contacto es rápido, el nuevo prospecto percibe profesionalismo y el cliente que te recomendó confirma que tomó una buena decisión al hablar de ti.

Un viernes por la tarde en Los Ángeles, Alejandro salía de una cita cuando recibió un mensaje de un cliente: le enviaba el número de su cuñado para que lo ayudara con su protección. En el pasado habría esperado a tener tiempo más tarde. Esta vez decidió aplicar una regla simple: contactar siempre en menos de veinticuatro horas. Desde el estacionamiento envió un breve audio presentándose y mencionando que el contacto venía de la recomendación de su familiar. El prospecto respondió ese mismo día y en pocos días programaron una reunión. Esto se apoya en que la rapidez mantiene viva la energía de la recomendación.

Contacta los referidos con rapidez. Cuando respondes rápido, transformas una recomendación en una conversación real..

Acciones estratégicas a implementar

- Crea una regla interna: máximo 24–48 horas para contactar cualquier referido.
- Define un mensaje estándar de primer contacto (texto o audio) mencionando el nombre de quien te recomendó.
- Registra en tu CRM: fecha en que recibiste el referido y fecha en que lo contactaste.
- Informa al cliente que refirió que ya tomaste acción.

  La velocidad en el seguimiento es la clave del éxito.

"El agente que actúa rápido transforma un contacto en cliente."

Día 219

CONVIERTE REFERIDOS EN TESTIMONIOS

Un negocio de seguros crece con un ciclo simple: un cliente satisfecho recomienda a otro, ese nuevo cliente vive la experiencia del servicio y su historia se convierte en la siguiente recomendación. Cuando documentas esas historias reales, tu trabajo deja de depender solo de argumentos y empieza a apoyarse en experiencias comprobadas.

Un domingo por la tarde en Houston, Marta llegó a Julián por recomendación de su hermana. Contrató protección para su familia y, meses después, un accidente leve de su esposo generó gastos médicos importantes. El seguro respondió cubriendo gran parte de esos costos. Durante una revisión posterior, Julián le preguntó cómo se había sentido al ver que la protección realmente funcionó. Marta habló del miedo del momento y del alivio al saber que no enfrentarían la situación solos. Con su permiso, Julián transformó esa experiencia en un testimonio breve que podía compartir con otros clientes. Esto se sostiene en que las historias reales generan confianza inmediata.

Convierte cada historia en una nueva oportunidad. Cuando las historias de protección se comparten, cada experiencia positiva abre la puerta a nuevas decisiones.

Acciones estratégicas a implementar

- Identifica clientes satisfechos, especialmente referidos que ya vivieron un beneficio concreto.
- Pídeles permiso para usar su historia, cuidando datos sensibles.
- Crea un banco de testimonios breves (escritos, audio o video).
- Usa esos testimonios en tus presentaciones y al hablar con nuevos referidos.

  Un referido feliz es el inicio de una cadena imparable.

“El agente que cuida cada contacto multiplica su impacto.”

HAZ DE LOS REFERIDOS TU ESTRATEGIA PRINCIPAL

Muchos agentes buscan clientes en publicidad, listas frías o campañas costosas. Sin embargo, los negocios más estables en seguros crecen principalmente por recomendación. Cuando un cliente te presenta a otra persona, no solo comparte tu contacto: te presta su confianza.

Un miércoles por la tarde en Miami, Luis revisaba su agenda en una cafetería. Había invertido en publicidad en redes, pero los resultados eran pobres. Esa misma semana escuchó una idea que cambió su perspectiva: los productores más consistentes viven de referidos. Decidió probarlo durante un mes. Comenzó a pedir recomendaciones después de cada cierre y también en sus revisiones con clientes existentes. Al principio se sentía incómodo, pero mantuvo el hábito. Con el paso de las semanas, su agenda empezó a llenarse con contactos que ya llegaban con confianza. Esto genera valor porque los referidos llegan con credibilidad incorporada.

Haz de los referidos el centro de tu negocio. Cuando los referidos se vuelven parte de tu rutina, tu negocio comienza a crecer de forma más estable y natural.

Acciones estratégicas a implementar

- Define un porcentaje meta: por ejemplo, "En 6 meses, el **60%** de mis ventas vendrán de referidos".
- Incluye la **petición de referidos** en tu guion de cierre y en tus revisiones anuales.
- Lleva un registro mensual de cuántos clientes nuevos llegan por referidos.
- Ajusta tu estrategia hasta que referidos sea tu fuente principal de nuevos prospectos.

Un negocio sólido se construye sobre confianza compartida.

"El agente que vive de referidos vive de abundancia continua."

DEFINE TU META EXACTA DE INGRESOS

Decir "quiero ganar más" no cambia nada. Una meta poderosa tiene una cifra clara y un camino medible para alcanzarla. Cuando sabes exactamente cuánto deseas producir y cuántas pólizas representan ese ingreso, tu agenda diaria deja de depender de la suerte y se transforma en un plan.

Un lunes temprano en Chicago, Carolina revisaba sus ingresos del mes y sentía frustración. Trabajaba mucho, pero no tenía una meta concreta que guiara su esfuerzo. Esa noche tomó una decisión diferente. Se sentó con su cuaderno y escribió una cifra específica para el mes. Luego hizo un cálculo sencillo: cuánto ganaba en promedio por póliza y cuántas necesitaba cerrar para alcanzar esa cantidad. De pronto su meta dejó de ser una idea abstracta y se convirtió en números claros que podía seguir semana a semana. Esto permite avanzar porque las metas medibles dirigen la acción.

Convierte tu meta en números concretos. Cuando la meta es clara, cada día de trabajo tiene dirección.

Te acercas al ingreso deseado con **acciones medibles**.

Acciones estratégicas a implementar

- Define tu meta mensual exacta (por ejemplo: **$10,000**).
- Divide entre tu comisión promedio por póliza.
- Divide ese número entre 4 semanas y luego entre tus días de trabajo.
- Escribe estos números y colócalos donde los veas todos los días.

Una meta clara ilumina el camino hacia los resultados.

"El agente que sabe a dónde va siempre encuentra cómo llegar."

MULTIPLICA TUS ACTIVIDADES DE PROSPECCIÓN

El ingreso en ventas suele seguir una relación directa con la actividad. Si haces el mismo número de llamadas, mensajes o visitas que cuando producías menos, es difícil que el resultado cambie. Para aspirar a metas mayores, primero debe crecer la cantidad de oportunidades que creas. ¿Qué pasaría si duplicaras tu siembra?

Un martes por la mañana en Houston, Fernando revisaba su agenda dentro del coche. Su conclusión era que el mercado estaba difícil, pero al observar sus números descubrió algo más simple: hacía pocas llamadas y enviaba pocos mensajes. Decidió probar un experimento durante treinta días. Aumentó sus llamadas diarias, duplicó los mensajes personalizados y añadió visitas semanales a negocios locales. Los primeros días fueron exigentes, pero mantuvo el ritmo. Al final del mes, su calendario tenía más citas que antes y varias de ellas se transformaron en nuevas pólizas.

Esto cobra sentido porque más actividad genera más oportunidades.

Multiplica tu prospección para multiplicar tus ingresos. Cuando el volumen de prospección crece, también lo hace el flujo de oportunidades.

Acciones estratégicas a implementar

- Revisa tu promedio actual de actividades de prospección por día.
- Decide duplicarlo por los próximos **30 días**.
- Lleva un registro diario en una tabla simple.
- Evalúa los resultados al final del mes y ajusta.

Tu ingreso crece en proporción a tus actividades.

"El agente que siembra más siempre cosecha más."

CIERRA VENTAS DE MAYOR VALOR

Muchos agentes creen que para vender deben empezar por la opción más barata. Lo hacen con buena intención, pensando que así será más fácil cerrar. Sin embargo, cuando siempre presentas la opción mínima, también limitas el valor que el cliente recibe y el ingreso que tú generas.

Un jueves por la noche en Miami, Elisa revisaba sus números y notaba algo frustrante: tenía muchas pólizas vendidas, pero sus comisiones seguían siendo bajas. Su mentor le hizo una observación simple: el cliente suele aceptar el nivel de protección que el propio agente considera adecuado. Elisa decidió cambiar su enfoque. En lugar de comenzar por el plan más económico, empezó presentando primero la opción completa, explicando cómo esa protección beneficiaba a la familia en distintos escenarios.

Esto resulta eficaz porque las personas valoran más una solución completa cuando entienden su impacto.

Ofrece el plan que realmente protege. Cuando ofreces la solución adecuada desde el inicio, ayudas más al cliente y también acercas tus resultados a metas mayores.

Acciones estratégicas a implementar

- Identifica tus productos con mejor relación **valor/comisión**.
- Reestructura tu presentación para iniciar con el plan ideal.
- Practica cómo explicar el valor, no solo el precio.
- Registra el cambio en tu ticket promedio mes a mes.

El valor que ofreces determina el valor que recibes.

"El agente que eleva su oferta eleva sus ingresos."

Día 224

APROVECHA LOS REFERIDOS PARA VENTAS RÁPIDAS

Un referido no empieza desde cero. Llega con algo que un prospecto frío no tiene: confianza prestada por la persona que lo recomendó. Por eso, cuando el contacto se atiende rápido y con claridad, el proceso de decisión suele avanzar mucho más rápido. ¿Qué sucede cuando respondes mientras la recomendación aún está fresca?

Un viernes por la mañana en Los Ángeles, Camila estaba en el estacionamiento de un supermercado cuando recibió un mensaje de una clienta que le compartía el contacto de su prima. En otras ocasiones habría dejado ese mensaje para más tarde. Esta vez decidió actuar en ese mismo momento. Antes de encender el coche, llamó al nuevo contacto, se presentó mencionando a la persona que las había conectado y acordaron una reunión para la semana siguiente. El proceso avanzó con rapidez porque la confianza ya estaba sembrada. Esto logra su propósito porque la recomendación mantiene viva la credibilidad inicial.

Aprovecha la velocidad de los referidos. Cuando respondes rápido a los referidos, conviertes la confianza prestada en oportunidades reales.

Acciones estratégicas a implementar

- Crea una regla: todo referido se contacta en máximo 24–48 horas.
- Menciona siempre el nombre de quien te recomendó en el primer mensaje.
- Ten un guion simple para agendar la cita en esa primera llamada o mensaje.
- Lleva métricas específicas de cierres con referidos.

Los contactos de confianza son aceleradores de tu éxito.

"El agente que trabaja con confianza crece sin límites."

UTILIZA UN SISTEMA DIARIO DE SEGUIMIENTO

Prospectar sin seguimiento es como sembrar sin regar. Muchos agentes generan contactos, pero los dejan enfriarse porque no tienen un sistema claro para volver a ellos. En la práctica, una gran parte de las ventas está escondida en los seguimientos que nunca se hacen. ¿Qué ocurre cuando cada prospecto tiene un lugar y una próxima acción definida?

Un lunes por la tarde en Chicago, Daniel revisaba su libreta llena de nombres, notas y flechas sin orden. Había hablado con muchas personas, pero no sabía a quién debía llamar de nuevo ni cuándo hacerlo. Decidió cambiar algo sencillo: organizar su proceso en un sistema básico. Registró cada prospecto con la fecha del primer contacto, el estado de la conversación y la próxima acción programada. No necesitó más prospectos nuevos; solo retomó conversaciones que había dejado a medias. Esto se apoya en que la organización mantiene vivas las oportunidades.

El seguimiento convierte contactos en comisiones. Cuando cada contacto tiene un seguimiento claro, tu cartera deja de depender de la memoria y empieza a crecer con sistema.

Acciones estratégicas a implementar

- Elige tu sistema: CRM sencillo, Excel, Google Sheets, lo que realmente vayas a usar.
- Crea columnas: Nombre, Teléfono, Estado, Último contacto, Próximo paso, Fecha próxima acción.
- Dedica **30 minutos diarios** solo a actualizar y ejecutar seguimientos.
- Revisa tus números semanalmente.

  El orden es el puente entre el contacto y el cierre.

“El agente disciplinado nunca pierde una venta.”

CONVIÉRTETE EN ESPECIALISTA EN UN NICHO

Intentar vender a todo el mundo suele diluir tu mensaje. Cada cliente tiene necesidades distintas y eso hace más difícil posicionarte con claridad. En cambio, cuando te enfocas en un segmento específico, empiezas a entender mejor sus riesgos, su lenguaje y sus prioridades. Con el tiempo, tu nombre circula dentro de ese mismo círculo. ¿Qué ocurre cuando el mercado empieza a verte como el especialista?

Un jueves por la tarde en Houston, Alejandra revisaba su cartera mientras tomaba café. Notó algo curioso: varios de sus mejores clientes eran dueños de food trucks y pequeños restaurantes. En lugar de seguir abordando mercados muy distintos, decidió enfocarse en ese grupo. Comenzó a estudiar los riesgos de ese tipo de negocio, asistió a eventos del sector y se presentó como asesora de seguros para negocios de comida latina.

Esto produce resultados porque la especialización genera reconocimiento.

Especialízate en un nicho claro. Cuando tu enfoque es claro, el mercado comienza a recordarte y recomendarte con mayor facilidad.

Acciones estratégicas a implementar

- Revisa tu cartera actual: ¿en qué tipo de cliente has tenido mejores resultados?
- Elige un nicho rentable donde haya suficientes personas (por ejemplo: transportistas, emprendedores, nurses, etc.).
- Investiga sus necesidades y objeciones más frecuentes.
- Adapta tu mensaje, ejemplos y propuestas a ese nicho.

La especialización te convierte en referencia obligada.

"El agente que domina un nicho domina su mercado."

OPTIMIZA TU AGENDA CON ACTIVIDADES DE ALTO VALOR

No todas las actividades generan el mismo impacto en tu ingreso. Algunas acciones producen comisiones directas —llamadas, citas, seguimientos y cierres— mientras que otras solo consumen energía. Un agente productivo aprende a identificar cuáles actividades mueven realmente su negocio y protege esas horas en su agenda. ¿Qué ocurre cuando tus mejores momentos del día se dedican a lo que produce resultados?

Un lunes por la mañana en Miami, Samuel revisaba su calendario en un cowork. Su agenda estaba llena, pero al analizarla descubrió que muchas actividades no estaban conectadas con ventas: reuniones sin objetivo, conversaciones largas con colegas y tiempo excesivo revisando correos. Terminaba el día cansado, pero sin nuevas oportunidades. Su mentor le propuso un ejercicio simple: marcar qué tareas generaban ingresos y cuáles no. Esto se sostiene en que el enfoque dirige la productividad.

Protege tus horas de mayor valor. Cuando tus mejores horas se dedican a actividades de alto valor, tu agenda empieza a producir resultados reales.

Acciones estratégicas a implementar

- Haz una lista de todas tus actividades habituales en un día normal.
- Márcalas como **AV (Alto Valor)** o **BV (Bajo Valor)** según si impactan directamente en ventas.
- Bloquea en tu agenda al menos **3–5 horas diarias** solo para AV.
- Delegar, acorta o elimina la mayor cantidad posible de BV.

Tu tiempo es tu activo más valioso, inviértelo donde produce.

"El agente que prioriza construye riqueza más rápido."

Día 228

INCREMENTA TU TASA DE CIERRE

Muchos agentes creen que la única forma de ganar más es conseguir más prospectos. Sin embargo, a veces el mayor crecimiento está en cerrar mejor con las oportunidades que ya tienes. Si tu porcentaje de cierre aumenta, cada cita que agendas tiene más valor. ¿Qué pasaría si conviertes más reuniones en decisiones?

Un miércoles por la noche en Los Ángeles, Nicolás revisaba sus números y notó algo claro: lograba muchas citas, pero solo una pequeña parte se convertía en pólizas. Decidió analizar su propio proceso. Con permiso de algunos clientes, grabó sus reuniones y las revisó después. Al escucharlas con calma descubrió tres patrones: hablaba demasiado, hacía pocas preguntas y muchas veces terminaba sin pedir la decisión con claridad. Con esos aprendizajes ajustó su presentación y practicó nuevas formas de conducir la conversación. Esto da resultado porque pequeñas mejoras en el proceso aumentan el resultado final.

Mejora tu tasa de cierre. Cuando mejoras tu tasa de cierre, cada cita se convierte en una oportunidad más poderosa.

Acciones estratégicas a implementar

- Determina tu tasa de cierre actual (citas vs. pólizas firmadas).
- Graba (con permiso) o anota el flujo de tus presentaciones.
- Identifica 1–2 puntos débiles: demasiada teoría, poco beneficio, no pides el cierre, etc.
- Mejora tu guion, practica y vuelve a medir tu tasa de cierre 30 días después.

Pequeñas mejoras en tu cierre generan grandes cambios en tu ingreso.

"El agente que se perfecciona se multiplica."

GENERA VENTAS RECURRENTES

Las ventas más valiosas no siempre vienen de clientes nuevos. Muchas veces están en tu propia cartera: personas que ya confiaron en ti y cuya vida ha cambiado desde que firmaron su primera póliza. Con el tiempo surgen nuevas necesidades —hijos, casas, negocios— y cada cambio abre la puerta a una actualización de cobertura. ¿Qué ocurre cuando vuelves a acompañar a esos clientes?

Un viernes por la tarde en Chicago, Sofía revisaba su base de datos y descubrió que tenía más de doscientos clientes activos. Sin embargo, la mayoría solo había comprado una póliza y nunca había tenido otra conversación con ella. Decidió hacer algo simple: seleccionar un grupo de clientes antiguos y programar revisiones de sus planes. En esas conversaciones descubrió familias que habían crecido, personas que habían comprado vivienda y emprendedores que habían abierto negocios. Esto funciona gracias a que la confianza ya está construida.

Vuelve a tu cartera actual. Cuando vuelves a tus clientes, tu negocio empieza a crecer también desde dentro.

Acciones estratégicas a implementar

- Exporta tu cartera actual (clientes activos).
- Identifica quién podría necesitar un segundo producto (vida, salud, retiro, protección de ingresos, etc.).
- Agenda revisiones de póliza con enfoque en mejorar su protección, no solo vender.
- Lleva un registro mensual de ingresos generados por ventas recurrentes.

Tus clientes actuales son tu mina de oro.

"El agente que cuida a sus clientes siembra abundancia."

USA METAS SEMANALES DE INGRESOS

Una meta mensual grande puede intimidar a cualquiera. Pero cuando la divides en metas semanales, lo que parecía pesado se vuelve manejable. ¿Te ha pasado que llegas al día 25 del mes y sientes que el tiempo se te escapó? Eso mismo le ocurrió a Iván un domingo a las 8:00 p. m., mirando su calendario en su apartamento de Los Ángeles. Estaba muy lejos de su meta mensual y pensó: "Otra vez se me fue el mes sin darme cuenta". Decidió cambiar algo simple: dejó de mirar solo el mes completo y empezó a trabajar por semanas. Si su meta era $8,000, entonces cada semana debía producir $2,000 en comisiones. Cada domingo revisaba qué logró y ajustaba su plan para los próximos siete días. Dos meses después ocurrió algo interesante: desaparecieron las sorpresas de fin de mes y cerró uno con $8,300. La lección fue clara: no fallaba por falta de trabajo, fallaba por falta de control semanal.

Divide el mes para ganar el mes.

Quien controla su semana, casi siempre gana el mes.

Acciones estratégicas a implementar

- Toma tu meta mensual (por ejemplo, $10,000) y divídela entre 4 semanas.
- Define tu **meta semanal de comisiones**.
- Cada domingo o lunes, escribe tus objetivos de producción para esa semana.
- Cada viernes revisa cuánto lograste y qué vas a ajustar.

  Un paso firme cada semana construye un mes exitoso.

"El agente que avanza semana a semana construye riqueza mensual."

Día 231

ELEVA TU VALOR PERCIBIDO COMO ASESOR

Tus clientes no compran solo una póliza. Compran a la persona que la recomienda. Compran tu seguridad, tu claridad y la confianza que proyectas. ¿Te ha pasado que explicas bien un seguro, pero el cliente aún duda? Muchas veces no es el producto... es la percepción. Carla lo descubrió un martes a las 2:30 p. m., minutos antes de una videollamada con un prospecto importante. Miró la cámara y vio un fondo desordenado, una camiseta arrugada y una presentación llena de texto. Pensó: "Quiero que confíen en mí, pero no estoy proyectando la imagen de una asesora seria". Durante las semanas siguientes cambió detalles simples: ropa profesional, fondo limpio, presentación visual clara y redes sociales con una foto profesional. Tres meses después empezó a escuchar algo nuevo: "Se nota que usted es profesional en esto". También empezó a cerrar pólizas de mayor valor. La lección fue directa: cuando ella se tomó en serio su imagen, sus clientes también lo hicieron.

Eleva tu valor y elevarás tus ventas.

Cuando tu valor se nota, el cliente lo respeta... y lo paga.

Acciones estratégicas a implementar

- Revisa tu imagen personal: ropa, postura, tono de voz.
- Revisa tu imagen digital: foto de perfil, biografía, contenido.
- Mejora el diseño de tus materiales: cotizaciones, presentaciones, correos.
- Pide feedback a un colega o mentor sobre cómo te perciben.

  El cliente invierte más cuando cree más en ti.

"El agente que inspira confianza eleva sus ingresos."

ESTABLECE UN SISTEMA DE REFERIDOS CONSTANTE

Los referidos son poderosos, pero solo cuando dejan de depender de la memoria. Pedirlos "cuando te acuerdas" es informal; tener un proceso claro es profesional. ¿Te ha pasado que un cliente satisfecho te recomienda... pero tú casi nunca lo pides de forma consistente? A Marco le ocurría exactamente eso. Un jueves a las 6:10 p. m., sentado en su coche en Los Ángeles después de una cita, pensó algo simple: "Si cada vez que pido referidos obtengo alguno, ¿por qué no lo hago siempre?". Entonces creó un sistema. Decidió pedir referidos después de cada cierre y también durante cada revisión anual. Además, estableció una regla: agradecer siempre con un mensaje personal y, cuando era posible, con un pequeño detalle. En solo 90 días registró 34 referidos y cerró 16 pólizas nuevas provenientes de ellos. La conclusión fue clara: no le faltaban prospectos, le faltaba un proceso constante.

Convierte los referidos en un sistema, no en un accidente

Los referidos no crecen por suerte; crecen por sistema.

Acciones estratégicas a implementar

- Define **momentos clave** para pedir referidos (cierre, renovación, revisión anual).
- Escribe un guion sencillo para esos momentos.
- Crea un registro específico de referidos (tabla, CRM).
- Define cómo agradecerás cada recomendación.

  Los clientes felices son tu mejor publicidad.

"El agente que cultiva relaciones nunca se queda sin clientes."

Día 233

AUMENTA TU TASA DE RENOVACIONES

Un negocio sólido no empieza de cero cada año. Se construye sobre clientes que permanecen. Si tus renovaciones son altas, tus ingresos se vuelven previsibles y tu energía se dirige a crecer, no a reemplazar pérdidas. ¿Te ha pasado que trabajas duro para conseguir clientes nuevos y luego descubres que algunos se fueron sin que lo notaras? A Esteban le ocurrió un miércoles a las 3:45 p. m. en su oficina de Chicago, cuando recibió un correo informando que otro cliente renovó con otra compañía. La lección fue inmediata: no estaba perdiendo clientes por precio, los perdía por falta de seguimiento. Decidió crear un sistema simple. Sesenta días antes del vencimiento enviaba un mensaje para revisar la póliza, treinta días antes llamaba para agendar una cita y siete días antes enviaba un recordatorio final. En un año su tasa de renovación pasó de 65% a 90%. Entonces entendió algo clave: sus renovaciones se convirtieron en el piso de su negocio.

Protege tus renovaciones y protege tu negocio.

Un cliente que se queda vale tanto como uno nuevo... pero cuesta mucho menos conservarlo.

Acciones estratégicas a implementar

- Activa alertas o recordatorios de vencimiento de pólizas (CRM o calendario).
- Diseña un protocolo de contacto: 60/30/7 días antes de la renovación.
- Usa la renovación como oportunidad para revisar y ajustar coberturas.
- Lleva el control de tu **porcentaje de renovaciones** mes a mes.

  El ingreso que cuidas es el ingreso que permanece.

"El agente que mantiene su cartera mantiene su libertad."

Día 234

DOMINA EL CROSS-SELLING Y EL UP-SELLING

Conseguir un cliente nuevo exige tiempo, energía y paciencia, pero cuando alguien ya compró contigo, la confianza ya existe. ¿Te ha pasado que revisas una póliza antigua y descubres que el cliente necesita mucho más de lo que tiene? Eso le ocurrió a Javier un jueves en la cafetería de Rosa en Houston. Un año antes solo le había vendido un seguro de salud básico. Al conversar con calma entendió su realidad: dos hijos adolescentes, una casa que pagar y un ingreso que dependía totalmente de ella. Javier pensó algo incómodo pero honesto: si a Rosa le pasaba algo, su familia quedaría descubierta. Ese día decidió actuar. Le propuso un seguro de vida para proteger a sus hijos y le mostró una versión más completa de su plan de salud con mejor cobertura hospitalaria. Rosa aceptó ambos ajustes. La comisión pasó de $350 a $1,150, pero lo más importante fue la tranquilidad que quedó sobre la mesa.

Protege mejor al cliente que ya confía en ti

Quien escucha la vida del cliente descubre nuevas formas de protegerla.

Acciones estratégicas a implementar

- Revisa tu cartera y responde: ¿Qué producto mínimo debería tener **cada tipo de cliente** (familia, negocio, profesional independiente)?
- Define combos base de protección (ej. salud + vida, vida + protección de ingresos).
- Agenda revisiones de póliza con el objetivo de **mejorar la protección**, no solo vender.
- Lleva control mensual de ingresos generados por *cross-selling* y *up-selling*.

Un cliente bien cuidado siempre puede estar mejor protegido.

"El agente que amplía su oferta amplía sus ingresos."

Día 235

INVIERTE EN TU PROPIA EDUCACIÓN

Los ingresos altos casi siempre siguen al conocimiento aplicado. Cuando un agente deja de aprender, tarde o temprano también deja de crecer. ¿Te ha pasado que repites la misma presentación mes tras mes y tus resultados no cambian? Carolina se encontró exactamente ahí un sábado a las 9:00 a. m. en su sala en Los Ángeles. Vio un entrenamiento avanzado de cierres que costaba $497 y su primera reacción fue dudar. Luego pensó en sus últimos meses: mismo discurso, mismos clientes, mismo techo de $3,800. Decidió invertir. Durante cuatro semanas aprendió nuevas formas de presentar valor, practicar cierres por opciones y eliminar frases inseguras que debilitaban su mensaje. Dos meses después su tasa de cierre subió de 22% a 37% y sus comisiones alcanzaron $6,200. Entonces entendió algo simple: el precio del curso no era el problema; el verdadero costo era quedarse igual.

Invierte en tu mente para elevar tus ingresos

El conocimiento no paga por sí solo; paga cuando se convierte en acción.

Acciones estratégicas a implementar

- Elige un área clave a mejorar este trimestre: cierres, comunicación, marketing, producto, finanzas.
- Selecciona **un solo curso o programa** y comprométete a terminarlo.
- Cada semana, aplica al menos **una idea concreta** en tu trabajo diario.
- Mide el impacto: ¿qué cambió en tus cierres o ingresos después de 90 días?

La educación es la única inversión que no se devalúa.

"El agente que aprende hoy gana mañana."

Día 236

DISEÑA UN PLAN DIARIO DE PRODUCCIÓN

Las metas de ingresos no se alcanzan con buenas intenciones, sino con actividades medibles. Cuando el día empieza sin un plan claro, es fácil llenarlo de tareas... pero no de resultados. ¿Te ha pasado que trabajas todo el día y al final sientes que no avanzaste? Andrés lo vivió un lunes a las 8:15 a. m., sentado en su carro frente a una oficina en Miami. Miró el celular, respondió mensajes, revisó correos y cuando levantó la vista ya eran las 11:30. Ese mes cerró con $2,900 y una sensación incómoda: estaba ocupado, pero no productivo. Su coach le propuso algo simple: convertir el día en números. Andrés definió su plan: 25 llamadas, 3 presentaciones y 1 cierre como objetivo diario. Durante 30 días cumplió el plan con disciplina, no perfecto, pero constante. El resultado fue claro: sus comisiones subieron a $5,100. Más importante aún, dejó de improvisar.

Convierte tus metas en números diarios

Quien domina su día, termina dominando su mes.

Acciones estratégicas a implementar

- Define tu meta mensual de comisiones.
- Tradúcela a **números diarios**: llamadas, citas, presentaciones, seguimientos.
- Crea un formato simple (papel, Excel, CRM) para marcar cada actividad.
- Revisa al final del día si cumpliste tu plan y ajusta mañana.

Un día bien ejecutado construye un mes ganador.

"El agente disciplinado fabrica sus propios resultados."

Día 237

APRENDE A DECIR "NO" A LO QUE NO PRODUCE

Estar ocupado no siempre significa avanzar. Muchas agendas se llenan de reuniones, favores y conversaciones largas que hacen sentir activo... pero no generan ingresos. ¿Te ha pasado que el día se va y aún no hiciste ni una llamada importante? Claudia lo notó un martes a las 3:00 p. m. en una sala de reuniones en Chicago. Era su tercera reunión del día hablando de ideas generales para un evento. Nadie tomó decisiones y nadie salió con tareas claras. Al ver la hora sintió frustración: todavía no había hecho prospección. Esa noche revisó su semana y encontró el problema: seis reuniones internas sin objetivo, tres salidas sociales en horario productivo y cero bloques reales de llamadas. Decidió cambiar una sola regla: de lunes a viernes, de 9 a 1, solo haría actividades que producen dinero. Las reuniones innecesarias quedaron fuera y los cafés pasaron para la tarde. En 30 días sus ingresos subieron de $3,200 a $4,900.

Protege tus horas que producen dinero

Cada "no" a lo improductivo abre espacio para un "sí" a tus metas.

Acciones estratégicas a implementar

- Haz una lista de todas tus actividades semanales.
- Marca cuáles **no generan ingresos directos ni indirectos**.
- Decide: eliminar, reducir o mover fuera de horario productivo.
- Practica decir "no" con respeto pero con firmeza.

Cada "no" a la distracción es un "sí" a tu meta.

"El agente que protege su tiempo protege su futuro."

Día 238

MIDE TUS INDICADORES CLAVE

Muchos agentes dicen: "Siento que este mes voy mal". El problema es que sentir no basta. Lo que no se mide se adivina, y lo que se adivina casi nunca se corrige a tiempo. ¿Te ha pasado que trabajas toda la semana, terminas cansado y aun así no sabes dónde se te fue el resultado? A Danielo le pasó un viernes a las 7:30 p. m., en una oficina casi vacía en Houston. Creía que su problema era la falta de prospectos, hasta que armó un tablero simple y vio la verdad: 80 llamadas, 18 citas, 10 presentaciones y solo 2 cierres. No le faltaba actividad; le faltaba convertir. Se enfocó un mes en mejorar solo su cierre y, con las mismas 10 presentaciones, pasó de 2 a 4 pólizas. Sus comisiones subieron de $2,400 a $4,000. Ahí entendió algo clave: las emociones confunden, los números aclaran.

Mide tu negocio o tu negocio te manejará a ti

Lo que se mide se entiende. Y lo que se entiende, se puede aumentar.

Acciones estratégicas a implementar

- Define tus **3–5 indicadores clave** (KPI): llamadas, citas, presentaciones, cierres, comisión promedio.
- Registra tus números **todos los días** (no a final de mes).
- Revisa una vez por semana: ¿qué indicador está más débil?
- Diseña una acción específica para mejorar solo ese indicador los próximos 7 días.

Los números son la brújula de tu crecimiento.

"El agente que mide su progreso acelera su éxito."

Día 239

CONSTRÚYETE UNA MARCA PERSONAL SÓLIDA

Cuando un agente solo vende, siempre está persiguiendo prospectos. Pero cuando construye una marca, ocurre algo distinto: las personas empiezan a buscarlo. ¿Te ha pasado que ves a alguien en redes hablando de seguros con claridad y sientes que ya confías un poco más en esa persona? Valentina descubrió ese poder casi por accidente. Un domingo a las 11:00 a. m., durante un brunch en Chicago, una mujer se acercó a su mesa y le dijo: "Tú eres la chica de los videos cortos de seguros en Instagram, ¿verdad?". La seguía desde hacía meses y quería agendar una cita para un seguro de vida con su esposo. Seis meses antes Valentina había empezado con algo simple: videos de 30–60 segundos, historias reales de clientes y mensajes claros para latinos en Estados Unidos. Al principio casi nadie reaccionaba, pero ella siguió publicando. Hoy recibe entre 8 y 12 prospectos al mes solo por su contenido.

Construye tu marca para que el mercado te encuentre

Cuando tu voz se vuelve visible, tu mercado empieza a recordarte.

Acciones estratégicas a implementar

- Define tu promesa de marca: *¿A quién ayudas y en qué?* (ej. "Ayudo a familias latinas a proteger su futuro en EE. UU.").
- Elige 1–2 plataformas principales (ej. Instagram + Facebook o TikTok + WhatsApp).
- Publica contenido de valor de forma constante (mínimo 3 veces por semana).
- Asegúrate de que tu foto, biografía y mensajes sean coherentes con la imagen de asesor profesional.

Tu marca abre puertas antes de que tú las toques.

"El agente que se convierte en marca nunca pasa desapercibido."

MANTÉN TU ENERGÍA Y MOTIVACIÓN ALTAS

Puedes tener el mejor guion, la mejor agenda y grandes productos, pero si tu energía está baja, el cliente lo percibe de inmediato. Vender es contacto humano, y tu estado físico y mental siempre entra contigo a la reunión. ¿Te ha pasado que empiezas el día cansado y todo se vuelve cuesta arriba? A Luis le ocurrió un lunes a las 7:00 a. m. en su apartamento en Los Ángeles. Dormía poco, desayunaba cualquier cosa y arrancaba el día sin claridad. A mediodía ya estaba saturado y comenzó a cancelar citas porque no tenía ánimo. Ese mes sus ingresos bajaron de $5,500 a $3,900. Una noche entendió algo simple: no estaba perdiendo por falta de oportunidades, estaba perdiendo por falta de energía. Decidió hacer cambios pequeños pero constantes: dormir antes, caminar 20 minutos diarios, empezar la mañana con respiración y cuidar su alimentación. En 45 días recuperó enfoque y paciencia con sus clientes. Sus ingresos volvieron a subir.

Cuida tu energía como cuidas tus ventas.

Tu energía es la gasolina de tu negocio. Sin gasolina, ningún motor avanza.

Acciones estratégicas a implementar

- Define una rutina de inicio de día (mañana) que incluya cuerpo + mente (ejercicio ligero + respiración + visualización).
- Ajusta tus horas de sueño para conseguir al menos 7 horas reales.
- Planea tus comidas en jornada laboral para evitar bajones de energía.
- Integra pausas activas cortas entre bloques de trabajo.

Tu energía es la gasolina de tus resultados.

"El agente que cuida su energía cuida su prosperidad."

COMPROMÉTETE CON EL APRENDIZAJE DE POR VIDA

En ventas, lo que hoy funciona puede quedarse viejo más rápido de lo que imaginas. Nuevos productos, nuevas regulaciones y nuevas objeciones aparecen cada año. El agente promedio estudia cuando la compañía lo exige; el agente sobresaliente estudia porque forma parte de quién es. ¿Te ha pasado que miras tus resultados y notas que llevan demasiado tiempo iguales? A Raúl le ocurrió un lunes a las 10:30 p. m. en su apartamento en Miami. Llegó cansado, tomó el control de la televisión y se quedó pensando: llevaba dos años ganando lo mismo. Esa noche tomó una decisión simple: cambiar una hora de televisión por 30 minutos diarios de estudio. Durante 90 días se enfocó en objeciones, psicología del cliente y productos más avanzados. Poco a poco su conversación con los prospectos cambió. Su tasa de cierre pasó de 2 de cada 10 presentaciones a 3 de cada 10. Sus ingresos también subieron.

Haz del aprendizaje parte de tu identidad.

El agente que deja de aprender se estanca. El que aprende siempre encuentra una nueva forma de crecer.

Acciones estratégicas a implementar

- Define un **horario fijo de estudio diario** (ej. 20–30 minutos).
- Elige un tema por mes: cierres, objeciones, producto, marketing, finanzas personales, etc.
- Usa siempre una fuente: libro, curso, podcast o mentoría concreta.
- Aplica al menos **una idea a la semana** en tu negocio.

El conocimiento que adquieres hoy es la comisión de mañana.

“El agente que nunca deja de aprender nunca deja de crecer.”

Día 242

INVIERTE EN CERTIFICACIONES OFICIALES

En este negocio no basta con decir que sabes; el cliente también quiere señales claras de que está frente a un profesional serio. Las certificaciones funcionan como esa credencial visible que separa al asesor preparado del improvisado. ¿Te ha pasado que compites con otros agentes y el cliente no percibe una diferencia clara? Mariela decidió cambiar eso. Un sábado a las 4:00 p. m., sentada en la primera fila de un curso avanzado en Los Ángeles, tomó una decisión interna: dejar de jugar en ligas pequeñas. El curso costaba $900 y al principio le dolió pagarlo, pero lo vio como una inversión en su reputación. Durante semanas estudió, hizo preguntas y aplicó lo aprendido. Tres meses después ocurrió algo interesante: contadores y abogados comenzaron a referirle clientes. En uno de esos casos cerró una póliza que le dejó $3,500 de comisión. Al salir de la firma entendió la verdadera ganancia: no solo recuperó la inversión, también elevó su posición en el mercado.

Las certificaciones elevan tu posición profesional.

Las credenciales abren puertas que la improvisación nunca toca.

Acciones estratégicas a implementar

- Investiga certificaciones relevantes en tu estado y tu nicho (vida, salud, comercial, retiró, etc.).
- Elige una certificación para este año y ponle **fecha objetivo**.
- Separa un presupuesto específico para formación formal.
- Cuando la obtengas, comunícalo: redes, firma de correo, presentaciones, tarjetas.

La credibilidad se construye con preparación certificada.

"El agente que invierte en certificarse invierte en su grandeza."

Día 243

APRENDE DE MENTORES CON RESULTADOS REALES

Muchos agentes avanzan lentamente porque intentan descubrir todo por sí solos. Un mentor cambia ese ritmo. Es alguien que ya recorrió el camino, cometió errores y aprendió qué funciona de verdad. ¿Te ha pasado que trabajas duro pero sientes que estás improvisando demasiado? A Eduardo le ocurrió un miércoles a las 7:00 p. m. en una cafetería de Chicago. Estaba nervioso esperando a Ricardo, un agente veterano que factura más de $20,000 al mes. Cuando por fin se sentaron, Eduardo mostró sus números: pocas citas y muchos clientes diciendo "lo voy a pensar". Con algo de vergüenza preguntó qué haría él en su lugar durante los próximos 90 días. Ricardo no dio un discurso largo; le dio tres instrucciones claras: aumentar llamadas diarias, grabar y revisar sus presentaciones y practicar cierres específicos. Eduardo decidió seguir cada indicación sin discutirla. Tres meses después sus ingresos pasaron de $2,500 a $5,700 y sus cierres se duplicaron.

Busca un mentor y acorta el camino.

Un buen mentor no camina por ti, pero sí te muestra el camino correcto.

Acciones estratégicas a implementar

- Identifica a 1–2 agentes o líderes con resultados que admires (no solo por lo que dicen, sino por lo que facturan).
- Pídeles una reunión corta con humildad y claridad: "Quiero aprender, no perder su tiempo".
- Llega con tus números y tus preguntas por escrito.
- Aplica por lo menos **una recomendación** de cada encuentro antes de pedir otro.

El camino ya fue recorrido, tú eliges si vas acompañado o no.

"El agente que aprende de un mentor acelera su destino."

Día 244

DEDICA UN DÍA AL MES SOLO A TU DESARROLLO

Muchos agentes aprenden solo cuando sobra tiempo, y casi nunca sobra. El profesional que crece entiende algo distinto: necesita momentos para detenerse, pensar y fortalecer su negocio. ¿Te ha pasado que trabajas tanto en las ventas diarias que casi no tienes espacio para mejorar tu sistema? Alejandra decidió romper ese ciclo. Un sábado a las 8:00 a. m. llegó a la biblioteca pública de Houston con su laptop, un cuaderno y dos libros. Había decidido crear su "Día CEO". Ese día no tendría citas ni prospectos; lo dedicaría a mejorar la máquina que produce sus ventas. Por la mañana estudió un curso de cierres, al mediodía revisó sus números trimestrales y por la tarde diseñó su plan de contenido para redes. Sus amigos pensaban que estaba perdiendo un sábado sin vender. Cuatro meses después sus comisiones pasaron de $4,000 a $7,200 mensuales. No vendía ese día, pero estaba construyendo a la persona que vendería mejor.

Reserva un día al mes para dirigir tu negocio.

Quien se detiene a pensar, termina avanzando más rápido.

Acciones estratégicas a implementar

- Elige un día fijo al mes (ej. primer sábado o último viernes) como tu **Día de Desarrollo**.
- Apágale las notificaciones al celular excepto emergencias.
- Divide el día en bloques:
  - Aprendizaje (curso, libro, mentoría).
  - Revisión de números.
  - Ajustes de estrategia.
- Lleva un registro de decisiones tomadas en cada "Día CEO".

Tu "Día CEO" es la reunión más importante de tu negocio.

"El agente que se agenda a sí mismo nunca deja de progresar."

Día 245

CONVIÉRTETE EN EXPERTO EN TU PRODUCTO PRINCIPAL

Puedes ofrecer muchos seguros, pero tu crecimiento se acelera cuando dominas uno en particular. El especialista se vuelve recordado; el generalista suele perderse entre muchas opciones. ¿Te ha pasado que vendes distintos productos, pero ninguno en volumen suficiente para destacar? Samuel lo sintió un jueves a las 2:00 p. m. en una oficina compartida en Miami. Revisó su cartera y notó que sabía un poco de todo, pero no era el experto en nada. Decidió cambiar. Eligió concentrarse en seguros de vida a largo plazo para familias jóvenes latinas. Durante seis meses estudió cada detalle de esas pólizas, preparó historias reales para explicarlas mejor y diseñó presentaciones claras enfocadas solo en ese tema. Poco a poco algo empezó a cambiar: clientes y colegas comenzaron a decir "habla con Samuel, él es el de los seguros de vida para familias". Ese mismo año superó los $8,000 en comisiones mensuales, la mayoría proveniente de ese producto.

Elige un producto estrella y conviértete en referencia.

Cuando te vuelves especialista, el mercado empieza a recordarte.

Acciones estratégicas a implementar

- Elige tu producto estrella (vida, salud, retiro, negocios, etc.).
- Estudia sus condiciones, beneficios, limitaciones y casos reales.
- Crea guiones de presentación, ejemplos visuales y comparaciones simples.
- Comunica en redes y en persona que **ese es tu foco principal**.

La especialización convierte a un agente común en extraordinario.

"El agente que domina un producto domina un mercado."

Día 246

ESTUDIA TENDENCIAS DEL MERCADO

Tu negocio no existe aislado. Cambios en la economía, la salud pública o las regulaciones influyen directamente en lo que tus clientes necesitan. El agente que solo repite un guion se queda atrás; el que entiende el contexto puede explicar mejor y ayudar con más claridad. ¿Te ha pasado que un cliente menciona una noticia y no sabes cómo conectarla con su protección? Patricia decidió que eso no le volvería a pasar. Un lunes a las 6:30 a. m., tomando café en su cocina en Chicago, leyó sobre el aumento de costos médicos. En lugar de ignorarlo, preparó un resumen sencillo para sus clientes y grabó un video corto explicando qué significaba ese cambio para sus pólizas de salud. Durante las semanas siguientes usó esa información para invitar a revisar coberturas. En un mes recibió varios mensajes de agradecimiento, agendó doce revisiones y cerró seis ajustes de plan.

Mantente informado para hablar con relevancia.

Quien entiende el momento del mercado siempre llega primero a la conversación.

Acciones estratégicas a implementar

- Suscríbete a 2–3 boletines o portales serios sobre seguros y economía.
- Reserva 30 minutos a la semana para leer y tomar notas.
- Traduce la información a **lenguaje simple** para tus clientes.
- Integra 1 dato o tendencia actual en cada presentación importante.

El conocimiento del mercado es tu arma secreta.

"El agente informado siempre llega primero."

Día 247

APRENDE SOBRE TECNOLOGÍA APLICADA A SEGUROS

La tecnología no reemplaza al agente, pero sí está reemplazando al que insiste en trabajar como hace veinte años. Herramientas simples pueden devolverte horas enteras de productividad. ¿Te ha pasado que el día se te va entre formularios, correos y recordatorios? Ricardo lo sintió un martes a las 11:00 a. m. en su escritorio en Los Ángeles. Tenía papeles por todas partes y la sensación incómoda de que estaba ocupado, pero no vendiendo. En una capacitación escuchó que otros agentes usaban CRM, cotizadores digitales y recordatorios automáticos. Al principio dudó; pensaba que no era bueno con la tecnología. Aun así decidió probar. En dos meses organizó sus contactos en un CRM básico, comenzó a cotizar en línea durante las citas y programó alertas automáticas para renovaciones. El cambio fue inmediato: redujo diez horas semanales de trabajo administrativo y pudo atender más citas. Sus comisiones crecieron un 30% en tres meses.

Usa la tecnología para liberar tu tiempo de venta.

Las herramientas correctas convierten el tiempo en resultados

Acciones estratégicas a implementar

- Elige una herramienta a la vez: CRM, firma digital, sistema de recordatorios o cotizador.
- Aprende lo básico con tutoriales o ayuda de un colega que ya la use.
- Integra la herramienta en un proceso específico (ej. siempre enviar propuestas con el mismo sistema).
- Evalúa el impacto en 30 días: ¿cuánto tiempo ahorraste?, ¿cuántas ventas mejoraste?

El futuro pertenece a los agentes tecnológicos.

"El agente que domina la tecnología domina el mañana."

Día 248

RODÉATE DE COLEGAS QUE TAMBIÉN ESTUDIEN

Estudiar solo ayuda, pero estudiar con personas comprometidas con su crecimiento cambia el ritmo de tu progreso. Cuando compartes ideas, resultados y aprendizajes con colegas serios, tu nivel de exigencia sube casi sin darte cuenta. ¿Te ha pasado que sabes lo que deberías hacer, pero sin presión externa lo pospones? Diego lo descubrió un martes a las 7:30 p. m. en una pequeña sala de cowork en Houston. Frente a él había tres agentes latinos revisando ideas de libros y cursos aplicados a sus ventas. Mientras escuchaba cómo una compañera había duplicado sus citas con un nuevo guion, sintió algo incómodo: él casi no había estudiado ese mes. Ese momento le dio claridad. Decidió leer 20 minutos diarios y llegar cada semana con una idea aplicada, no solo subrayada. En 60 días sus citas pasaron de 8 a 13 por semana y sus ingresos subieron a $4,100 mensuales.

Rodéate de personas que eleven tu estándar.

El estándar de tu entorno termina convirtiéndose en tu propio estándar.

Acciones estratégicas a implementar

- Identifica 2–4 colegas que quieran crecer en serio (no solo hablar).
- Propón una reunión semanal o quincenal de 45–60 minutos.
- Definan una estructura fija: libro / tema del mes + ideas aplicadas.
- Cierre obligado: cada uno se compromete con **una acción específica** para la semana siguiente.

La soledad frena tu crecimiento; la comunidad lo acelera.

"El agente que se rodea de gente que crece, no tiene espacio para la mediocridad."

CONVIERTE TU AUTO EN UNA UNIVERSIDAD RODANTE

El tráfico puede ser tiempo perdido... o tiempo que te forma. Muchos agentes pasan horas a la semana manejando sin aprovechar ese espacio. ¿Te ha pasado que llegas a una cita después de un trayecto largo y sientes que no ganaste nada de ese tiempo? Laura decidió cambiar eso una mañana a las 8:15 en la autopista I-95 en Miami. Antes se frustraba con el tráfico y escuchaba radio o noticias que solo aumentaban su estrés. Un mes decidió probar algo distinto: empezar cada trayecto con un audiolibro de ventas. Una mañana escuchó una frase de cierre sencilla y pensó que la probaría ese mismo día. Horas después, en una cita en un café de Brickell, usó esa línea con un cliente indeciso. Hubo unos segundos de silencio... y el cliente firmó. La comisión fue de $1,200. Tres meses después llevaba más de 30 horas de aprendizaje escuchado mientras conducía.

Convierte tu auto en una universidad rodante.

Quien aprende en el camino llega a la cita con ventaja.

Acciones estratégicas a implementar

- Descarga 2–3 audiolibros o podcasts de ventas, liderazgo o seguros.
- Decide que **cada trayecto de más de 15 minutos** será tiempo de aprendizaje.
- Ten una nota en el celular para escribir 1 idea al final del día.
- Elige **una idea por semana** para aplicar conscientemente en tus citas.

Cada kilómetro recorrido puede ser un capítulo aprendido.

"El agente que transforma su tiempo muerto en aprendizaje nunca se estanca."

REGISTRA TUS APRENDIZAJES EN UN DIARIO (VERSIÓN PRO)

Los agentes promedio confían en su memoria. Los agentes que crecen construyen un sistema para aprender de cada día. Un diario sencillo transforma experiencias sueltas en conocimiento útil. ¿Te ha pasado que una cita sale bien o mal y, semanas después, ya no recuerdas exactamente qué ocurrió? Camilo decidió evitar eso. Un lunes a las 10:45 p. m., en su pequeño apartamento en Chicago, abrió un cuaderno negro y escribió el título de su día: "Reunión con familia García – 6:30 p. m.". Sentía que pudo haber cerrado, pero habló demasiado tiempo. En lugar de frustrarse, anotó qué pregunta conectó con el cliente, qué explicación lo confundió y cómo diría esa idea de forma más clara la próxima vez. Repitió ese hábito cada noche durante tres meses. Al revisar sus notas descubrió un patrón: cuando hablaba más de veinte minutos seguidos, perdía atención. Ajustó su presentación a quince minutos y su tasa de cierre subió.

Convierte cada día en una lección escrita. La experiencia se vuelve sabiduría cuando queda escrita.

Acciones estratégicas a implementar

- Elige tu formato: cuaderno físico o app de notas exclusiva para este diario.
- Cada noche escribe **al menos una lección del día** (de un cliente, un libro o una objeción).
- Separa una página para "frases que funcionaron" y otra para "cosas que ajustaré".
- Revisa tu diario al final del mes y marca 3 patrones que quieras mejorar.

Lo que se escribe, se recuerda y se mejora.

"El diario de un agente exitoso no son solo sus ventas, sino las lecciones que lo llevaron a lograrlas."

ENSEÑA LO QUE APRENDES

El nivel más alto de aprendizaje llega cuando explicas lo que sabes a otros. Enseñar te obliga a ordenar tus ideas, encontrar ejemplos claros y enfrentar tus propias dudas. ¿Te ha pasado que entiendes algo mejor justo cuando intentas explicarlo? Karina lo descubrió un viernes a las 3:00 p. m. en una sala de entrenamiento en Miami. Frente a cinco agentes nuevos sentía nervios, pensando que ella también seguía aprendiendo. Aun así decidió compartir un tema sencillo: cómo responder a la objeción "está caro". Contó cómo antes se bloqueaba y qué frase comenzó a usar para responder con seguridad. Esa pequeña sesión funcionó tan bien que decidió repetirla cada semana durante veinte minutos. Con el tiempo notó algo interesante: al preparar cada explicación mejoraba su propio guion. En tres meses su tasa de cierre subió de 30% a 45% y sus ingresos también crecieron.

Enseña lo que sabes y dominarás lo que haces.

Cuando enseñas con claridad, también fortaleces tu propia maestría.

Acciones estratégicas a implementar

- Elige un tema sencillo que domines: una objeción, un producto o un cierre.
- Explícaselo a un colega nuevo en menos de 10 minutos.
- Publica una idea corta en redes una vez por semana.
- Propón en tu oficina una mini-sesión mensual donde tú compartas algo práctico.

El maestro aprende el doble que el alumno.

"El agente que comparte su conocimiento multiplica su grandeza."

Día 252

CONVIÉRTETE EN ALUMNO PERMANENTE DE TUS CLIENTES

Tus mejores maestros no están en un curso; están sentados frente a ti cada día. Cada pregunta revela un miedo real, cada objeción señala una parte de tu explicación que puede mejorar. ¿Te ha pasado que un cliente hace una pregunta que te deja sin respuesta clara? A José le ocurrió un miércoles a las 6:15 p. m. en la cocina de una familia latina en Houston. Mientras explicaba una póliza de vida, el cliente preguntó qué ocurriría si perdía su empleo y no podía seguir pagando. José se quedó en silencio unos segundos. Terminó la reunión sin cerrar, pero decidió convertir ese momento incómodo en una lección. Llamó a soporte, consultó a un colega experto y revisó el contrato hasta entenderlo bien. Al día siguiente volvió a llamar al cliente, explicó con claridad y programó otra cita. Cerró la póliza y, desde entonces, incluyó esa respuesta en todas sus presentaciones. Tres meses después su tasa de cierre subió notablemente.

Escucha a tus clientes: ellos entrenan tu presentación.

Cada objeción bien escuchada se convierte en una ventaja para la siguiente venta.

Acciones estratégicas a implementar

- Lleva una sección en tu diario llamada: “Preguntas de mis clientes”.
- Cada vez que no sepas algo, anótalo y comprométete a investigar **ese mismo día**.
- Actualiza tu guion integrando las respuestas más importantes.
- Usa las preguntas de tus clientes como temas para tus contenidos o entrenamientos.

Tus clientes son tus maestros más sinceros.

“El agente que aprende de sus clientes nunca se queda atrás.”

Día 253

RESERVA UN PRESUPUESTO ANUAL PARA FORMACIÓN

Muchos agentes dicen que quieren ganar más, pero sus gastos cuentan otra historia. La formación queda para "cuando sobre dinero", y ese momento casi nunca llega. ¿Te has detenido a mirar si tu estado de cuenta refleja tu deseo de crecer? Fabián lo hizo un domingo a las 5:00 p. m. en su mesa del comedor en Los Ángeles. Revisando sus gastos encontró restaurantes, ropa y gadgets, pero casi nada destinado a aprender. Ese contraste le incomodó. Decidió crear una regla simple: apartar el 5% de cada comisión para su desarrollo. Con ese fondo compró libros, tomó cursos y asistió a un taller especializado. Durante el año invirtió cerca de $1,500 en su formación. A cambio, su ingreso mensual promedio subió de $3,800 a $7,200 y descubrió un nicho que antes ni consideraba. La conclusión fue clara: el mejor negocio que hizo ese año fue invertir en sí mismo.

Invierte en tu mente antes de esperar más ingresos.

El crecimiento profesional comienza cuando lo tratas como una inversión, no como un gasto.

Acciones estratégicas a implementar

- Define qué porcentaje de tus ingresos destinarás a formación (mínimo 5–10%).
- Abre una cuenta o "sobre digital" exclusivo para educación.
- Cada vez que recibas comisión, transfiere automáticamente ese porcentaje.
- Planifica desde ya en qué cursos, libros o certificaciones invertirás los próximos 12 meses.

Invertir en ti es la mejor póliza que puedes pagar.

"El agente que invierte en su mente cosecha en su bolsillo."

Día 254

APRENDE DE OTRAS INDUSTRIAS

Las mejores ideas de ventas no siempre nacen dentro del mundo de los seguros. Restaurantes, hoteles y aplicaciones viven obsesionados con la experiencia del cliente, y ahí hay lecciones valiosas. ¿Te has fijado cómo algunos negocios hacen que algo simple se sienta especial? Luciano lo notó un sábado a las 11:30 a. m. en una cafetería del centro de Chicago. Mientras esperaba su bebida observó al barista escribir el nombre del cliente, sonreír, hacer una breve pregunta y luego llamarlo por su nombre al entregar el café. Pensó que ese pequeño detalle convertía un café común en una experiencia. Decidió estudiar ese modelo y también el servicio de una cadena hotelera. Después aplicó esas ideas a su negocio: usar más el nombre del cliente, enviar notas de agradecimiento personalizadas y crear pequeños momentos sorpresa después de la póliza. En pocos meses sus renovaciones aumentaron y comenzaron a llegar más referidos.

Aprende de otras industrias para mejorar tu servicio.

El producto abre la puerta; la experiencia hace que el cliente quiera volver.

Acciones estratégicas a implementar

- Elige una industria que te inspire: hoteles, bancos, apps, etc.
- Estudia cómo tratan al cliente, qué detalles cuidan, cómo fidelizan.
- Escribe 3 ideas que puedas adaptar a tu negocio de seguros.
- Implementa al menos una idea nueva por trimestre y mide su impacto.

La innovación ocurre cuando unes mundos distintos.

"El agente que observa más allá de su industria se convierte en pionero."

Día 255

CREA TU BIBLIOTECA PERSONAL DE ÉXITO

Un negocio sólido necesita una mente preparada para sostenerlo. Por eso muchos agentes de alto rendimiento crean una biblioteca personal de libros, cursos y apuntes. Es un lugar al que vuelven cuando necesitan una nueva idea, un mejor cierre o simplemente renovar el enfoque. ¿Te ha pasado que tienes información valiosa, pero tan dispersa que casi nunca la usas? Andrés lo notó un sábado a las 10:00 a. m. en su apartamento en Dallas. Tenía libros en la mesa, otros en el carro y apuntes sueltos en la mochila. Se dio cuenta de que el conocimiento sin orden se pierde. Ese día dedicó un estante completo a su "Biblioteca del Agente 10K". Ordenó libros de ventas, seguros, finanzas y mentalidad, y creó carpetas digitales para cursos y notas. También se comprometió a leer un libro al mes y revisar su biblioteca cada domingo. En seis meses su conversación con clientes cambió y su tasa de cierre mejoró.

Construye tu biblioteca y fortalece tu mente.

La mente bien equipada siempre encuentra una mejor forma de ganar.

Acciones estratégicas a implementar

- Elige un espacio físico (estante, cajón, caja) y uno digital (carpeta en tu computadora o nube) para tu biblioteca.
- Separa ahí solo material de crecimiento: libros, cuadernos, PDFs, cursos.
- Pon una etiqueta con un nombre poderoso: *"Biblioteca de Alto Rendimiento"*.
- Agenda un momento fijo de la semana (ej. domingo noche) para revisar qué estás usando y qué falta aplicar.

Tu biblioteca es el espejo de tu crecimiento.

"El agente que construye su biblioteca construye su legado."

Día 256

PÁGATE A TI PRIMERO

Muchos agentes trabajan duro, reciben su comisión y de inmediato comienzan a pagar cuentas. Cuando terminan, casi no queda nada para ellos. La diferencia aparece cuando decides que tu futuro también merece un pago. ¿Te ha pasado que ganas una buena comisión y, semanas después, no sabes en qué se fue? Carla lo sintió un viernes a las 4:30 p. m. en un estacionamiento de Houston al recibir una comisión de $2,800. Su mente empezó a repasar la lista de pagos habituales y se dio cuenta de algo incómodo: siempre pagaba todo... menos a sí misma. Ese día creó una cuenta separada llamada "Yo Primero" y decidió enviar allí el 10% de cada comisión antes de pagar cualquier gasto. Al principio se sintió extraño, como si faltara dinero. Sin embargo, mantuvo la disciplina. Doce meses después tenía más de $9,000 acumulados y, por primera vez, opciones reales para invertir en su crecimiento.

Págate primero y cambia tu relación con el dinero.

Quien se paga primero comienza a construir libertad.

Acciones estratégicas a implementar

- Define tu porcentaje mínimo (empieza con 5–10%).
- Abre una cuenta separada solo para este propósito.
- Cada vez que recibas comisión, transfiere ese porcentaje en el mismo día.
- No uses ese dinero para caprichos: es para ahorro e inversión, no para consumo.

El primer cheque siempre es para ti.

"El agente que se paga a sí mismo primero nunca será esclavo de sus gastos."

CREA UN FONDO DE EMERGENCIA

Como agente ves a diario cómo una crisis puede aparecer sin aviso. Sin embargo, muchos profesionales que venden protección viven sin su propio colchón financiero. Un fondo de emergencia de tres a seis meses de gastos básicos cambia tu manera de trabajar. ¿Te imaginas vender con tranquilidad incluso cuando surge un imprevisto? Martín entendió esto un lunes a las 9:10 a. m. en un taller mecánico de Chicago. Su carro, su oficina sobre ruedas, necesitaba una reparación de $1,800. Sin ahorros, tuvo que recurrir a la tarjeta y pasó meses trabajando con ansiedad. Esa experiencia lo llevó a hacer algo distinto. Calculó sus gastos básicos mensuales, unos $2,000, y se propuso ahorrar al menos tres meses de respaldo. Empezó a separar una parte de cada comisión y también de bonos ocasionales. Un año después, cuando una situación familiar redujo temporalmente su producción, pudo sostenerse sin pánico.

Construye tu propio fondo de emergencia.

El agente que tiene respaldo financiero vende con calma y decide con claridad.

Acciones estratégicas a implementar

- Calcula tus gastos mensuales básicos (renta, comida, transporte, servicios).
- Multiplica ese número por 3 o 6 para definir tu meta de fondo.
- Abre una cuenta solo para tu fondo de emergencia.
- Destina mensualmente un monto fijo hasta llegar a tu objetivo.

La tranquilidad financiera es tu mejor seguro.

"El agente que tiene un fondo de emergencia vende con confianza y vive con paz."

Día 258

EVITA LAS DEUDAS DE CONSUMO

El crédito puede ser útil, pero cuando se usa para consumo impulsivo se convierte en una fuga silenciosa de dinero. Cada interés que pagas es una parte de tu comisión que deja de trabajar para tu futuro. ¿Te ha pasado que trabajas fuerte todo el mes y luego descubres que gran parte del ingreso se va en pagar tarjetas? Sofía lo vivió un sábado a las 8:40 p. m. en un centro comercial de Los Ángeles. Salía con varias bolsas cuando revisó su aplicación bancaria y vio más de $6,700 en deuda. Sintió frustración: trabajaba mucho, pero el dinero desaparecía en intereses. El punto de quiebre llegó cuando quiso inscribirse en un curso de ventas y no pudo pagarlo. Decidió actuar: clasificó sus deudas, atacó primero las de mayor interés y dejó de usar la tarjeta para compras emocionales. En diez meses redujo su deuda a $800 y liberó dinero para invertir en su negocio.

Controla la deuda antes de que controle tus comisiones.

El dinero que dejas de perder en intereses comienza a trabajar para tu crecimiento.

Acciones estratégicas a implementar

- Haz una lista de todas tus deudas (monto, interés, tipo).
- Marca como "deuda mala" todo lo que sea consumo y no genere ingresos.
- Prioriza pagar primero las de mayor interés.
- Hasta liquidar, evita usar crédito para gustos o antojos.

No dejes que las deudas te vendan a ti.

"El agente que controla sus deudas se convierte en dueño de su destino financiero."

Día 259

SEPARA CUENTAS PERSONALES Y DE NEGOCIO

Cuando todo el dinero entra y sale del mismo lugar, es difícil saber si realmente estás ganando o solo moviendo dinero. El agente que crece trata su actividad como una empresa, no como una cuenta personal con muchos movimientos. ¿Te ha pasado que llega la temporada de impuestos y no sabes qué gasto pertenece al negocio? Julián lo vivió un martes a las 3:20 p. m. en Miami, sentado frente a su computadora revisando movimientos bancarios. Gasolina, comida, membresías, pagos de leads y gastos personales aparecían mezclados. Cuando su contador le preguntó cuáles eran del negocio, no supo responder. Ese momento incómodo le dio claridad. Esa misma semana abrió una cuenta exclusiva para su actividad profesional. Todas las comisiones comenzaron a entrar allí y desde esa cuenta pagó marketing, herramientas y capacitación. En pocos meses entendía mejor sus números y podía planear cuánto reinvertir cada mes.

Separa tus cuentas y dirige tu negocio como empresa.

Cuando ordenas tu dinero, también ordenas tu crecimiento.

Acciones estratégicas a implementar

- Abre una cuenta bancaria solo para tu actividad como agente.
- Haz que todas tus comisiones entren a esa cuenta.
- Desde ahí paga gastos del negocio (marketing, herramientas, gasolina de trabajo, etc.).
- Transfiere a tu cuenta personal solo tu “sueldo” o retiro como propietario.

El orden financiero es el inicio del éxito empresarial.

“El agente que separa sus cuentas separa el caos de la claridad.”

Día 260

PRESUPUESTA TUS COMISIONES

Los ingresos de un agente suben y bajan, pero los gastos siguen llegando cada mes. Cuando no hay un presupuesto claro, los meses buenos se evaporan y los meses bajos se vuelven una carrera contra el reloj. ¿Te ha pasado que ganas bien un mes y luego no sabes dónde quedó ese dinero? Natalia lo descubrió un jueves a las 7:00 p. m. en su apartamento en Houston revisando sus números. En seis meses había tenido picos de casi $9,000 y caídas a $2,400. En los meses buenos gastaba con libertad; en los bajos volvía al modo sobrevivencia. Comprendió que su problema no era producir, sino administrar. Decidió organizar sus comisiones con porcentajes claros: 50% para gastos personales, 20% para el negocio, 20% para ahorro e inversión y 10% para formación. Después de varios meses aplicando ese sistema, su dinero dejó de sentirse caótico.

Convierte tus comisiones en un plan, no en una sorpresa.

Cuando cada dólar tiene un destino, tu tranquilidad financiera empieza a crecer.

Acciones estratégicas a implementar

- Calcula tu ingreso promedio de los últimos 3–6 meses.
- Define tus porcentajes por rubro (ej. 50/20/20/10 u otra fórmula que te funcione).
- Cada vez que cobres comisión, reparte el dinero según esos porcentajes.
- Revisa y ajusta tu presupuesto cada 3 meses según tus resultados reales.

El dinero necesita dirección o se escapa.

"El agente que presupuesta sus comisiones gobierna su futuro financiero."

SECCIÓN 5

EDUCACIÓN Y FINANZAS

Hay agentes que parecen imparables... hasta que se detienen. Venden bien una temporada, entran comisiones, se sienten en control. Pero un mes baja el ritmo, suben los gastos, cambia una regla del mercado, o el cliente promedio se vuelve más exigente. Y entonces aparece la verdad: no era estabilidad, era impulso. En seguros, el estancamiento casi nunca llega de golpe; llega en silencio cuando dejas de aprender y cuando dejas de administrar. Por eso esta sección está diseñada para fortalecer dos pilares invisibles de tu carrera: la educación continua y las finanzas inteligentes. Sin educación no hay crecimiento, y sin finanzas sólidas no hay tranquilidad.

Este capítulo tiene un propósito doble y muy concreto. Por un lado, mantenerte actualizado en un mercado que no se detiene: productos, regulaciones, competencia, canales digitales y expectativas del cliente cambian más rápido de lo que muchos aceptan. Por el otro, garantizar que tus ingresos no se pierdan por falta de control: ganar bien no significa estar bien; estás bien cuando sabes con claridad cuánto entra, cuánto sale, cuánto queda y hacia dónde va. La meta es que tu carrera no dependa de meses "buenos", sino de una base estable que te permita crecer sin ansiedad.

Aquí vas a dominar, primero, la importancia real de la educación continua y de las certificaciones: cómo elegir formación que te diferencie, cómo convertir aprendizaje en credibilidad y cómo mantenerte vigente sin caer en cursos que solo entretienen. También aprenderás estrategias de manejo de dinero personal para agentes: hábitos simples para que tu esfuerzo se traduzca en estabilidad, no en fugas de efectivo. Además, trabajarás principios básicos de finanzas del negocio de seguros: separar lo personal de lo empresarial, llevar registros claros y entender tu flujo de caja. Y, sobre todo, instalarás hábitos financieros que sostienen el crecimiento: ahorro, control de gastos, inversión y fondo de emergencia como disciplina, no como intención.

Para que esta sección funcione, no se lee como inspiración; se usa como un plan. La forma recomendada es sencilla: cada semana elige un tip educativo y aplícalo en tu formación, aunque sea en sesiones cortas, porque una hora bien usada a la semana te separa del promedio más rápido de lo que imaginas. Cada mes implementa un hábito financiero, solo uno, para evitar el error de querer cambiar todo a la vez: puede ser automatizar un porcentaje de ahorro, llevar control de gastos, abrir una cuenta separada o iniciar una inversión básica. Y cada trimestre revisa avances con números, no con sensaciones: qué aprendiste, qué certificación avanzaste, cuánto ahorraste o invertiste, y si tu flujo de caja mejoró.

Esta sección es indispensable por una razón dura pero real: el éxito en ventas sin educación se desvanece porque te vuelves común, y los ingresos sin administración se esfuman porque el dinero sin estructura se comporta como agua: se va por donde encuentre salida. Educarte te da ventaja competitiva; administrar te da libertad. Y la libertad no es un concepto bonito: es la capacidad de elegir, de tener margen, de tomar decisiones sin desesperación y de sostener tu carrera en el largo plazo.

También está diseñada para evitar errores que destruyen carreras prometedoras. El primero es confiar solo en la experiencia sin capacitación formal; la experiencia te da intuición, pero la educación te da método, lenguaje profesional y actualización. El segundo es gastar todo lo que se gana sin separar ahorro e inversión; si tu estilo de vida sube al ritmo de tus comisiones, nunca construyes patrimonio. El tercero es no llevar registros financieros claros del negocio; sin registros no hay control, y sin control no hay planeación. Puedes trabajar duro y aun así quedarte estancado si no sabes dirigir el dinero.

Ahora te preguntate y responde con honestidad: ¿qué inversión en educación has postergado y por qué? ¿qué porcentaje real de tus ingresos puedes empezar a ahorrar hoy, sin excusas, aunque sea pequeño? ¿qué certificación te diferenciaría en tu mercado y te permitiría hablar con más autoridad? Recuerda la idea central: el conocimiento multiplica tu valor, y la disciplina financiera asegura que ese valor permanezca contigo.

Día 261

AUTOMATIZA TUS AHORROS

Ahorrar "cuando se pueda" casi siempre termina en no ahorrar. La fuerza de voluntad se agota, se distrae y encuentra razones para posponer. Por eso el agente inteligente no depende de recordarlo; crea un sistema que lo haga por él. ¿Te ha pasado que prometes guardar dinero después de una buena comisión y al final surge otro gasto? A Jairo le ocurrió durante años. Cada mes se decía que esta vez sí apartaría algo, pero siempre aparecía una salida, un antojo o un gasto inesperado. Al revisar su año se dio cuenta de una verdad incómoda: había ganado bien, pero no tenía nada acumulado. Un asesor bancario le propuso algo sencillo: programar una transferencia automática del 10% de cada comisión hacia su cuenta de inversión. Jairo lo aceptó casi como experimento. Doce meses después tenía un fondo sólido y apenas había sentido el proceso.

Automatiza tu ahorro y elimina la excusa.

Cuando el sistema trabaja por ti, tu futuro avanza incluso cuando estás ocupado.

Acciones estratégicas a implementar

- Pregunta en tu banco si puedes programar **transferencias automáticas** después de cada depósito.
- Define un porcentaje fijo de ahorro (mínimo 10%) y prográmalo.
- Revisa tu cuenta de ahorro o inversión cada mes y celebra el avance.

Lo que automatizas, crece sin distracciones.

"El agente que automatiza su ahorro convierte la disciplina en hábito eterno."

PLANIFICA TUS IMPUESTOS CON ANTICIPACIÓN

Los impuestos no son una sorpresa; son parte natural de tus ingresos. El agente que espera hasta el final del año suele enfrentarse al mismo susto: una cifra grande que no estaba preparada. ¿Te ha pasado que un buen año termina con una factura fiscal que nadie anticipó? Mariana lo vivió después de una temporada excelente. Había tenido comisiones altas, reconocimientos y viajes. Pero cuando su contador le mostró el monto de impuestos que debía pagar, sintió un golpe en el estómago. No tenía el dinero separado y terminó endeudándose para cumplir. Ese momento cambió su manera de trabajar. Al año siguiente decidió apartar el 15% de cada comisión en una cuenta exclusiva para impuestos. Cada vez que recibía un pago, esa parte salía primero. Cuando volvió la temporada fiscal, el dinero ya estaba listo. No hubo estrés ni préstamos.

Prepárate para los impuestos antes de que lleguen.

El agente preparado paga sus impuestos con calma, no con miedo.

Acciones estratégicas a implementar

- Calcula un porcentaje para impuestos (por ejemplo, entre 10% y 20%).
- Abre una cuenta exclusiva llamada "Impuestos".
- Separa ese porcentaje de cada comisión y revisa con tu contador cada trimestre.

El éxito no se improvisa, tampoco los impuestos.

"El agente que se adelanta a los impuestos nunca se queda corto."

Día 263

NO GASTES MÁS CUANDO GANAS MÁS

Cuando los ingresos suben, la tentación es subir también los gastos. Sin darte cuenta, el nuevo dinero desaparece en un auto mejor, más salidas o compras que antes no hacías. ¿Te ha pasado que ganas más, pero tu sensación financiera sigue igual? Daniel lo vivió después de duplicar sus ingresos. Pasó de $3,000 a casi $6,500 mensuales y celebró mejorando su estilo de vida: cambió de auto, salió más a restaurantes y empezó a darse pequeños "premios". Un año después revisó sus números y la conclusión fue incómoda: ganaba el doble, pero seguía igual de ajustado. Entonces decidió probar lo contrario. Mantendría su estilo de vida estable mientras sus ingresos crecían y el excedente iría directo a ahorro e inversión. Ese cambio transformó su ritmo financiero. Con el tiempo acumuló capital suficiente para dar una fuerte entrada en la compra de su casa.

Evita que tu estilo de vida se coma tus avances.

La riqueza aparece cuando tus ingresos crecen más rápido que tu estilo de vida.

Acciones estratégicas a implementar

- Define un estilo de vida que puedas mantener cómodamente **sin gastar todo lo que ganas**.
- Cada vez que tus ingresos aumenten, decide por adelantado dónde irá esa diferencia: ahorro, inversión, fondo de retiro, activos.
- Revisa tus gastos fijos cada 6 meses para evitar que se inflen sin sentido.

No es cuánto ganas, es cuánto conservas.

"El agente que controla sus deseos domina su futuro financiero."

Día 264

INVIERTE EN ACTIVOS, NO EN LUJOS

La diferencia entre un agente que acumula riqueza y uno que siempre vive presionado suele estar en una decisión simple: priorizar activos antes que gastos que solo lucen bien. Un activo pone dinero en tu bolsillo; un lujo normalmente lo saca. ¿Te has preguntado si tus compras están construyendo ingresos o solo una imagen? Carlos enfrentó esa decisión cuando le aprobaron un buen crédito. Tenía dos ideas en mente: comprar un auto de lujo o usar ese dinero como enganche para un departamento que pudiera rentar. Durante semanas imaginó ambas escenas: manejar el coche nuevo o recibir una renta cada mes. Finalmente eligió el departamento. Con el tiempo, la renta comenzó a cubrir gran parte de la hipoteca y el valor de la propiedad aumentó. Ese ingreso adicional redujo su dependencia de las comisiones mensuales y le dio mayor estabilidad.

Pon primero los activos y después los lujos.

Los activos construyen libertad; los lujos pueden esperar su turno.

Acciones estratégicas a implementar

- Haz una lista de activos en los que podrías invertir (bienes raíces, fondos de inversión, negocios, planes de retiro, etc.).
- Decide destinar un porcentaje fijo de tus ingresos a **crear o comprar activos**.
- Antes de un gasto grande, pregúntate: "¿Esto me da flujo o solo me da estatus?".

  Los activos te dan libertad, los lujos te la quitan.

"El agente que invierte en activos escribe su futuro en abundancia."

Día 265

VIVE POR DEBAJO DE TUS POSIBILIDADES

Vivir por debajo de tus posibilidades no significa privarte de todo. Significa entender que la verdadera riqueza nace del espacio entre lo que entra y lo que sale. Si cada dólar que ganas desaparece en gastos, tu progreso siempre se detiene. ¿Te has fijado cuánto margen queda después de cubrir tu estilo de vida? Paola se hizo esa pregunta cuando comenzó a ganar cerca de $6,000 mensuales. Muchos colegas ajustaban su vida a ese mismo nivel de ingresos. Ella decidió algo distinto: organizar su vida con un presupuesto de $3,500. El resto lo dirigió a ahorro, inversiones y formación profesional. Al principio parecía una decisión discreta, casi invisible. Sin embargo, con el paso de los años ese margen acumulado empezó a trabajar por ella. Diez años después cuenta con inversiones que generan ingresos, mantiene deudas mínimas y toma decisiones con tranquilidad.

Crea margen entre lo que ganas y lo que gastas.

El margen que proteges hoy se convierte en libertad mañana.

Acciones estratégicas a implementar

- Calcula tu ingreso mensual promedio.
- Diseña un estilo de vida que consuma **menos** de lo que ganas (por ejemplo, 70–80%).
- Destina la diferencia a ahorro, inversión y tu plan de libertad financiera.

Quien vive con menos, disfruta más libertad.

"El agente que vive por debajo de sus posibilidades nunca será esclavo del dinero."

Día 266

DEFINE TU NÚMERO DE LIBERTAD FINANCIERA

Decir "quiero ser libre financieramente" suena bien, pero no guía ninguna acción concreta. La claridad aparece cuando pones un número sobre la mesa: ¿cuánto dinero necesitas cada mes para vivir sin depender de tus ventas? ¿Alguna vez lo has calculado? Esteban hablaba constantemente de libertad financiera hasta que un mentor le hizo esa pregunta directa. Se quedó en silencio. Esa noche tomó papel y pluma y sumó sus gastos reales: vivienda, alimentación, transporte, salud, educación de sus hijos y algunos extras razonables. El resultado fue claro: necesitaba $4,000 mensuales para vivir con tranquilidad. Ese número cambió su enfoque. Empezó a construir ingresos que no dependieran solo de vender cada mes: rentas y comisiones renovables. Con el tiempo alcanzó ese nivel de ingresos pasivos. Curiosamente, siguió vendiendo, pero con una mentalidad distinta.

Define tu número de libertad financiera.

Cuando tu número es claro, tu camino hacia la libertad también lo es.

Acciones estratégicas a implementar

- Calcula tus gastos mensuales básicos y deseables (sin lujo excesivo, pero con buena calidad de vida).
- Usa ese monto como tu **número de libertad mensual**.
- Define un plan para generar ese ingreso con rentas, inversiones y renovaciones, no solo con ventas nuevas.

La libertad comienza con un número claro.

"El agente que conoce su número de libertad ya dio el primer paso para alcanzarla."

Día 267

DIVERSIFICA TUS INGRESOS

Depender de una sola fuente de dinero es frágil. Cuando todo tu ingreso proviene de un solo producto o canal, cualquier cambio del mercado puede sacudir tu estabilidad. ¿Te has preguntado qué pasaría si mañana ese producto dejara de venderse igual? Rogelio vivió esa lección. Durante años vendía únicamente seguros de vida y le iba bien, hasta que cambios en su mercado redujeron la demanda. Sus ingresos cayeron rápido y entendió que su negocio tenía una sola pata. Decidió reaccionar con estrategia. Se capacitó en seguros de salud, aprendió sobre anualidades y además comenzó a generar un pequeño ingreso adicional con rentas. Con el tiempo, su negocio dejó de depender de un solo flujo. Cuando un área tenía un mes lento, otra lo compensaba. El resultado fue menos presión y más estabilidad para planear el futuro.

Construye varias fuentes de ingreso.

La estabilidad financiera aparece cuando tu mesa tiene varias patas, no solo una.

Acciones estratégicas a implementar

- Identifica las áreas donde dependes prácticamente de **una sola fuente** (un producto, un tipo de cliente, una sola compañía).
- Decide qué productos o servicios complementarios puedes incorporar.
- Dedica un porcentaje de tu tiempo semanal a desarrollar esas nuevas fuentes.

La seguridad está en la diversidad.

"El agente que diversifica multiplica sus oportunidades."

Día 268

INVIERTE EN TU RETIRO DESDE HOY

El futuro financiero no aparece por accidente. Se construye con decisiones pequeñas y constantes tomadas hoy. ¿Te has preguntado cuánto trabajará el tiempo a tu favor si empiezas temprano? Fabián lo entendió a los 30 años. Mientras muchos amigos gastaban todo lo que ganaban, él decidió aportar $200 mensuales a un plan de retiro. No parecía una cantidad espectacular, pero su idea era simple: dejar que el tiempo hiciera su trabajo. Con los años, esos aportes constantes comenzaron a crecer gracias al interés compuesto. Décadas después, ese hábito disciplinado se transformó en un fondo que superaba los $400,000. Mientras algunas personas cercanas se preguntaban cómo sostener su retiro, Fabián tenía opciones: seguir trabajando por gusto o reducir su ritmo con tranquilidad.

Empieza hoy a construir tu retiro.

El tiempo premia a quien empieza temprano.

Acciones estratégicas a implementar

- Define cuánto puedes destinar mensualmente a tu retiro (aunque sea una cantidad pequeña al inicio).
- Busca un plan de retiro o vehículo de inversión adecuado con un asesor confiable.
- Programa aportes automáticos para no depender de "acordarte".

Tu yo del futuro te agradecerá lo que decidas hoy.

"El agente que invierte en su retiro asegura no solo su futuro, sino su legado."

APRENDE A LEER TUS ESTADOS FINANCIEROS

Muchos agentes revisan su cuenta bancaria solo para ver cuánto hay. El profesional la revisa para entender algo más profundo: de dónde viene el dinero, en qué se está yendo y qué parte realmente se queda. ¿Alguna vez analizaste tus estados financieros con calma? Lucía sentía que el dinero simplemente desaparecía. No sabía exactamente cómo, pero al final del mes siempre quedaba menos de lo esperado. Su mentor le pidió una tarea simple: descargar los estados bancarios de los últimos tres meses. Cuando los revisaron juntos apareció la verdad. Cerca del 40% de sus ingresos se iba en pequeños gastos: comidas frecuentes, aplicaciones, suscripciones olvidadas. Incluso encontraron pagos duplicados que ni recordaba haber activado. Con solo ajustar esos detalles, su ganancia neta aumentó alrededor de un 15% sin necesidad de vender una póliza adicional.

Lee tus números para entender tu dinero.

Los números no juzgan; simplemente revelan dónde está tu poder de decisión.

Acciones estratégicas a implementar

- Descarga tus estados de cuenta bancarios y de tarjetas cada mes.
- Clasifica tus movimientos: ingresos, gastos necesarios, gastos innecesarios, ahorro, inversión.
- Haz un análisis trimestral para detectar patrones y ajustar.

Los números no mienten; te muestran tu camino.

"El agente que domina sus números domina su destino."

CONSTRUYE CRÉDITO INTELIGENTE

El crédito no es el problema. El problema aparece cuando se usa para gastar lo que aún no se ha ganado. Bien manejado, el crédito se convierte en una herramienta que abre oportunidades importantes. ¿Te has preguntado si tu historial financiero está trabajando a tu favor? Raúl durante años evitó usar tarjetas porque temía endeudarse. Parecía prudente, pero tuvo un efecto inesperado: tampoco estaba construyendo historial. Cuando quiso solicitar financiamiento para comprar un local para su oficina, el banco le ofreció condiciones poco favorables. Entonces decidió aprender a usar el crédito de forma estratégica. Empezó a pagar con tarjeta gastos que ya tenía previstos, como gasolina y supermercado. Pagaba siempre el total antes de la fecha límite y mantenía el uso por debajo del 30% del límite disponible. Con el tiempo su historial mejoró. Dos años después volvió al banco y obtuvo mejores condiciones para financiar su oficina.

Usa el crédito como herramienta, no como salario.

El crédito bien manejado abre puertas que el dinero inmediato no siempre puede abrir.

Acciones estratégicas a implementar

- Revisa el uso actual de tus tarjetas de crédito.
- Comprométete a pagar el **100% del saldo** cada mes, antes de la fecha límite.
- Evita usar más del 30% del límite disponible en cada tarjeta.

El crédito es una herramienta, no una cadena.

"El agente que usa el crédito con sabiduría abre puertas al crecimiento."

ASESÓRATE CON UN CONTADOR

Muchos agentes ven al contador solo como alguien que presenta números una vez al año. El profesional entiende que un buen contador puede evitar errores costosos y ayudar a tomar mejores decisiones financieras. ¿Te ha pasado que los temas fiscales se vuelven confusos y terminas resolviendo todo con prisa? Lorena lo vivió un jueves a las 6:15 p. m. en Chicago cuando recibió una carta del IRS con una multa que no entendía. Sintió miedo y frustración. Trabajaba duro, pero estaba perdiendo dinero por errores administrativos. Un colega le recomendó una contadora especializada en agentes de seguros. En su primera reunión revisaron sus declaraciones y encontraron varios problemas: deducciones que no estaba usando, registros incompletos y pagos mal organizados. Con un plan claro, Lorena corrigió su sistema financiero. Durante el año siguiente eliminó multas innecesarias y optimizó su situación fiscal.

Convierte a tu contador en aliado de tu crecimiento.

Un buen asesor financiero puede ahorrarte mucho más de lo que cuesta.

Acciones estratégicas a implementar

- Busca un contador que tenga experiencia con agentes de seguros o comisionistas.
- Agenda al menos una sesión trimestral para revisar tu situación financiera y fiscal.
- Lleva tus dudas por escrito (deducciones, impuestos, estructura de tu negocio).

La sabiduría compartida multiplica los resultados.

“El agente que se asesora bien se adelanta a los problemas.”

Día 272

CONTROLA LOS GASTOS HORMIGA

Los grandes problemas financieros rara vez aparecen de golpe. Empiezan con pequeños gastos diarios que parecen inofensivos: cafés, apps, suscripciones olvidadas o comidas rápidas. ¿Te ha pasado que ganas bien, pero tu saldo no lo refleja? Diego se hizo esa pregunta un lunes a las 8:40 a. m. en Miami mientras revisaba su cuenta bancaria. Decidió analizar con calma los últimos tres meses. Lo que encontró lo sorprendió: tres plataformas de streaming que casi no usaba, aplicaciones de $5 a $15 mensuales que había olvidado y comidas rápidas varias veces por semana. Cuando sumó todo, el total superaba los $250 al mes. En lugar de ignorarlo, canceló lo innecesario y decidió usar ese mismo dinero para publicidad en redes. En solo dos meses esa pequeña reasignación generó nuevos prospectos y varias pólizas adicionales.

Cierra los gastos hormiga antes de que crezcan.

Cada fuga pequeña que cierras se convierte en dinero disponible para crecer.

Acciones estratégicas a implementar

- Revisa tus estados de cuenta del último mes.
- Identifica cargos pequeños y recurrentes.
- Marca cuáles eliminarás, cuáles reducirás y cuáles mantendrás.

  Los pequeños gastos pueden frenar grandes sueños.

"El agente que controla lo pequeño multiplica lo grande."

APRENDE A INVERTIR CON CONOCIMIENTO

Invertir no es apostar. Cuando el dinero entra en algo que no entiendes, el riesgo deja de ser calculado y se convierte en adivinanza. ¿Te ha pasado que escuchas sobre una inversión "que todos están haciendo" y sientes presión por entrar rápido? Luis vivió esa experiencia un sábado a las 11:00 a. m. en Houston. Con buenos ingresos como agente, escuchó a unos amigos hablar de criptomonedas que supuestamente subían sin parar. Sin investigar demasiado decidió poner $3,000 para no quedarse atrás. Un mes después el valor de esa inversión había caído casi a la mitad. La frustración fue fuerte. Pensó algo que cambió su mentalidad: nunca vendería a un cliente un producto que no entiende, así que tampoco debía hacerlo con su propio dinero. Decidió estudiar lo básico sobre inversiones, tomar un curso breve y consultar a un asesor financiero. Con el tiempo empezó a invertir con criterio.

Invierte con conocimiento, no por impulso.

El dinero crece mejor cuando la mente que lo dirige también crece.

Acciones estratégicas a implementar

- Elige un tema de inversión para estudiar este trimestre (fondos, bienes raíces, planes de retiro, etc.).
- Lee un libro, toma un curso o escucha un podcast serio sobre ese tema.
- Empieza con montos pequeños que no afecten tu estabilidad.

La educación es la mejor inversión.

"El agente que invierte en conocimiento nunca pierde."

Día 274

CELEBRA TUS AVANCES FINANCIEROS

La disciplina financiera es poderosa, pero si nunca reconoces tus logros puede volverse pesada. El progreso necesita también momentos de celebración que refuercen el esfuerzo. ¿Te ha pasado que alcanzas una meta y sigues adelante como si nada hubiera ocurrido? Claudia lo vivió una noche de viernes a las 9:30 p. m. en Los Ángeles. Revisó su cuenta y vio que había alcanzado su primer gran objetivo: $5,000 de ahorro. Su reacción inicial fue cerrar la aplicación y continuar con su rutina. Luego pensó algo diferente: si no celebraba ese avance, su mente solo recordaría el sacrificio, no el resultado. Decidió hacer una celebración sencilla pero significativa: una cena especial con su familia donde compartió cómo había logrado esa meta. Ese momento reforzó su orgullo y su compromiso. Poco después se propuso nuevos objetivos y cada logro importante tuvo su pequeño reconocimiento.

Celebra tus avances para sostener la disciplina.

Reconocer el progreso convierte la disciplina en un camino sostenible.

Acciones estratégicas a implementar

- Define hitos financieros: cada $1,000 ahorrados, deuda pagada, inversión iniciada, etc.
- Elige celebraciones moderadas que no rompan tu avance (una cena, un día libre, un detalle especial).
- Comparte tu logro con alguien que te apoye (pareja, mentor, equipo).

Cada paso hacia adelante merece reconocimiento.

"El agente que celebra sus avances honra su propio esfuerzo."

Día 275

ENSEÑA FINANZAS A TU FAMILIA

El éxito financiero no se mide solo por lo que ganas, sino también por lo que tu familia aprende a cuidar. Si en casa nadie entiende cómo manejar el dinero, el esfuerzo del proveedor termina cargando todo el peso. ¿Te has preguntado si tu familia sabría administrar lo que hoy estás construyendo? Sergio lo pensó un domingo a las 5:00 p. m. en Dallas mientras revisaba sus números y veía a sus hijos jugando videojuegos. Comprendió que trabajaba por ellos, pero nadie les estaba enseñando a manejar dinero. Decidió empezar con algo sencillo: darles sobres para dividir su mesada en tres partes—gasto, ahorro y donación. Les explicó que, igual que él, debían pagarse primero antes de gastar. Con el paso de los meses sus hijos comenzaron a ahorrar para metas propias y a distinguir entre deseos y necesidades. Sergio sintió que no solo estaba creando patrimonio, sino también mentalidad.

Construye cultura financiera en tu familia.

El verdadero legado no es solo dinero; es la sabiduría para administrarlo.

Acciones estratégicas a implementar

- Habla con tu familia sobre dinero de forma sencilla, sin miedo ni tabúes.
- Crea reglas básicas de ahorro y gasto (porcentajes, prioridades).
- Da el ejemplo: así como tú manejas tu dinero, ellos aprenderán a manejar el suyo.

El legado más grande es la educación.

"El agente que educa a su familia multiplica su riqueza en generaciones."

Día 276

SEPARA TUS FINANZAS PERSONALES DE LAS DEL NEGOCIO (NIVEL EMPRESARIAL)

Separar cuentas es el primer paso. El siguiente nivel es tratar tu agencia como un negocio formal: con cuentas claras, decisiones profesionales y un sueldo definido para ti. ¿Te has preguntado si manejas tu operación como dueño de empresa o solo como vendedor que cobra comisiones? Ana se hizo esa pregunta un martes a las 3:00 p. m. en Houston. Usaba la misma tarjeta para pagar la renta, el supermercado y también las herramientas de su agencia. Cuando su contador le pidió números claros, todo estaba mezclado. Ese momento incómodo le dio una señal clara: debía ordenar su sistema. Abrió una cuenta exclusiva para su agencia y estableció una regla simple. Todas las comisiones entrarían allí, y desde esa cuenta se pagaría un sueldo mensual fijo a su cuenta personal. En pocos meses entendía mejor sus números y podía planear reinversiones con criterio.

Dirige tu agencia como una empresa real.

Cuando te tratas como dueño, tu negocio empieza a comportarse como empresa.

Acciones estratégicas a implementar

- Abre una cuenta bancaria **solo** para tu negocio (si no lo has hecho).
- Define un monto mensual como tu "sueldo" y transfórmalo desde la cuenta del negocio a tu cuenta personal.
- Paga gastos personales solo desde tu cuenta personal; paga marketing, herramientas, renta de oficina, etc., solo desde la cuenta del negocio.

La claridad en tus cuentas es el inicio del crecimiento.

"El agente que separa sus finanzas se convierte en empresario de verdad."

Día 277

DEFINE UN PRESUPUESTO DE NEGOCIO

Una empresa crece cuando sabe cuánto puede invertir y en qué. Sin un presupuesto definido, el dinero termina saliendo por impulsos: hoy un anuncio, mañana una herramienta, pasado mañana nada. ¿Te has preguntado si tus gastos de negocio siguen un plan o solo reaccionan al momento? Martín lo descubrió un miércoles a las 7:00 a. m. en Chicago mientras revisaba sus cuentas. Un mes había puesto $100 en publicidad, otro nada, y otro $400 sin medir resultados. No era estrategia; era improvisación. Su mentor le sugirió tratar su agencia como una empresa real. Martín decidió asignar el 20% de sus ingresos a tres áreas clave: marketing, formación y tecnología. Con esa estructura pudo mantener su prospección constante, medir campañas y mejorar sus decisiones. En pocos meses notó un cambio claro en la estabilidad de su negocio.

Dale a tu agencia un presupuesto claro.

Cuando el dinero tiene un plan, el crecimiento deja de depender del azar..

Acciones estratégicas a implementar

- Calcula tu ingreso promedio de los últimos 3 meses.
- Asigna porcentajes a rubros clave:
- Marketing.
- Formación.
- Operación (renta, herramientas, etc.).
- Revisa cada trimestre si tu presupuesto se está cumpliendo y qué ajustes necesitas.

Un presupuesto es tu mapa financiero.

"El agente que planifica su presupuesto gobierna su crecimiento."

Día 278

TEN UN FONDO DE EMERGENCIA EMPRESARIAL

Así como tu vida personal necesita respaldo, tu negocio también lo necesita. Una agencia sin reserva financiera depende demasiado del mes actual. ¿Qué pasaría si tus ingresos bajaran de forma repentina? Carlos enfrentó esa realidad durante la pandemia en Nueva Jersey. Tenía una pequeña oficina con dos asistentes y vio cómo varios colegas cerraban cuando sus ventas se frenaron. La diferencia fue una decisión que había tomado años antes: crear un fondo de emergencia para su agencia equivalente a seis meses de gastos fijos. Cada comisión importante alimentaba ese fondo poco a poco. Cuando llegó la crisis, pudo mantener a su equipo, seguir pagando la renta y aprovechar el tiempo para mejorar procesos y capacitarse. Mientras otros reducían operaciones, él mantuvo su estructura lista para el regreso del mercado.

Construye un fondo de emergencia para tu agencia.

Un negocio con reservas puede resistir la tormenta y crecer cuando vuelve el sol..

Acciones estratégicas a implementar

- Calcula tus gastos fijos mensuales de negocio (renta, sueldos, herramientas, etc.).
- Define una meta de fondo: mínimo 3 meses, ideal 6.
- Separa cada mes un porcentaje de tus ganancias hasta llegar a ese monto y mantenlo intocable para emergencias reales.

  Un negocio seguro resiste cualquier tormenta.

“El agente que protege su negocio asegura su permanencia en el mercado.”

AUTOMATIZA TUS PAGOS Y COBROS

Los olvidos cuestan dinero. Un pago tardío puede generar recargos, suspensiones de servicio o incluso afectar la confianza de quienes trabajan contigo. ¿Cuántas tareas financieras dependen hoy solo de tu memoria? Verónica lo descubrió un lunes a las 8:10 a. m. en Los Ángeles cuando recibió un correo que decía: "Servicio suspendido por falta de pago". Era la herramienta de CRM donde guardaba toda su información de clientes. El problema no fue falta de dinero, sino un simple descuido. Ese momento la llevó a reorganizar su sistema. Habló con su banco y activó pagos automáticos para todos los servicios fijos de su negocio. También configuró cobros recurrentes para algunos clientes con pagos mensuales. En pocos meses dejó de pagar recargos, sus herramientas dejaron de interrumpirse y su flujo de efectivo se volvió más estable.

Automatiza pagos y cobros para proteger tu flujo.

Cuando el sistema se encarga de lo repetitivo, tú puedes concentrarte en vender y crecer..

Acciones estratégicas a implementar

- Lista tus pagos fijos (renta, CRM, internet, herramientas).
- Programa pagos automáticos desde tu banco o tarjeta.
- Si manejas cobros recurrentes, usa plataformas que permitan automatizarlos.

Automatizar es liberar tu energía de lo repetitivo.

"El agente que automatiza vive con más orden y más ingresos."

CONTROLA TU FLUJO DE EFECTIVO

Un negocio puede vender mucho y aun así tener problemas si el dinero no circula bien. Las ventas prometidas no pagan cuentas; el efectivo disponible sí. ¿Te ha pasado que tienes ventas cerradas pero poco dinero en la cuenta? Jaime lo vivió un viernes a las 4:45 p. m. en Houston. Su producción era buena, pero el saldo disponible era bajo. Cuando su asistente preguntó con qué pagarían la renta del lunes, sintió la presión. Tenía comisiones futuras, pero casi nada líquido en ese momento. Ese susto lo llevó a organizar su sistema financiero. Empezó a revisar cada semana las entradas y salidas de dinero, negoció mejores fechas de pago con algunos proveedores y buscó acelerar ciertos cobros. Con esa disciplina empezó a tener claridad sobre cuánto dinero entraba, cuánto salía y qué monto mínimo debía mantener en la cuenta.

Cuida tu flujo de efectivo como la sangre de tu negocio.

Un negocio sano no solo vende; también controla cuándo entra y cuándo sale el dinero.

Acciones estratégicas a implementar

- Registra semanalmente todas las entradas y salidas de efectivo.
- Proyecta tus gastos de las próximas 4 semanas.
- Asegúrate de mantener siempre un saldo mínimo de seguridad.

El flujo de efectivo es la sangre de tu negocio.

“El agente que domina su flujo domina su futuro.”

REINVIERTE UN PORCENTAJE DE TUS GANANCIAS

Trabajar más horas no siempre significa crecer más. El crecimiento aparece cuando parte de tus ganancias vuelve a tu negocio en forma de herramientas que generan más oportunidades. ¿Te has preguntado si tus comisiones están construyendo algo que produzca resultados el próximo mes? Andrés lo pensó un lunes a las 7:30 a. m. en Miami mientras revisaba sus ingresos. Había tenido un buen mes, pero notó algo inquietante: cada periodo parecía comenzar desde cero. Decidió cambiar su enfoque. Empezó a reinvertir el 15% de cada comisión en recursos que impulsaran su agencia: anuncios en redes sociales, un sistema CRM y diseño básico para mejorar su presencia digital. Con el tiempo su flujo de prospectos aumentó y su producción se volvió más constante. En pocos meses su cartera creció y el número de pólizas mensuales también.

Reinvierte para que tu negocio crezca.

Cuando siembras parte de tus ganancias en tu negocio, el crecimiento deja de depender del azar..

Acciones estratégicas a implementar

- Define un **porcentaje fijo** (ej. 10–20%) de tus ganancias para reinversión.
- Destínalo a: marketing, tecnología, formación o asistentes.
- Registra cada mes cuánto reinvertiste y qué resultado concreto te dio.

El crecimiento viene de sembrar nuevamente en tu negocio.

“El agente que reinvierte asegura una cosecha abundante.”

MIDE TUS INDICADORES FINANCIEROS CLAVE

Trabajar duro no garantiza que el negocio esté creciendo. Lo que realmente marca la diferencia es entender los números detrás del esfuerzo. ¿Sabes cuánto te queda limpio después de pagar todos los gastos? Norma enfrentó esa pregunta un jueves a las 5:45 p. m. en Chicago. Cerró su laptop con frustración porque sentía que trabajaba mucho, pero no tenía claridad sobre su rentabilidad real. Su mentor le pidió algo sencillo: anotar tres números básicos cada mes—ingresos totales, gastos del negocio y costo de cada campaña de marketing. Al revisarlos apareció una sorpresa. Una de sus campañas le costaba $600 y solo generaba una venta de $300 en comisión. Estaba pagando por trabajar más. Canceló esa campaña y duplicó la inversión en las que sí generaban resultados. En pocos meses sus ganancias netas crecieron sin necesidad de trabajar más horas.

Mide tu negocio para mejorar tus resultados.

Cuando tus números son claros, tus decisiones también lo son..

Acciones estratégicas a implementar

- Define al menos **3 indicadores financieros clave**:
- Ingresos mensuales.
- Gastos del negocio.
- Utilidad neta o ROI de campañas.
- Regístralos cada mes en una hoja de cálculo o cuaderno.
- Cada trimestre, ajusta tus decisiones según esos números.

Lo que se mide, mejora.

“El agente que mide sus finanzas, multiplica sus resultados.”

REDUCE GASTOS INNECESARIOS EN TU NEGOCIO

El crecimiento de un negocio no depende solo de vender más, sino también de gastar mejor. Muchas agencias pierden dinero en herramientas que se contrataron con entusiasmo... y luego se olvidaron. ¿Sabes exactamente qué servicios estás pagando cada mes? Ricardo lo descubrió un miércoles a las 10:20 a. m. en Houston mientras revisaba el extracto de su cuenta empresarial. Encontró algo que lo sorprendió: tres plataformas de email marketing casi sin uso, dos herramientas de diseño que hacían lo mismo y varias suscripciones de prueba que nunca canceló. Sintió frustración al darse cuenta de que parte de su dinero financiaba servicios innecesarios. Decidió dedicar una hora a revisar cada gasto. Canceló lo que no aportaba valor y renegoció algunos servicios. Ese simple ajuste liberó cerca de $250 mensuales, dinero que redirigió a campañas que generaban citas.

Gasta con intención, no por costumbre.

El dinero que dejas de desperdiciar se convierte en capital para crecer.

Acciones estratégicas a implementar

- Descarga tus estados de cuenta de los últimos 2 meses.
- Señala todo gasto recurrente: suscripciones, plataformas, servicios.
- Clasifícalos:
  A: Imprescindible.
  B: Útil, pero se puede optimizar.
  C: Innecesario → cancelar.

  Cada dólar ahorrado es un soldado que puede trabajar para ti.

"El agente que elimina fugas de dinero fortalece su negocio."

Día 284

PLANEA TUS IMPUESTOS CON ANTICIPACIÓN

Los impuestos no aparecen por sorpresa. Llegan cada año en la misma temporada. La diferencia está en cómo te preparas para ese momento. ¿Te ha pasado que el número que debes pagar parece demasiado grande porque no lo viste venir? Julio lo vivió un día de marzo a las 3:30 p. m. en Los Ángeles. Salió de la oficina de su contador con una sensación de golpe en el estómago. Debía varios miles de dólares en impuestos que no había separado durante el año. Trabajaba duro, pero terminaba endeudándose para cumplir con sus obligaciones. Su contador le propuso una solución simple: apartar el 20% de cada comisión en una cuenta exclusiva para impuestos. Cada vez que recibía un pago, esa parte se movía automáticamente. Al año siguiente la historia fue diferente. Cuando llegó la temporada fiscal, el dinero ya estaba reservado.

Prepárate para los impuestos todo el año.

Prepararte con anticipación transforma una obligación estresante en un trámite controlado.

Acciones estratégicas a implementar

- Habla con tu contador y define qué **porcentaje** debes separar (ej. 15–25%).
- Abre una cuenta exclusiva para "impuestos del negocio".
- Aparta ese porcentaje cada vez que recibas comisiones.

Los impuestos planeados son un aliado, no un enemigo.

"El agente que se anticipa a sus impuestos vive en paz y prosperidad."

Día 285

HAZ CRECER TU NEGOCIO CON APALANCAMIENTO FINANCIERO INTELIGENTE

El apalancamiento no significa endeudarte sin control. Significa utilizar recursos externos —crédito, socios o alianzas— para expandir algo que ya sabes que funciona. ¿Te has encontrado con una oportunidad clara pero sin el capital suficiente para aprovecharla? Valeria vivió ese momento un viernes a las 11:00 a. m. en Miami. Sus campañas en Facebook generaban citas de forma constante, pero su presupuesto limitaba el volumen. Sabía que el sistema funcionaba; lo que faltaba era escala. En lugar de esperar años para crecer lentamente, solicitó una pequeña línea de crédito de $2,000 y la destinó a una campaña intensiva de tres meses. Los resultados fueron claros: decenas de citas nuevas y varias pólizas adicionales. Con esas ventas pagó el crédito y aún quedó ganancia.

Usa el apalancamiento para acelerar tu crecimiento.

El apalancamiento bien usado convierte una oportunidad pequeña en un avance grande.

Acciones estratégicas a implementar

- Identifica qué parte de tu negocio ya da **resultados comprobados**.
- Evalúa si un crédito, socio o alianza podría acelerar esa área.
- Calcula antes: inversión → proyección de ingresos → plazo de pago.

  El dinero es un aliado cuando sabes dirigirlo.

"El agente que usa el apalancamiento con inteligencia acelera su destino."

Día 286

TRATA TU AGENCIA COMO UNA EMPRESA, NO COMO UN EMPLEO

Muchos agentes trabajan duro, pero operan como si fueran empleados sin jefe. Esperan que el día traiga llamadas, citas o ventas sin un plan claro. ¿Te ha pasado que tu jornada empieza sin saber exactamente qué resultado buscas? Camilo lo notó un lunes a las 8:00 a. m. en Houston. Se dio cuenta de que comenzaba cada día esperando que algo ocurriera. Esa sensación le incomodó porque entendió una verdad simple: nadie iba a dirigir su negocio por él. Decidió cambiar su enfoque y empezar a actuar como dueño. Definió metas trimestrales claras, creó un plan de actividades diarias y documentó sus procesos de prospección, presentación y seguimiento. Ese orden cambió su forma de trabajar. En pocos meses su productividad aumentó y sus ingresos dejaron de subir y bajar sin control.

Piensa y actúa como dueño de empresa.

Cuando piensas como dueño, tu negocio empieza a comportarse como empresa.

Acciones estratégicas a implementar

- Define metas **trimestrales** para tu agencia (ingresos, número de clientes, referidos).
- Diseña un plan diario de producción (llamadas, citas, seguimientos).
- Revisa cada mes: ¿estás actuando como empleado... o como empresario?

El éxito comienza cuando cambias tu mentalidad.

"El agente que actúa como empresario deja de sobrevivir y comienza a prosperar."

Día 287

DESARROLLA TU MARCA PERSONAL

En un mercado lleno de agentes, la diferencia no siempre está en el producto, sino en quién lo recomienda. Tu marca personal es lo que hace que te recuerden cuando alguien necesita ayuda. ¿Te ha pasado que un cliente te encuentra una vez... y luego no sabe cómo volver a buscarte? Sofía enfrentó ese problema un martes a las 4:00 p. m. en Los Ángeles. Escuchaba frases como "te encontré por casualidad" o "no sabía cómo contactarte otra vez". Eso le mostró algo importante: era buena en su trabajo, pero su presencia no era memorable. Decidió fortalecer su marca personal. Actualizó su foto profesional, creó un logo sencillo con su nombre y comenzó a compartir consejos y experiencias reales en redes sociales. Con el tiempo algo cambió: los prospectos empezaron a escribirle diciendo que la habían visto en sus publicaciones.

Haz de tu nombre una marca que inspire confianza.

Cuando tu nombre se vuelve visible, tu reputación empieza a trabajar por ti.

Acciones estratégicas a implementar

- Define tu **mensaje clave**: ¿qué quieres que la gente piense al escuchar tu nombre?
- Unifica tu imagen (foto, colores, estilo) en redes, tarjetas y correo.
- Publica contenido de valor de forma constante (no perfecta, constante).

Tu nombre es tu marca, cuídala y hazla crecer.

"El agente que construye su marca se convierte en inolvidable."

APRENDE A DELEGAR TAREAS

Muchos agentes intentan hacerlo todo: responder correos, agendar citas, llenar formularios y además vender. El resultado suele ser el mismo: mucho movimiento, pero poco crecimiento. ¿Te has preguntado cuántas horas de tu semana se van en tareas que no generan ingresos? Fernanda lo notó un jueves a las 9:15 a. m. en Miami. Llevaba casi una hora entre correos, agendas y papeleo. Miró el reloj y entendió algo incómodo: estaba ocupada, pero no estaba vendiendo. Decidió cambiar su enfoque. Contrató una asistente virtual por horas para encargarse de agenda, confirmaciones y parte del trabajo administrativo. Ese simple ajuste liberó tiempo valioso. Fernanda pudo concentrarse en citas y cierres, que eran las actividades que realmente movían su negocio.

Delegar es crecer más rápido.

Cuando te enfocas en lo que genera ingresos, tu negocio empieza a expandirse.

Acciones estratégicas a implementar

- Haz una lista de tareas que **no requieren** que las haga el agente (administrativas, repetitivas).
- Decide cuáles delegar a un asistente, freelance o herramienta.
- Mide el impacto: tiempo liberado vs. resultados adicionales.

  Delegar no es perder control, es ganar libertad.

“El agente que delega se multiplica en resultados.”

Día 289

CONSTRUYE RELACIONES DE LARGO PLAZO CON TUS CLIENTES

Una póliza puede ser una venta única, pero un cliente bien atendido puede convertirse en una fuente constante de renovaciones y referidos. La diferencia está en lo que ocurre después de la firma. ¿Te has preguntado cuántos de tus clientes vuelven a saber de ti después de la venta? Miguel lo pensó un sábado a las 10:00 a. m. en Chicago mientras revisaba sus renovaciones. Notó que muchos clientes solo habían tenido contacto con él una vez. Después de la póliza, no había seguimiento, mensajes ni revisiones. Ese descubrimiento le hizo ver que había vendido productos, pero no había cultivado relaciones. Decidió crear un sistema simple: registrar cumpleaños, programar revisiones periódicas y enviar mensajes personalizados de agradecimiento. Con el tiempo esas pequeñas acciones cambiaron la dinámica de su cartera. Sus clientes comenzaron a mantenerse más tiempo y a recomendarlo con amigos y familiares.

Convierte cada cliente en una relación duradera.

Las relaciones que cuidas hoy se convierten en el crecimiento de mañana.

Acciones estratégicas a implementar

- Registra fechas importantes: cumpleaños, aniversarios, renovación de pólizas.
- Agenda recordatorios para contactar antes de esas fechas.
- Envía mensajes de valor, no solo de venta: agradecimientos, revisiones, consejos.

Un cliente cuidado es un cliente para siempre.

"El agente que siembra confianza cosecha lealtad."

DIVERSIFICA TUS FUENTES DE INGRESO COMERCIAL

Tener varios productos es importante, pero también lo es tener varios caminos para conseguir clientes. Cuando todo tu negocio depende de un solo canal, cualquier cambio puede vaciar tu agenda. ¿De dónde llega hoy la mayoría de tus prospectos? Paola se hizo esa pregunta un martes a las 2:45 p. m. en Los Ángeles. Durante mucho tiempo casi todos sus clientes venían de una constructora que le enviaba referidos. Funcionaba bien... hasta que esa alianza se frenó y su calendario quedó casi vacío. Ese momento le dio claridad: no podía depender de una sola llave de agua para llenar toda su piscina. Decidió ampliar sus fuentes comerciales. Mantuvo la relación con la constructora, pero también comenzó a crear contenido en redes sociales y a organizar webinars mensuales sobre protección familiar. Con el tiempo su flujo de prospectos se volvió más equilibrado.

Diversifica cómo llegan tus clientes.

Cuando tus clientes llegan por varios caminos, tu negocio se vuelve más estable.

Acciones estratégicas a implementar

- Anota tus **canales actuales** de ingreso (referidos, redes, alianzas, eventos).
- Identifica al menos **un canal nuevo** para desarrollar este trimestre.
- Asigna tiempo semanal para nutrir cada fuente (ej. 2 horas redes, 2 horas alianzas).

La seguridad está en la diversidad.

"El agente que diversifica siempre tiene terreno firme."

EVALÚA TU NEGOCIO CADA TRIMESTRE

El crecimiento real no ocurre por accidente. Aparece cuando revisas lo que estás haciendo y ajustas a tiempo. Muchos agentes trabajan duro mes tras mes, pero rara vez se detienen a analizar si ese esfuerzo está produciendo resultados. ¿Sabes exactamente qué parte de tu proceso necesita mejorar? Lucía se hizo esa pregunta un domingo a las 6:30 p. m. en Chicago. Sentía cansancio y la sensación de estar ocupada sin saber si avanzaba. Su mentor le propuso algo simple: una revisión trimestral con números claros. En su primer análisis descubrió algo revelador. Hacía muchas llamadas, pero convertía pocas en citas. Sus cierres no eran el problema; la transición entre llamada y reunión sí lo era. Decidió ajustar su guion telefónico y practicar nuevas formas de invitar a la cita. En el trimestre siguiente, el cambio fue evidente: más reuniones y más oportunidades reales de venta.

Revisa tu negocio cada trimestre.

El progreso comienza cuando observas tu negocio con datos, no solo con esfuerzo.

Acciones estratégicas a implementar

- Agenda en tu calendario una **revisión trimestral fija** (ej. primer domingo de cada trimestre).
- Analiza: Llamadas hechas, citas realizadas, pólizas cerradas, ingresos y gastos.

Haz una lista con 3 cosas que vas a **corregir o potenciar** el siguiente trimestre.

El que evalúa, mejora; el que ignora, repite errores.

"El agente que revisa su negocio asegura su evolución."

Día 292

INVIERTE EN TECNOLOGÍA

La tecnología no reemplaza al agente; lo potencia. Herramientas como un CRM, sistemas de automatización o agendado digital actúan como un equipo silencioso que organiza, recuerda y acelera procesos. ¿Te ha pasado que sabes que tienes buenos prospectos, pero alguno se pierde entre notas y mensajes? Carlos lo sintió un lunes a las 9:00 a. m. en Houston. Su libreta estaba llena de nombres, teléfonos y fechas, pero también de confusión. Cada día aparecía la sensación de que algo se le escapaba. Decidió hacer un cambio sencillo: implementó un CRM básico y una herramienta de agendado automático para sus citas. Poco a poco su sistema empezó a trabajar por él. Los seguimientos dejaron de olvidarse, las citas se organizaron mejor y el tiempo dedicado a tareas manuales disminuyó.

Usa la tecnología como tu equipo invisible.

Cuando la tecnología ordena tu proceso, tu energía queda libre para vender y servir mejor.

Acciones estratégicas a implementar

- Identifica tu mayor dolor actual: seguimiento, agenda, cotizaciones, etc.
- Elige **una herramienta tecnológica** para esa área (no diez a la vez).
- Dedica una semana a aprender a usarla y medir qué mejora.

La tecnología es tu socio silencioso en el éxito.

"El agente que abraza la tecnología acelera sus logros."

Día 293

ESTABLECE ALIANZAS ESTRATÉGICAS

No todo el crecimiento depende de prospectar solo. Cuando colaboras con otros profesionales que ya tienen la confianza de tu mercado, el acceso a nuevos clientes se vuelve más natural. ¿Te has preguntado quién ya trabaja con las mismas personas a las que tú quieres servir? Javier lo pensó un miércoles a las 3:00 p. m. en Miami. Sus clientes llegaban casi exclusivamente por redes sociales, y cuando ese canal se calmaba su agenda también lo hacía. Decidió buscar una solución distinta. Se acercó a una agente inmobiliaria latina muy activa en la ciudad y le propuso una colaboración sencilla: ella recomendaría a Javier a sus compradores de vivienda, y él ofrecería revisiones gratuitas de protección financiera para sus clientes. La alianza empezó a generar conversaciones que antes no existían.

Crea alianzas para multiplicar tu alcance.

Cuando dos redes de confianza se conectan, las oportunidades se multiplican.

Acciones estratégicas a implementar

- Identifica profesionales que compartan tu tipo de cliente: Realtors, contadores, abogados, planners financieros.
- Diseña una propuesta "ganar–ganar" concreta (beneficio para ellos y para su cliente).
- Agenda una reunión y preséntate como **aliado**, no como vendedor desesperado.

  Las alianzas multiplican lo que solo se suma.

"El agente que crea alianzas abre puertas ilimitadas."

Día 294

APRENDE A NEGOCIAR

Negociar no significa ceder de inmediato. Significa encontrar una solución donde el cliente se sienta protegido y tú mantengas la rentabilidad de tu trabajo. ¿Te ha pasado que, por miedo a perder una venta, terminas bajando el precio demasiado rápido? Mariana enfrentó ese momento un viernes a las 6:15 p. m. en Los Ángeles durante una reunión por Zoom. El prospecto le dijo que cerraría si la prima era un poco más baja. Antes ella habría aceptado sin discutir. Esta vez decidió actuar distinto. En lugar de reducir el precio directamente, revisó la estructura de la póliza. Ajustó algunas coberturas secundarias, mantuvo intacta la protección más importante y respetó su margen de comisión. El cliente entendió el valor de la propuesta y aceptó la nueva estructura. Mariana cerró una póliza sólida sin sacrificar su trabajo.

Negocia para crear valor, no para bajar el precio.

Cuando negocias con claridad, el acuerdo beneficia a ambos lados.

Acciones estratégicas a implementar

- Antes de una cita, ten preparadas **2–3 alternativas** de plan (básico, intermedio, premium).
- Cuando el cliente pida “bajar precio”, ajusta **coberturas**, no tu dignidad profesional.
- Practica frases como: “Podemos ajustar el plan, pero no comprometer su protección principal.”

Negociar es construir puentes, no muros.

“El agente que domina la negociación nunca se queda sin opciones.”

Día 295

TEN UN PLAN DE SALIDA

Muchos agentes se concentran en vender hoy, pero olvidan una pregunta clave: ¿qué pasará con tu cartera cuando decidas retirarte? Un negocio bien construido también necesita un plan para el día en que ya no quieras operarlo. ¿Tu cartera está organizada para convertirse en un activo transferible? Eduardo comenzó a pensar en eso un sábado a las 11:00 a. m. en Houston. Con casi tres décadas en el negocio, tenía una carpeta llena de pólizas renovables. Comprendió que, sin un plan, ese valor podía perderse. Decidió prepararlo con tiempo. Documentó sus procesos, organizó su CRM con información clara de cada cliente y habló con un colega más joven interesado en continuar la cartera. Diseñaron una transición gradual durante tres años. Cuando llegó el momento de retirarse, Eduardo no solo dejó el trabajo con tranquilidad; también recibió un pago por su cartera y mantuvo ingresos residuales.

Diseña desde hoy tu estrategia de salida.

Cuando planificas tu salida, tu trabajo de años se convierte en patrimonio real.

Acciones estratégicas a implementar

- Define qué quieres que pase con tu cartera en 10–15 años.
- Ordena tus archivos, contratos y procesos como si mañana los fueras a entregar.
- Identifica posibles sucesores o compradores (familia, colega, agencia).

Día 296

PUBLICA TESTIMONIOS REALES DE CLIENTES

En redes sociales, las personas confían más en experiencias reales que en autopromoción. Un testimonio sincero transmite algo que ningún anuncio logra: evidencia humana de que tu trabajo funciona. ¿Te has fijado cuánto impacto tiene escuchar la historia de alguien que ya recibió ayuda? Ana lo descubrió un martes a las 4:40 p. m. en Miami. Publicaba fotos y consejos en Instagram, pero casi nadie pedía información. Un día una clienta le envió un audio agradeciendo que su póliza había cubierto una cirugía costosa. Con permiso de la clienta, grabaron un video breve contando la experiencia. Ana lo publicó con un mensaje simple: explicar cómo se siente cuando la protección llega en el momento correcto. Esa historia generó conversaciones inmediatas con personas que se identificaron con la situación.

Deja que tus clientes hablen por ti.

Cuando tus clientes cuentan la historia, la confianza aparece antes de la primera conversación.

Acciones estratégicas a implementar

- Identifica 3 clientes satisfechos con historias poderosas.
- Pídeles autorización para compartir su testimonio (video, texto o foto).
- Publica el testimonio con una llamada a la acción clara: “Si quieres esta tranquilidad, escríbeme.”

    Un cliente que habla por ti, vende más que cualquier anuncio.

“El agente que convierte sus resultados en historias inspira confianza ilimitada.”

Día 297

COMPARTE TIPS RÁPIDOS EN FORMATO GRÁFICO

En redes sociales la atención es breve. Un consejo claro en formato visual puede viajar mucho más lejos que un texto largo. ¿Te ha pasado que compartes información valiosa, pero casi nadie interactúa con ella? Paola lo notó un jueves a las 8:10 a. m. en Chicago al revisar sus publicaciones. Sus textos eran útiles, pero pocas personas los leían completos. Decidió probar algo distinto: un mensaje corto presentado en una imagen sencilla. El tip decía: "Nunca firmes una póliza que no entiendas. Pide que te expliquen todo en palabras simples." Ese formato cambió la reacción de su audiencia. La publicación empezó a guardarse y compartirse porque era fácil de entender y recordar. Poco después comenzaron a llegar mensajes de personas que querían revisar sus pólizas actuales.

Haz que tu contenido sea visual y fácil de guardar.

Cuando el mensaje es breve y visual, las personas lo guardan... y vuelven a ti cuando lo necesitan.

Acciones estratégicas a implementar

- Elige un tip sencillo de no más de **20 palabras**.
- Diseña una pieza gráfica en Canva con tu nombre y @usuario.
- Publica con un texto corto y un llamado: "Guárdalo para recordarlo cuando lo necesites."

  Un consejo bien presentado puede abrir la puerta a una venta.

"El agente que educa con simplicidad conquista con autoridad."

USA HISTORIAS PERSONALES QUE CONECTEN

Las personas no solo compran información; también conectan con historias. Cuando compartes una experiencia personal, el cliente deja de ver solo a un agente y empieza a ver a una persona con motivos reales para hacer su trabajo. ¿Hay algún momento de tu vida que explique por qué te importa proteger a las familias? Diego lo recordó un sábado a las 7:00 p. m. en Los Ángeles durante una reunión familiar. De niño vio cómo su padre perdió el negocio y la estabilidad económica porque no existía ninguna protección financiera. Años después decidió contar esa experiencia en una publicación sencilla. Explicó cómo su familia tuvo que mudarse y cómo una pequeña protección habría cambiado esa historia. La reacción fue inmediata: decenas de comentarios y mensajes privados de personas que se identificaban con la situación.

Cuenta tu historia para crear conexión real.

Las historias sinceras convierten un mensaje de ventas en una conversación humana.

Acciones estratégicas a implementar

- Piensa en una experiencia personal relacionada con protección, enfermedad, pérdida o estabilidad financiera.
- Escribe la historia en tono sencillo, honesto y breve.
- Relaciónala con el valor de estar asegurado y termina con un mensaje de esperanza, no de miedo.

  Tu historia puede inspirar a otros a tomar acción.

"El agente que se muestra humano toca corazones antes que bolsillos."

Día 299

PUBLICA DATOS CURIOSOS DEL MUNDO DE LOS SEGUROS

Un dato claro y sorprendente tiene un poder especial: hace que las personas se detengan y piensen. En redes sociales, una estadística bien presentada puede abrir una conversación que antes no existía. ¿Cuándo fue la última vez que un número te hizo cuestionar tu propia situación? Marcela lo experimentó un lunes a la 1:15 p. m. en Miami. Encontró una estadística que la impactó: muchas familias no podrían cubrir un gasto inesperado de pocos cientos de dólares sin endeudarse. En lugar de guardarlo, lo convirtió en una publicación gráfica acompañada de una pregunta directa: "¿En qué grupo estás tú: en el que puede cubrir emergencias o en el que tendría que endeudarse?". Ese formato captó atención inmediata. Las personas comenzaron a comentar, compartir y reflexionar sobre su propia preparación financiera.

Usa datos que despierten curiosidad.

Un buen dato abre la puerta a conversaciones que antes nadie estaba teniendo.

Acciones estratégicas a implementar

- Investiga 3–5 estadísticas claras y confiables sobre salud, accidentes, retiro o protección familiar.
- Convierte cada dato en una imagen + pregunta.
- Cierra el post con una invitación: "Si quieres saber en qué situación estás tú, escríbeme."

Un dato impactante puede abrir una conversación valiosa.

"El agente que educa con curiosidad despierta interés genuino."

CREA ENCUESTAS INTERACTIVAS EN HISTORIAS

En redes sociales no solo se trata de hablar, también de escuchar. Las encuestas en Stories permiten saber qué preocupa a las personas y crear interacción sin presión. ¿Sabes qué tema le interesa más a quienes te siguen? Sergio se lo preguntó un miércoles a las 8:50 p. m. en Houston mientras revisaba sus historias con pocas respuestas. Sentía que publicaba contenido, pero no sabía si realmente conectaba con su audiencia. Decidió cambiar el enfoque y hacer una pregunta directa. Publicó una encuesta simple: "¿Qué te preocupa más ahora mismo: gastos médicos o protección para tus hijos?" La reacción fue inmediata. Decenas de personas participaron y varias continuaron la conversación por mensaje privado. A partir de esas respuestas Sergio pudo identificar quién tenía interés real en revisar su protección.

Pregunta a tu audiencia para abrir conversaciones.

Cuando preguntas con curiosidad, las conversaciones comienzan solas.

Acciones estratégicas a implementar

- Piensa en una pregunta con solo 2 opciones simples (ej. salud vs. vida, ahorro vs. retiro).
- Crea la encuesta en Stories y agrégale un texto cercano.
- Escribe de manera directa a quienes reaccionen o respondan.

Quien pregunta, conecta y aprende de su mercado.

"El agente que escucha a su audiencia nunca se queda sin clientes."

Día 301

PUBLICA TUS LOGROS Y RECONOCIMIENTOS CON INTENCIÓN

Mostrar resultados no es presumir; es demostrar que tu trabajo produce impacto real. Las personas buscan asesores que ya han probado su capacidad. ¿Tus clientes saben qué tan bien haces tu trabajo? Raúl enfrentó esa duda un lunes a las 9:15 a. m. en Chicago cuando recibió un reconocimiento como uno de los mejores productores de su agencia. Al principio dudó en compartirlo porque temía parecer presumido. Sin embargo, entendió algo importante: para un cliente potencial, ese logro es una señal de confianza. Decidió publicar una foto sencilla con el reconocimiento y un mensaje de agradecimiento a sus clientes y equipo. La reacción fue inmediata. Su publicación generó comentarios, conversaciones y nuevos mensajes de personas interesadas en conocer más sobre su trabajo.

Comparte tus logros para fortalecer tu credibilidad.

Cuando el mercado ve tus resultados, la confianza comienza antes de la primera reunión.

Acciones estratégicas a implementar

- Identifica tus últimos logros: premios, metas cumplidas, certificaciones, menciones.
- Elige 1 foto sencilla (puede ser el diploma, el evento o tú en la oficina).
- Escribe un texto corto con: Agradecimiento, explicacion para tus clientes y una invitación gentil a contactarte.

Tus logros no son para presumir, son para **respaldar la confianza** que tus clientes depositan en ti.

“El agente que celebra sus logros inspira confianza y atrae grandeza.”

Día 302

HAZ VIDEOS CORTOS EXPLICATIVOS

El video se ha convertido en el formato más poderoso en redes sociales. Un clip breve y claro puede mostrar tu experiencia a cientos de personas incluso mientras tú estás atendiendo a otro cliente. ¿Te has dado cuenta de cuánto más rápido se consume un video que un texto largo? Andrea lo pensó un martes a las 7:30 p. m. en Houston. Después de publicar consejos escritos que casi nadie leía completos, decidió probar algo distinto. Grabó un video de 40 segundos explicando de forma simple la diferencia entre prima y deducible, como si lo estuviera contando a un cliente en la mesa de su casa. No hubo luces profesionales ni edición compleja, solo claridad y naturalidad. Ese pequeño cambio llevó su mensaje a muchas más personas que antes.

Usa video corto para multiplicar tu alcance.

Cuando hablas con claridad frente a la cámara, tu mensaje trabaja incluso cuando tú no estás presente.

Acciones estratégicas a implementar

- Elige un tema sencillo: deducible, copago, diferencia entre seguro de vida y de salud, etc.
- Escribe 3 puntos clave que dirás; nada más.
- Graba un video vertical de 30–60 segundos: buena luz, voz clara, sin perfeccionismo.
- Súbelo a Instagram, TikTok, Facebook Reels o YouTube Shorts.

Un video claro puede hacer por ti lo que 20 mensajes escritos no logran.

“El agente que explica con claridad en video conquista la confianza digital.”

COMPARTE FRASES INSPIRADORAS CON TU SELLO PERSONAL

Las redes están llenas de frases motivacionales. La diferencia aparece cuando esas palabras nacen de algo que realmente viviste. Cuando conectas una idea con una experiencia real, el mensaje se vuelve creíble. ¿Has pensado que muchas de tus conversaciones con clientes pueden transformarse en reflexiones poderosas? Gabriel lo descubrió un jueves a las 8:00 a. m. en Los Ángeles. Después de una cita complicada, recordó algo que un cliente le dijo al final de la reunión: no había entendido la importancia del seguro hasta que alguien se lo explicó con claridad. Esa frase le quedó dando vueltas. Decidió escribir una reflexión simple y publicarla como imagen con su nombre. No era una frase tomada de otro lugar; era una idea nacida de su trabajo diario.

Convierte tus experiencias en mensajes con impacto.

Cuando tu mensaje nace de tu realidad, tu audiencia lo siente auténtico.

Acciones estratégicas a implementar

- Piensa en una experiencia reciente (un cierre, una objeción, una historia de cliente).
- Escribe una frase corta que resuma el aprendizaje.
- Diseña un gráfico sencillo en Canva con tu nombre o firma.
- Acompáñalo con un texto breve explicando el contexto.

Las frases que nacen de tu experiencia real se convierten en **imanes de confianza**.

“El agente que inspira con autenticidad deja huella en cada cliente.”

Día 304

PUBLICA CASOS DE ÉXITO DE CLIENTES

Un testimonio es una frase de agradecimiento. Un caso de éxito es una historia completa que muestra el antes, el problema, la decisión y el resultado. Ese tipo de contenido ayuda a que las personas se vean reflejadas y piensen que esa solución también podría ayudarles. ¿Alguna vez has contado una historia completa de cómo una póliza cambió una situación real? Verónica lo hizo un miércoles a las 10:45 a. m. en Miami al recordar a una pareja que había asesorado un año antes. Después de contratar su protección, el esposo sufrió un accidente y la póliza cubrió la mayoría de los gastos médicos. Con permiso de la familia y sin revelar datos sensibles, Verónica compartió la historia explicando qué les preocupaba al principio, qué plan eligieron y cómo respondió la cobertura cuando ocurrió el accidente.

Cuenta casos reales que reflejen la vida de tus clientes.

Las historias reales permiten que otros se vean en el mismo camino hacia la protección.

Acciones estratégicas a implementar

- Elige un cliente al que una póliza le haya marcado la diferencia (accidente, hospitalización, fallecimiento, retiro, etc.).
- Pide permiso para compartir la historia (puede ser anónima).
- Estructura el caso en 4 pasos:
  - Situación inicial,
  - Riesgo o problema,
  - Solución con el seguro,
  - Resultado concreto.
- Publica en texto, carrusel o video.

  Las historias de éxito abren el camino a nuevas oportunidades.

"El agente que muestra resultados reales atrae confianza genuina."

Día 305

MUESTRA EL DETRÁS DE CÁMARAS DE TU TRABAJO

Las personas confían más cuando ven el proceso real detrás del servicio. Compartir pequeños momentos de preparación o análisis muestra que tu trabajo tiene dedicación y método. ¿Tus clientes saben todo lo que ocurre antes de sentarte con ellos a explicar una póliza? Sofía lo pensó un viernes a las 2:30 p. m. en Houston mientras preparaba varias cotizaciones en su laptop. Había papeles abiertos, notas y una taza de café ya fría al lado. Se dio cuenta de que gran parte de su esfuerzo quedaba invisible. Decidió tomar una foto sencilla del momento y compartirla en sus historias explicando que estaba revisando opciones para proteger a varias familias. Esa pequeña ventana a su proceso hizo que sus clientes entendieran mejor el valor de su trabajo y generó nuevas conversaciones.

Muestra el trabajo que ocurre detrás de la cita.

Cuando las personas ven el esfuerzo detrás del servicio, la confianza crece.

Acciones estratégicas a implementar

- Elige 2–3 momentos de tu semana que puedas mostrar:
- Preparando cotizaciones,
- Estudiando,
- En una capacitación,
- Entrando a una reunión (sin mostrar datos de clientes).
- Toma una foto o video corto.
- Escribe una frase que explique qué estás haciendo y para quién lo haces.

La transparencia abre puertas que la formalidad extrema mantiene cerradas.

"El agente que comparte su proceso inspira cercanía y confianza."

Día 306

RESPONDE PREGUNTAS FRECUENTES EN TUS PUBLICACIONES

Cuando varios clientes repiten la misma duda, no es un obstáculo; es una señal clara de lo que tu audiencia quiere aprender. Responder esas preguntas públicamente educa a muchas personas al mismo tiempo. ¿Cuántas veces has explicado la misma cosa en citas distintas? Miguel lo notó un lunes a las 11:00 a. m. en Chicago. Una de las preguntas más repetidas era qué ocurre si alguien nunca utiliza su seguro de vida. En lugar de responder siempre en privado, decidió transformar esa duda en contenido. Creó una pequeña serie llamada "Lunes de Preguntas", donde cada semana respondía en un video corto una inquietud real de sus clientes. Con el tiempo sus publicaciones comenzaron a guardarse y compartirse. Además, quienes llegaban a sus citas ya tenían varias dudas resueltas.

Convierte las preguntas frecuentes en contenido útil.

Cuando educas públicamente, cada respuesta trabaja para ti muchas veces.

Acciones estratégicas a implementar

- Escribe una lista de las **10 preguntas frecuentes** que recibes.
- Elige 1 por semana para convertirla en:
  Post, Historia, Video corto, Carrusel.
- Responde en lenguaje simple, como si se lo explicaras a un amigo.

  Quien responde con claridad, vende con confianza.

"El agente que educa resolviendo dudas siembra seguridad en cada cliente."

Día 307

EDUCA CON STORYTELLING: MEZCLA CONTENIDO TÉCNICO CON HISTORIAS

La información técnica por sí sola puede ser correcta, pero a menudo pasa desapercibida. Las historias emocionan, pero si no dejan una enseñanza clara se olvidan rápido. Cuando unes ambos elementos, el mensaje se vuelve memorable. ¿Cómo explicas normalmente el valor de un seguro? Daniela cambió su forma de comunicar un miércoles a las 6:45 p. m. en Miami. En lugar de escribir una explicación técnica sobre la protección familiar, decidió contar una historia real. Narró cómo un padre joven había contratado una póliza sencilla y cómo, tras un accidente inesperado, esa protección permitió que su familia mantuviera su hogar y la educación de sus hijos. Después de la historia añadió una breve explicación del tipo de seguro y cómo funciona. Ese enfoque hizo que las personas entendieran el concepto no solo con la mente, sino también con el corazón.

Combina concepto y historia para que tu mensaje se quede.

Las ideas se entienden con datos, pero se recuerdan con historias.

Acciones estratégicas a implementar

- Elige un concepto: seguro de vida, deducible, copago, seguro de retiro, etc.
- Relaciónalo con una historia real (cliente, conocido o caso público) que ilustre ese concepto.
- Escribe la publicación en este orden:
  - Historia breve (máximo 8–10 líneas),
  - Explicación del concepto,
  - Invitación suave a revisar la situación del lector.

  Una historia bien contada vale más que mil estadísticas frías.

"El agente que enseña con historias deja huellas en la memoria de sus clientes."

Día 308

COMPARTE TU RUTINA DE APRENDIZAJE

Las personas confían más en profesionales que siguen creciendo. Mostrar que estudias, te certificas o revisas nuevas ideas transmite compromiso con la calidad de tu servicio. ¿Tus clientes saben que continúas preparándote para asesorarlos mejor? Marcela decidió compartir ese lado de su trabajo un martes a las 7:00 a. m. en Los Ángeles. Mientras comenzaba el día con café y un libro de ventas abierto, tomó una foto sencilla y escribió que dedicaba unos minutos diarios a mejorar la forma en que explicaba el valor del seguro de vida. No era una publicación elaborada, solo una ventana a su disciplina diaria. Esa pequeña muestra de dedicación generó reacciones positivas de personas que apreciaban ver a un asesor comprometido con su formación.

Deja que tus clientes vean tu proceso de aprendizaje.

Cuando el mercado ve tu preparación constante, tu credibilidad crece de forma natural.

Acciones estratégicas a implementar

- Elige un momento fijo de tu semana en el que estudies (libros, cursos, webinars).
- Comparte una foto o pequeño video de ese momento, sin presumir, desde la humildad de quien quiere ser mejor.
- Añade una frase breve: qué estás estudiando y por qué es importante para tus clientes.

Quien aprende, crece; quien muestra que aprende, **genera confianza extra**.

"El agente que muestra su crecimiento inspira a otros a avanzar con él."

CELEBRA JUNTO A TUS CLIENTES

Cuando cierras una póliza, no solo ocurre una transacción. Para el cliente representa una decisión importante para su familia o su negocio. Mostrar ese momento fortalece la relación y transmite el verdadero sentido de tu trabajo. ¿Tus publicaciones celebran la comisión o la tranquilidad que acaba de conseguir tu cliente? Julio lo pensó un viernes a las 5:30 p. m. en Houston después de firmar una póliza de vida con una familia latina recién llegada al país. Les propuso tomar una foto sencilla para recordar el día en que decidieron proteger el futuro de sus hijos. Con su autorización compartió la imagen acompañada de un mensaje de agradecimiento por la confianza. La publicación no hablaba de ventas, sino del paso importante que esa familia había dado.

Celebra el logro del cliente, no solo la venta.

Cuando destacas el beneficio para la familia, tu trabajo se vuelve más humano y memorable.

Acciones estratégicas a implementar

- Al cerrar una póliza importante, pregunta con naturalidad si aceptan una foto de celebración.
- Usa un mensaje centrado en ellos, no en ti: "Hoy esta familia...", "Hoy este negocio...".
- Agradece públicamente su confianza y en privado su permiso.

Cada cierre es un logro que merece celebrarse, no solo contarse.

"El agente que celebra con sus clientes multiplica relaciones duraderas."

Día 310

COMPARTE INFORMACIÓN FINANCIERA

Cuando tus publicaciones hablan únicamente de pólizas, el público te ve como un vendedor de productos. Cuando explicas principios simples de dinero, te perciben como alguien que entiende el panorama completo. ¿Tus clientes te ven solo como agente o como asesor de confianza? Natalia decidió ampliar su mensaje un domingo a las 4:00 p. m. en Miami. En lugar de hablar solo de coberturas, compartió una regla sencilla de organización financiera: destinar una parte para ahorro, otra para inversión y otra para protección, viviendo con el resto. Preparó un ejemplo aplicado a una familia latina que gana $4,000 al mes para mostrar cómo funcionaría en la vida real. La claridad del ejemplo cambió la conversación con su audiencia. Varias personas comentaron que nunca habían visto el dinero explicado de forma tan simple.

Comparte educación financiera, no solo seguros.

Cuando educas primero, las personas confían más en tus recomendaciones después.

Acciones estratégicas a implementar

- Haz una lista de 5–10 consejos financieros simples: ahorro, gastos hormiga, fondo de emergencia, uso de tarjetas, etc.
- Relaciona cada consejo con la importancia de tener un seguro adecuado.
- Publica uno por semana, en texto, video o carrusel.

Educar en finanzas abre el camino para que tus clientes valoren de verdad la protección que les ofreces.

"El agente que educa en dinero prepara a su cliente para proteger sus sueños."

Día 311

COMPARTE LO QUE APRENDES CON TU AUDIENCIA

Estudiar mejora tu habilidad, pero compartir lo aprendido amplifica tu impacto. Cada curso, libro o entrenamiento contiene ideas que muchas personas aún no conocen. Cuando las explicas con palabras simples, tu audiencia empieza a verte como guía. ¿Cuántas de las cosas que aprendes se quedan solo en tu cuaderno? Lucía se hizo esa pregunta un jueves a las 9:15 p. m. en Houston después de terminar un webinar sobre seguros de salud. Tenía páginas llenas de apuntes útiles y pensó que sería una pena que todo quedara guardado. Esa misma noche grabó un video corto explicando tres ideas claras que había aprendido sobre deducibles. Usó ejemplos cotidianos y habló como lo haría con un cliente en una cita. El contenido conectó porque era reciente, práctico y fácil de entender.

Comparte lo que aprendes para convertirte en referente. Cuando enseñas lo que aprendes, tu conocimiento empieza a trabajar para ti.

Acciones estratégicas a implementar

- Cada vez que tomes un curso, webinar o leas un libro, anota 3 ideas clave.
- Elige una idea y conviértela en contenido:
  Post en Facebook o LinkedIn, Historia en Instagram, Reel o video corto.
- Explícalo como si se lo contaras a un amigo: sin tecnicismos, con ejemplos reales.
- Cierra siempre con una invitación:
  "Si quieres que te lo explique aplicado a tu caso, escríbeme",
  "Comenta APRENDO si quieres más contenidos como este".

Cuando compartes lo que aprendes, tu audiencia entiende que puede confiar en ti para tomar decisiones importantes.

"El agente que enseña lo que aprende se convierte en el asesor que todos buscan antes de decidir."

Día 312

HAZ PUBLICACIONES EN DÍAS ESPECIALES

En ciertos momentos del año las personas están más abiertas a pensar en familia, cuidado y futuro. Fechas como el Día de la Madre, del Padre o las celebraciones de fin de año despiertan emociones que hacen que un mensaje sobre protección tenga más impacto. ¿Has conectado alguna vez tu contenido con esos momentos? Lucía lo hizo un domingo a las 9:00 a. m. en Chicago durante el Día de las Madres. Mientras pensaba en su propia madre, se dio cuenta de que muchas publicaciones hablaban de amor y agradecimiento, pero pocas mencionaban la importancia de proteger a quienes más queremos. Decidió compartir un mensaje sencillo acompañado de una historia real de una clienta que pudo cubrir el tratamiento médico de su madre gracias a su póliza.

Aprovecha fechas especiales para conectar tu mensaje.

Cuando tu contenido conecta con el momento emocional correcto, las personas lo recuerdan y reaccionan.

Acciones estratégicas a implementar

- Marca en tu calendario las fechas especiales del año (al menos 8–10).
- Para cada fecha, responde: ¿Qué siente la gente ese día?, ¿Cómo se relaciona eso con protección, familia o futuro?
- Diseña una pieza sencilla (imagen, video corto o carrusel) con: Mensaje emocional, Un ejemplo concreto, Invitación suave: "Si quieres proteger a quienes amas, escríbeme."

Los días especiales son oportunidades perfectas para hablar de protección sin sonar vendedor, sino cuidador.

"El agente que honra fechas importantes conecta con lo que más valora la gente."

Día 313

COMPARTE TU MISIÓN Y PROPÓSITO

Las personas conectan más con una causa que con un producto. Cuando explicas por qué haces lo que haces, tu trabajo deja de verse como una simple venta y empieza a percibirse como una misión. ¿Alguna vez has contado la razón profunda que te llevó a dedicarte a proteger familias? Edgar se lo preguntó un lunes a las 7:45 p. m. en Los Ángeles mientras revisaba sus publicaciones. Notó que hablaba mucho de coberturas y beneficios, pero casi nada de su propia historia. Esa noche recordó a su padre, quien falleció sin seguro y dejó a la familia en una situación difícil. Comprendió que esa experiencia había sido la verdadera razón por la que eligió esta profesión. Decidió compartir ese propósito en una publicación sencilla explicando que su objetivo era ayudar a que otras familias no pasaran por lo mismo.

Comparte tu misión para que entiendan tu propósito. Cuando las personas entienden tu misión, tu mensaje deja de ser una venta y se convierte en una causa.

Acciones estratégicas a implementar

- Hazte estas preguntas:
  ¿Por qué empecé en seguros?
  ¿Qué historia personal me marcó?
  ¿Qué injusticia o problema quiero evitar en mis clientes?
- Resume tu misión en una frase de 1–2 líneas.
- Publica un post donde cuentes:
  Tu historia, Lo que aprendiste, Cómo eso se convirtió en tu misión.

  El propósito conecta corazones antes que bolsillos.

"El agente que comunica su misión atrae a quienes valoran su visión."

Día 314

PUBLICA TIPS DE PROTECCIÓN FAMILIAR

Para muchas familias latinas, la mayor motivación financiera es cuidar a los suyos. Cuando compartes consejos prácticos sobre cómo proteger a la familia, tu mensaje deja de ser técnico y se vuelve cercano. ¿Qué pasaría si tu contenido respondiera directamente a esa preocupación? Mariela lo pensó un sábado a las 10:30 a. m. en Houston mientras veía a sus hijos jugar en casa. Sintió la mezcla de amor y responsabilidad que muchos padres conocen bien. En lugar de guardarse ese pensamiento, lo convirtió en una publicación simple con tres pasos básicos para proteger a los hijos: contar con un seguro de vida adecuado, mantener un testamento actualizado y tener un contacto de confianza que conozca los detalles financieros importantes. Explicó cada punto con ejemplos sencillos y lenguaje fácil de entender.

Habla de protección familiar con consejos claros. Cuando hablas de familia con claridad y empatía, tu mensaje llega directo al corazón del cliente.

Acciones estratégicas a implementar

- Elige temas como: Protección de hijos, Padres mayores, Parejas jóvenes, Familias recién llegadas a EE. UU.
- Crea listas cortas: "3 formas de...", "5 errores al...", "4 cosas que tu familia necesita saber si...".
- Relaciona cada tip con un tipo de seguro o acción concreta (no te quedes en lo general).

Las familias confían en quien les da pasos claros para estar tranquilos.

"El agente que protege familias gana respeto y confianza eterna."

Día 315

PUBLICA TU VISIÓN DE FUTURO EN LA INDUSTRIA

Hablar del presente informa, pero hablar del futuro posiciona. Cuando compartes tu perspectiva sobre hacia dónde se dirige la industria, las personas empiezan a verte como alguien que piensa estratégicamente. ¿Tus publicaciones solo describen productos o también muestran cómo ves evolucionar el mercado? Sergio reflexionó sobre eso un jueves a las 6:20 p. m. en Nueva York. Observaba cómo los procesos se volvían cada vez más digitales: firmas electrónicas, videollamadas y aplicaciones para gestionar pólizas. En lugar de resistirse al cambio, escribió una reflexión sencilla explicando que la tecnología haría los trámites más rápidos, pero que la conversación humana seguiría siendo el corazón de las decisiones familiares. Esa visión generó conversación entre colegas, clientes y líderes del sector.

Comparte tu visión para posicionarte como referente. Cuando compartes una visión clara, las personas comienzan a verte como alguien que va un paso adelante.

Acciones estratégicas a implementar

- Reflexiona: ¿Cómo ves el futuro de los seguros en los próximos 5–10 años? ¿Qué papel jugarán la tecnología, la educación financiera, la comunidad latina?
- Escribe un post corto respondiendo a estas preguntas: ¿Qué va a cambiar? ¿Qué nunca va a cambiar? ¿Qué harás tú para estar preparado?
- Publica en redes profesionales (LinkedIn, Facebook) y abre espacio a comentarios.

Ver más allá del presente te convierte en referente, no en espectador.

"El agente que comparte visión guía a otros hacia un futuro seguro."

SECCIÓN 6

CREATIVIDAD E IDEAS DE CONTENIDO

Hoy en día, la visibilidad no es un lujo: es el precio de entrada. Puedes ser el mejor agente, tener el mejor servicio y la mejor intención, pero si tu mercado no te ve, no te recuerda. Y si no te recuerda, no te elige. Por eso esta sección existe: para que nunca más te falten ideas, nunca más te paralices frente a la hoja en blanco y nunca más publiques "a ver qué pasa". Aquí vas a construir presencia con método, con personalidad y con propósito.

La mayoría de agentes no falla por falta de conocimiento del producto. Falla por algo más básico: no logra mantenerse presente en la mente del cliente. Publica una semana con energía, luego desaparece dos. Copia un post genérico que no suena a él. Evita el video porque "le da pena". Deja el email porque "nadie lee". Y así se vuelve invisible sin darse cuenta. En un mercado saturado, la invisibilidad no es neutral: es una desventaja.

El propósito de esta sección es simple y práctico: darte un arsenal de ideas listas para usar y entrenarte para convertir contenido en confianza. No contenido para "verse bonito", sino contenido que conecta, educa, posiciona y genera prospectos. La meta es que construyas una presencia digital coherente, atractiva y alineada con tu propuesta de valor, de modo que el cliente sienta tres cosas cada vez que te ve: "este agente sabe", "este agente me entiende" y "este agente me inspira confianza".

La clave que debes entender desde el inicio es esta: el contenido no compite por atención, compite por confianza. El cliente no necesita que le repitas lo mismo que todos. Necesita claridad. Necesita ejemplos. Necesita sentir que alguien está dispuesto a explicarle sin enredarlo y sin presionarlo. Por eso, el contenido que mejor funciona en seguros no es el que grita, sino el que guía. No es el que presume, sino el que demuestra. No es el que promete, sino el que resuelve dudas reales.

Para usar esta sección de forma efectiva, piensa en ella como un banco de herramientas, no como lectura ligera. Tomas un tip, lo aplicas esa misma semana y aprendes de la respuesta del mercado. Luego repites. La consistencia aquí es más importante que la perfección. La idea no es volverte influencer; es volverte visible para el tipo de cliente que te conviene, de manera constante. Por eso, en lugar de buscar "un post viral", vas a crear un calendario mensual con al menos 8 a 10 ideas aplicadas de esta sección. Cuando tienes calendario, no dependes de inspiración: dependes de ejecución.

El plan de implementación es corto para que no lo postergues. En la primera semana defines tu calendario de publicaciones con ideas de valor y llamadas a la acción claras. En la segunda, grabas tu primer video de valor: corto, simple, útil, sin buscar perfección. En la tercera, lanzas una campaña de email con un mensaje creativo que aporte algo concreto y lleve a un siguiente paso. En menos de 14 días puedes pasar de "no sé qué publicar" a "tengo un sistema".

Un caso práctico lo muestra sin teoría. Un agente publicaba esporádicamente y recibía poca interacción. Cuando aplicó un calendario con publicaciones educativas y testimoniales, en tres meses multiplicó por cuatro sus prospectos y empezó a cerrar ventas solo a través de redes sociales. No fue por bailar tendencias ni por "tener suerte". Fue por presencia consistente, contenido útil y un mensaje que sonaba humano.

Antes de entrar a los tips, hazte tres preguntas y respóndelas con honestidad: ¿qué contenido puedes crear hoy que realmente ayude a tus clientes a tomar mejores decisiones? ¿qué historia personal o experiencia puedes compartir para diferenciarte sin parecer forzado? ¿cuántas ideas de esta sección aplicarás este mes sin excusas? Recuerda esto mientras avanzas: el contenido es la huella digital que dejas en tu mercado; que cada publicación hable de tu propósito y tu compromiso."

Día 316

CREA UN CANAL ENFOCADO EN EDUCACIÓN EN SEGUROS

Muchos clientes investigan antes de tomar una decisión importante. Si en esa búsqueda encuentran tus explicaciones claras, la conversación comienza con ventaja. YouTube funciona como una biblioteca abierta donde tu conocimiento puede trabajar las 24 horas. ¿Qué ocurriría si alguien que busca información sobre seguros encuentra primero tu video? Un agente decidió probarlo creando un canal llamado "Seguros fáciles". Su idea era simple: explicar conceptos básicos en lenguaje cotidiano, tal como lo haría en la mesa de una casa. Grababa videos cortos aclarando dudas comunes sobre coberturas, deducibles y protección familiar. Con el tiempo esos videos comenzaron a aparecer en búsquedas de personas que querían entender el tema antes de hablar con un asesor. Algunas de esas personas terminaron contactándolo directamente porque ya sentían que confiaban en su forma de explicar.

Usa YouTube para educar y generar confianza.

Cuando tu conocimiento está disponible en línea, tu reputación trabaja incluso cuando tú estás fuera de la oficina.

Acciones estratégicas a implementar

- Crea un canal con tu nombre o marca personal.
- Define una línea de contenido educativo.
- Publica al menos un video semanal.

Un canal es una vitrina abierta al mundo.

"El agente que educa en YouTube nunca deja de atraer clientes."

Día 317

HAZ VIDEOS RESPONDIENDO PREGUNTAS FRECUENTES

Las personas buscan respuestas antes de tomar decisiones financieras. Cuando publicas videos que responden a preguntas comunes, tu contenido puede aparecer justo en el momento en que alguien necesita orientación. ¿Qué dudas escuchas una y otra vez en tus reuniones? Un agente decidió aprovechar esa oportunidad grabando videos breves con títulos directos como "¿Qué cubre un seguro de salud?". Explicaba la respuesta en lenguaje sencillo, tal como lo haría en una conversación con un cliente. Con el tiempo ese tipo de contenido empezó a aparecer en búsquedas de Google y YouTube, porque muchas personas escriben exactamente esas preguntas cuando investigan. Uno de sus videos alcanzó miles de visualizaciones y, lo más importante, generó mensajes de personas que querían profundizar en su caso personal.

Responde preguntas frecuentes en video. Cuando respondes públicamente lo que muchos quieren saber, tu contenido trabaja por ti todos los días.

Acciones estratégicas a implementar

- Lista tus 10 preguntas más comunes.
- Graba un video corto para cada una.
- Súbelos con títulos claros y directos.

Responde en público lo que todos preguntan en privado.

"El agente que resuelve dudas en YouTube siembra confianza antes de conocer al cliente."

Día 318

PUBLICA TESTIMONIOS EN VIDEO DE CLIENTES

Las personas creen más fácilmente en la experiencia de otro cliente que en cualquier mensaje publicitario. Un testimonio real muestra que lo que explicas no es teoría, sino algo que ya ayudó a alguien. ¿Cuántas historias positivas de tus clientes están aún sin contarse? Un agente decidió pedir a un cliente satisfecho que compartiera brevemente su experiencia frente a la cámara. El cliente explicó que, gracias a su póliza, pudo cubrir los gastos médicos de su hijo en un momento difícil. El mensaje fue simple, pero poderoso. Quien veía el video no escuchaba a un vendedor defendiendo un producto, sino a una familia hablando de un problema real que encontró solución.

Usa testimonios para generar confianza inmediata.

Cuando otras personas cuentan el valor de tu trabajo, la confianza aparece mucho más rápido.

Acciones estratégicas a implementar

- Pide autorización al cliente.
- Graba un video corto con su testimonio.
- Súbelo con un título atractivo.

Nada vende más que la voz de un cliente satisfecho.

"El agente que comparte testimonios transforma confianza en ventas."

Día 319

USA TÍTULOS LLAMATIVOS Y CLAROS

El título decide si alguien mira tu contenido o sigue de largo. Un mensaje claro y directo que responda a una necesidad concreta siempre atraerá más atención que uno genérico. ¿Qué sentirías más ganas de abrir: “Consejos de seguros básicos” o “3 formas de pagar menos por tu seguro”? La diferencia está en la promesa que haces al lector. Un agente probó este principio al cambiar el título de uno de sus videos. En lugar de usar una frase amplia, escribió un encabezado que ofrecía un beneficio específico para el cliente. Ese simple ajuste duplicó la cantidad de visualizaciones porque el público entendió de inmediato qué iba a aprender y por qué le convenía verlo.

Escribe títulos que despierten interés inmediato.

Cuando el título responde a una necesidad concreta, la curiosidad hace el resto del trabajo.

Acciones estratégicas a implementar

- Identifica la necesidad que resuelve tu video.
- Escribe títulos simples y atractivos.
- Incluye palabras clave buscadas.

El título abre la puerta, el contenido cierra la venta.

“El agente que domina los títulos atrae la atención que se convierte en clientes.”

PUBLICA VIDEOS CORTOS Y DIRECTOS

En internet la atención es breve. Las personas buscan respuestas rápidas que puedan entender sin dedicar demasiado tiempo. Por eso los videos de dos a cuatro minutos suelen funcionar mejor: permiten explicar un concepto útil sin abrumar a la audiencia. ¿Cuántas veces alguien busca una respuesta simple y termina encontrando explicaciones demasiado largas? Un agente lo entendió cuando decidió grabar un video breve titulado "Qué es un deducible". En menos de tres minutos explicó el concepto con un ejemplo cotidiano, como lo haría con un cliente en una conversación normal. Ese formato directo permitió que más personas vieran el contenido completo y lo compartieran con familiares o amigos que tenían la misma duda.

Usa videos cortos para explicar ideas claras.

Cuando la respuesta es breve y clara, más personas la escuchan hasta el final.

Acciones estratégicas a implementar

- Escoge un tema sencillo.
- Prepara un guion corto.
- Graba y publica en menos de 4 minutos.

La claridad breve conecta mejor que largos discursos.

"El agente que simplifica en pocos minutos gana la atención de muchos."

Día 321

CREA LISTAS Y RANKINGS EN VIDEO

Las listas tienen una ventaja poderosa: organizan la información de forma sencilla y fácil de recordar. Cuando presentas un tema en pasos o en errores comunes, el público entiende rápidamente el mensaje. ¿Qué prefieres leer: una explicación larga o "5 errores al contratar un seguro"? Un agente comprobó este efecto al publicar un video titulado "5 errores comunes al contratar un seguro". En pocos minutos explicó cada punto con ejemplos simples, tal como lo haría en una cita con un cliente. El formato ayudó a que las personas siguieran el contenido hasta el final porque sabían exactamente qué esperar. Además, ese tipo de estructura facilita que el video se comparta entre familiares o amigos que pueden cometer los mismos errores.

Usa listas para explicar ideas con claridad.

Cuando ordenas la información en pasos claros, tu audiencia aprende más rápido y recuerda mejor tu mensaje.

Acciones estratégicas a implementar

- Elige un tema de interés común.
- Haz un ranking de 3 a 5 puntos.
- Graba en formato de lista breve.

La información ordenada genera confianza inmediata.

"El agente que comparte listas ofrece claridad en un mundo de confusión."

USA SUBTÍTULOS EN TUS VIDEOS

Muchas personas ven contenido en redes sin activar el sonido: en el transporte, en el trabajo o en lugares públicos. Si tu video depende solo del audio, gran parte de tu mensaje se pierde. ¿Tu contenido se puede entender aunque alguien no escuche una sola palabra? Un agente lo descubrió al revisar las estadísticas de sus publicaciones. Notó que muchos usuarios abandonaban el video en los primeros segundos. Decidió agregar subtítulos automáticos a sus explicaciones. Así, quien mirara el video podía leer las ideas principales incluso con el sonido apagado. El cambio fue inmediato: más personas se quedaban viendo el contenido hasta el final porque podían seguir la explicación de forma visual.

Añade subtítulos para que tu mensaje siempre se entienda. Cuando el mensaje también se puede leer, llega a más personas y se entiende mejor.

Acciones estratégicas a implementar

- Activa subtítulos automáticos en YouTube.
- Revísalos y corrige errores.
- Publícalos con cada video.

Un mensaje accesible llega más lejos.

“El agente que agrega subtítulos multiplica el impacto de su voz.”

Día 323

OPTIMIZA LA MINIATURA DE TUS VIDEOS

Antes de que alguien escuche tu explicación o lea tu título, lo primero que ve es la imagen de portada del video. Esa miniatura decide si la persona se detiene o sigue pasando. ¿Tu contenido tiene una imagen que despierte curiosidad desde el primer vistazo? Un agente lo comprobó al revisar el rendimiento de su canal. Sus primeros videos tenían miniaturas automáticas tomadas al azar del video, y pocas personas hacían clic. Decidió cambiar ese detalle: empezó a crear imágenes claras con una frase breve y una expresión visual que reflejara el tema. Con ese simple ajuste, las visualizaciones comenzaron a crecer porque la portada transmitía de inmediato el valor del contenido.

Diseña miniaturas que inviten a hacer clic.

Cuando la portada comunica el valor en segundos, más personas deciden entrar a escuchar tu mensaje.

Acciones estratégicas a implementar

- Diseña miniaturas en Canva.
- Usa colores llamativos y texto claro.
- Asegúrate de que resuma el tema.

Una buena primera impresión abre miles de oportunidades.

"El agente que cuida la imagen visual cuida también su marca personal."

Día 324

INCLUYE LLAMADOS A LA ACCIÓN CLAROS

Un buen contenido informa, pero también debe guiar a la siguiente acción. Si alguien termina tu video sin saber qué hacer después, perdiste una oportunidad de conversación. ¿Qué ocurre cuando alguien se interesa en lo que explicas? Un agente decidió cerrar todos sus videos con una invitación sencilla: agendar una consulta gratuita para revisar la situación del espectador. Esa frase final transformó el contenido en una puerta de entrada a reuniones reales. Muchas personas que habían entendido el valor del seguro necesitaban solo un pequeño empujón para dar el siguiente paso.

Termina cada video con un paso claro.

Cuando cada video termina con una invitación concreta, tu contenido deja de ser solo educativo y se convierte en una herramienta de crecimiento.

Acciones estratégicas a implementar

- Define un llamado a la acción por video.
- Inclúyelo en el final y descripción.
- Hazlo simple y directo.

El video que no llama a la acción, solo entretiene.

"El agente que guía con claridad convierte atención en resultados."

Día 325

PUBLICA CON CONSTANCIA SEMANAL

En YouTube no gana quien publica perfecto, sino quien publica de forma constante. Un solo video puede ayudar, pero una serie de videos crea reconocimiento y confianza con el tiempo. ¿Qué pasaría si tu audiencia supiera que cada semana encontrará una explicación clara de tu parte? Un agente decidió comprometerse con una rutina simple: publicar un video educativo cada semana. No buscaba producción compleja, solo responder preguntas reales de sus clientes con ejemplos sencillos. Con el paso de los meses su biblioteca de contenido comenzó a crecer. Cada nuevo video no solo atraía espectadores, también llevaba a las personas a descubrir los anteriores. Así su presencia digital dejó de depender de un solo contenido y se convirtió en una fuente constante de aprendizaje para su audiencia.

La constancia convierte tu contenido en presencia.

Cuando la audiencia sabe que siempre estás presente, la confianza se construye poco a poco.

Acciones estratégicas a implementar

- Define un día fijo de publicación.
- Crea una lista de 12 temas para 3 meses.
- Graba y agenda tus videos.

La constancia convierte un canal en autoridad.

"El agente constante en su mensaje digital siempre será recordado."

Día 326

CREA UNA LISTA DE CORREOS PROPIA

Las redes sociales pueden cambiar, cerrarse o limitar tu alcance en cualquier momento. Pero tu lista de correos es un activo que te pertenece. Es un canal directo con personas que ya mostraron interés en escucharte. ¿Te imaginas perder tu cuenta principal de redes y con ella el contacto con todos tus prospectos? A un agente le ocurrió algo parecido. Una tarde descubrió que su cuenta de Facebook había sido suspendida por error. Durante unas horas sintió el mismo miedo que muchos agentes tendrían: perder años de contactos. Sin embargo, algo importante lo salvó. Desde hacía tiempo guardaba los correos de sus clientes y prospectos en una base organizada. Esa misma noche envió un mensaje explicando lo ocurrido y muchos de sus clientes respondieron de inmediato. No perdió comunicación ni oportunidades porque su relación con ellos no dependía de una sola plataforma.

Construye tu lista de correos: tu activo digital propio.

Tu presencia en redes puede cambiar, pero una lista de correos bien cuidada permanece contigo.

Acciones estratégicas a implementar

- Abre una hoja de cálculo con nombres y correos.
- Usa herramientas como Mailchimp o ActiveCampaign.
- Pide autorización para enviar correos.

Tu lista es tu mina de oro digital.

"El agente que construye su lista asegura su independencia en el mercado."

Día 327

SEGMENTA TUS CONTACTOS POR INTERESES

No todos tus clientes tienen las mismas necesidades. Cuando envías el mismo mensaje a todos, parte de tu audiencia recibe información que no le interesa en ese momento. ¿Tu comunicación habla exactamente del problema que cada grupo quiere resolver? Un agente lo descubrió al revisar su lista de correos. Tenía clientes interesados en seguros de salud y otros enfocados en protección de vida, pero todos recibían el mismo contenido. Decidió separar su base de datos en grupos simples según el tipo de interés. A partir de ahí comenzó a enviar información específica para cada segmento: consejos de salud para unos y estrategias de protección familiar para otros. Ese pequeño ajuste hizo que sus correos fueran más relevantes y que los lectores se sintieran comprendidos.

Segmenta tu lista para enviar mensajes relevantes.

Cuando el mensaje coincide con la necesidad del lector, la respuesta llega más rápido.

Acciones estratégicas a implementar

- Divide tu lista en categorías (vida, salud, retiro).
- Ajusta el contenido a cada segmento.
- Mide los resultados por grupo.

El mensaje correcto a la persona correcta multiplica resultados.

"El agente que segmenta habla al corazón de cada cliente."

USA ASUNTOS ATRACTIVOS Y DIRECTOS

Antes de que alguien descubra el valor de tu mensaje, primero debe decidir abrirlo. Esa decisión ocurre en segundos y depende del asunto del correo. ¿Tu línea de asunto despierta curiosidad o parece un boletín más? Un agente lo comprobó al revisar sus campañas. Durante meses enviaba correos con títulos genéricos que casi nadie abría. Decidió cambiar el enfoque y escribir asuntos breves que prometieran un beneficio concreto para el lector. En lugar de anunciar simplemente información sobre seguros, empezó a destacar soluciones claras que podían ayudar a sus clientes en ese mismo momento. El cambio fue inmediato: más personas abrieron sus mensajes porque el asunto respondía a una necesidad real.

El asunto del correo decide si te leen.

Cuando el asunto despierta interés, tu mensaje tiene la oportunidad de cumplir su propósito.

Acciones estratégicas a implementar

- Escribe 5 versiones de un mismo asunto.
- Elige el más claro y atractivo.
- Evita palabras spam como “gratis” o “urgente”.

El asunto abre la puerta de la atención.

“El agente que domina los asuntos conquista la primera impresión.”

Día 329

INCLUYE LLAMADAS A LA ACCIÓN CLARAS

Un correo sin dirección clara suele terminar ignorado. Informar es útil, pero el verdadero resultado aparece cuando el lector sabe exactamente qué hacer después. ¿Qué ocurre cuando alguien termina de leer tu mensaje? Un agente revisó sus campañas y notó que muchos correos explicaban bien los beneficios del seguro, pero no pedían ningún paso concreto. Decidió cambiar algo simple: cerrar cada mensaje con una invitación clara a agendar una consulta gratuita para revisar la situación del cliente. Esa frase final convirtió el correo en una puerta directa hacia una conversación real. Las personas que ya estaban interesadas solo necesitaban esa guía para avanzar.

Cada correo debe guiar a una acción.

Cuando el lector sabe qué hacer, el mensaje deja de ser información y se convierte en oportunidad.

Acciones estratégicas a implementar

- Define un CTA por correo.
- Escríbelo en formato claro y visible.
- Haz pruebas con diferentes frases.

Un correo sin dirección es un mensaje perdido.

"El agente que guía la acción convierte palabras en resultados."

Día 330

ENVÍA BOLETINES DE VALOR, NO SOLO VENTAS

Las personas se cansan rápido de los correos que solo intentan vender. En cambio, cuando un mensaje trae información útil, el lector empieza a esperar tu contenido. ¿Tus clientes abren tus correos para aprender algo o solo para ver una oferta? Un agente decidió cambiar su enfoque y crear un pequeño boletín llamado "Consejo de la semana". Cada envío incluía una idea breve sobre protección financiera, organización del dinero o preguntas que conviene hacer antes de contratar una póliza. El mensaje era corto, práctico y fácil de aplicar. Con el tiempo muchos clientes comenzaron a abrir esos correos con regularidad porque sabían que encontrarían algo que les ayudaría en su vida diaria.

Envía valor antes que promociones.

Cuando tus correos enseñan algo útil, la relación con tus clientes se vuelve más fuerte y duradera.

Acciones estratégicas a implementar

- Define 3 temas de valor para tus clientes.
- Crea un boletín mensual.
- Incluye siempre un CTA sutil.

Educar primero, vender después.

"El agente que aporta valor se vuelve indispensable."

Día 331

AUTOMATIZA TUS CORREOS

Responder manualmente a cada nuevo prospecto puede consumir tiempo y hacer que algunas oportunidades se enfríen. Las automatizaciones resuelven ese problema: permiten que cada persona reciba información útil en el momento en que entra en contacto contigo. ¿Qué ocurre cuando alguien deja sus datos y no recibe respuesta inmediata? Un agente decidió crear una secuencia simple de bienvenida. El primer correo agradecía el interés y explicaba quién era él. El segundo aclaraba una duda común sobre seguros. El tercero invitaba a agendar una conversación para revisar la situación del cliente. Todo el proceso se enviaba automáticamente cada vez que alguien se registraba en su lista. Así, cada prospecto recibía atención inmediata sin depender de que el agente estuviera disponible en ese momento.

Automatiza correos para atender sin estar presente.

Cuando tu comunicación funciona de forma automática, tu negocio sigue avanzando incluso cuando estás ocupado.

Acciones estratégicas a implementar

- Diseña una secuencia de bienvenida.
- Configúrala en Mailchimp o HubSpot.
- Revisa los resultados cada mes.

La automatización trabaja por ti incluso cuando duermes.

"El agente que automatiza multiplica su alcance sin multiplicar su esfuerzo."

Día 332

PERSONALIZA CON EL NOMBRE DEL CLIENTE

Un mensaje genérico puede informar, pero un mensaje personalizado conecta. Cuando una persona ve su nombre en el saludo o en el asunto, siente que el correo fue pensado para ella, no enviado en masa. ¿Cómo reaccionas tú cuando recibes un mensaje que parece escrito solo para ti? Un agente decidió probar este detalle en sus campañas. En lugar de usar asuntos generales, comenzó a incluir el nombre del cliente y a mencionar brevemente su situación. Ese pequeño cambio transformó la reacción de los lectores. Las personas abrían el correo con más interés porque percibían que había atención personal detrás del mensaje.

Personaliza tus correos para crear cercanía.

Cuando alguien se siente reconocido por su nombre, la relación deja de ser impersonal y se vuelve cercana.

Acciones estratégicas a implementar

- Usa etiquetas de personalización.
- Incluye el nombre en asunto o saludo.
- Haz pruebas de impacto.

El cliente quiere sentirse visto y valorado.

"El agente que personaliza convierte contactos en relaciones."

Día 333

CUENTA HISTORIAS EN TUS CORREOS

Los datos informan, pero las historias permanecen en la mente. Cuando explicas un producto solo con números, el cliente entiende la lógica; cuando lo haces con una historia real, también siente el impacto. ¿Qué recuerdas más: una tabla de beneficios o la historia de una familia que encontró protección a tiempo? Un agente decidió probar este enfoque en uno de sus correos. En lugar de listar características de un seguro de vida, contó la experiencia de una familia que había tomado la decisión de protegerse. Explicó qué los preocupaba al principio, qué solución eligieron y cómo esa decisión les dio tranquilidad cuando enfrentaron un momento difícil. El mensaje no parecía una promoción; parecía una historia humana con una lección clara.

Cuenta historias para que tu mensaje se recuerde. Cuando una idea viaja dentro de una historia, es mucho más difícil olvidarla.

Acciones estratégicas a implementar

- Escribe una experiencia de cliente (anónima).
- Añade la lección aprendida.
- Conecta con el beneficio del seguro.

Una historia bien contada vale más que mil estadísticas.

"El agente que cuenta historias conecta con el alma de sus clientes."

Día 334

MIDE LAS MÉTRICAS DE TUS CAMPAÑAS

Enviar correos sin revisar resultados es como vender sin saber cuántas citas tienes o cuántas pólizas cierras. Las métricas te muestran qué funciona y qué necesita mejorar. ¿Cuántas personas abren tus mensajes? ¿Cuántas hacen clic en tu enlace? Un agente comenzó a revisar esos datos después de cada campaña. Al principio pensaba que todos sus envíos tenían el mismo efecto, pero los números le mostraron algo distinto. Descubrió que ciertos días de la semana generaban más aperturas y que algunos temas despertaban más interés que otros. Con esa información empezó a ajustar horarios y contenidos para aprovechar lo que realmente funcionaba.

Mide tus correos para mejorar cada envío.

Cuando observas los números con atención, cada campaña se convierte en una oportunidad para mejorar la siguiente.

Acciones estratégicas a implementar

- Revisa aperturas, clics y conversiones.
- Cambia un detalle a la vez.
- Ajusta tu estrategia mensual.

Lo que se mide, se mejora.

"El agente que mide domina su progreso."

Día 335

ENVÍA CORREOS EN EL MEJOR MOMENTO

Un buen mensaje puede pasar desapercibido si llega en el momento equivocado. El horario influye mucho en si el cliente abre tu correo o lo deja enterrado entre otros mensajes. ¿Tus correos llegan cuando tu cliente tiene tiempo para leer o cuando está ocupado con mil cosas? Un agente decidió observar este detalle con atención. Durante varias semanas probó enviar sus campañas en distintos días y horarios. Revisó los resultados después de cada envío y descubrió algo interesante: cuando enviaba sus correos los jueves por la mañana, muchas más personas los abrían. No fue casualidad, fue observación y ajuste. Al repetir ese horario, sus campañas comenzaron a generar más respuestas y conversaciones con clientes.

Encuentra el mejor momento para enviar tus correos.

Cuando descubres el momento en que tu audiencia está más atenta, tu mensaje tiene más posibilidades de ser leído.

Acciones estratégicas a implementar

- Haz pruebas en diferentes días/horas.
- Analiza resultados por segmento.
- Ajusta tu rutina de envíos.

El tiempo correcto potencia el mensaje correcto.

"El agente que cuida el tiempo de sus clientes gana su atención."

Día 336

DEFINE TU PROPUESTA ÚNICA DE VALOR

En un mercado lleno de agentes, la gente necesita entender rápidamente por qué debería hablar contigo y no con otro. Tu propuesta de valor es esa frase que resume a quién ayudas y cómo lo haces. ¿Qué te hace diferente cuando un cliente escucha tu nombre por primera vez? Un agente lo descubrió después de notar que su presentación era demasiado general. Decidió enfocarse en un grupo específico y presentarse con claridad: especialista en seguros para emprendedores hispanos en su ciudad. Esa frase cambió la conversación. Los clientes correctos empezaron a reconocer que él entendía su realidad y sus necesidades. No estaba hablando para todos; estaba hablando para quienes realmente quería ayudar.

Define una propuesta de valor que te haga memorable.

Cuando tu mensaje es claro, las personas correctas te reconocen de inmediato.

Acciones estratégicas a implementar

- Escribe qué problema resuelves.
- Define para quién lo haces.
- Resume tu propuesta en una frase clara.

Si no defines qué te diferencia, serás uno más.

“El agente que define su valor se convierte en inolvidable.”

Día 337

CONVIÉRTETE EN ESPECIALISTA DE UN NICHO

Cuando intentas hablarle a todo el mundo, tu mensaje pierde fuerza. En cambio, cuando te concentras en un grupo específico, tu conocimiento se vuelve más profundo y tu nombre empieza a asociarse con ese mercado. ¿Quién piensa en ti cuando surge una necesidad concreta? Un agente lo descubrió al observar que sus ventas estaban dispersas entre muchos tipos de clientes. Decidió enfocarse en un grupo muy específico: camioneros. Empezó a estudiar sus riesgos, sus horarios de trabajo y las necesidades de sus familias. Con el tiempo, su discurso se volvió tan claro que los propios clientes comenzaron a recomendarlo dentro de su comunidad. No dominó un mercado enorme, pero sí uno muy definido y rentable.

Elige un nicho y conviértete en referencia.

Cuando te especializas en un nicho, dejas de competir por precio y comienzas a competir por conocimiento.

Acciones estratégicas a implementar

- Identifica un nicho rentable.
- Aprende todo sobre sus necesidades.
- Crea mensajes dirigidos a ellos.

Quien sirve a todos, no conecta con nadie.

“El agente que elige un nicho, elige su grandeza.”

Día 338

DESARROLLA TU MARCA PERSONAL

Tu marca personal no es solo lo que dices de ti, sino la impresión que queda cuando alguien escucha tu nombre o ve tu perfil por primera vez. Es la suma de tu imagen, tu forma de comunicar y la confianza que proyectas. ¿Qué percibe un prospecto cuando revisa tus redes o tu foto profesional? Un agente se dio cuenta de que su presencia digital era inconsistente: fotos distintas, estilos mezclados y mensajes poco claros. Decidió invertir en una imagen profesional y mantener un estilo visual uniforme en sus publicaciones. El cambio fue inmediato. Los prospectos empezaron a verlo como alguien más serio y confiable antes incluso de hablar con él.

Cuida tu marca personal incluso cuando no estás presente.

Cuando tu imagen transmite coherencia, tu nombre comienza a inspirar confianza incluso antes de la primera conversación.

Acciones estratégicas a implementar

- Define colores y estilo visual.
- Usa la misma foto profesional en todos lados.
- Sé consistente en tu comunicación.

Tu marca es tu huella en la mente del cliente.

“El agente que cuida su marca personal siembra confianza eterna.”

Día 339

OFRECE EXPERIENCIAS, NO SOLO PÓLIZAS

El cliente puede olvidar los detalles del contrato con el tiempo, pero rara vez olvida cómo se sintió durante el proceso. La confianza, la paciencia y la atención dejan una huella más profunda que cualquier cláusula. ¿Cómo se siente una persona después de firmar contigo: aliviada, escuchada, tranquila? Un agente decidió prestar atención a ese momento final. Cada vez que una familia firmaba una póliza, enviaba una nota breve agradeciendo la confianza y reconociendo el paso que habían dado para proteger su futuro. No era un gesto costoso, pero sí significativo. Con el tiempo, muchos clientes mencionaban esa experiencia cuando recomendaban al agente a sus amigos y familiares.

Haz que el cliente recuerde la experiencia, no solo la póliza.

Cuando una persona se siente valorada, la relación no termina con la firma: apenas comienza.

Acciones estratégicas a implementar

- Diseña un detalle de bienvenida.
- Crea una rutina de agradecimiento.
- Asegúrate de un servicio cálido.

Las pólizas se olvidan, las experiencias se recuerdan.

"El agente que crea experiencias construye relaciones eternas."

Día 340

SÉ CONSISTENTE EN TU COMUNICACIÓN

La confianza no aparece con un solo mensaje. Se forma cuando las personas te ven una y otra vez comunicando la misma idea con claridad. Si hoy hablas de una cosa y mañana de otra completamente distinta, el cliente no sabe exactamente quién eres ni qué representas. ¿Qué ocurre cuando alguien ve tu nombre varias veces asociado al mismo tipo de consejo o solución? Un agente decidió probar una rutina simple: cada lunes enviaba un consejo breve a sus clientes sobre protección financiera. No era un contenido complejo, solo una idea clara y útil. Con el paso de los meses, esa repetición creó un hábito en su audiencia. Sus clientes empezaron a esperar ese mensaje semanal porque sabían que encontrarían algo que les ayudaría.

La repetición construye confianza.

Cuando tu mensaje se repite con consistencia, tu nombre empieza a ocupar un lugar estable en la mente de las personas.

Acciones estratégicas a implementar

- Define un calendario fijo de publicaciones.
- Usa un mismo tono de voz.
- Repite tu propuesta de valor constantemente.

La consistencia construye confianza.

"El agente consistente se convierte en referente."

Día 341

AÑADE VALOR EXTRA EN CADA CONTACTO

La mayoría de las personas recibe exactamente lo que paga y nada más. Por eso, cuando un profesional ofrece un valor adicional inesperado, se vuelve memorable. ¿Qué pequeño extra podrías dar que demuestre que realmente te importa ayudar? Un agente empezó a notar que muchas conversaciones con clientes terminaban hablando de temas financieros más amplios. En lugar de limitarse a explicar pólizas, decidió enviar ocasionalmente artículos sencillos sobre ahorro, inversión y organización del dinero. No eran mensajes largos ni complicados, solo recursos útiles que complementaban su asesoría. Con el tiempo, sus clientes dejaron de verlo únicamente como alguien que vende seguros y comenzaron a percibirlo como un consejero que se preocupa por su bienestar financiero completo.

Da un poco más de lo que el cliente espera.

Cuando entregas más valor del esperado, tu servicio se convierte en una experiencia difícil de reemplazar.

Acciones estratégicas a implementar

- Incluye un consejo adicional en tus reuniones.
- Envía un recurso útil en tus correos.
- Comparte información gratuita de valor.

El valor adicional te distingue de los demás.

"El agente que da más, recibe más."

CONSTRUYE AUTORIDAD CON EDUCACIÓN GRATUITA

Cuando compartes conocimiento sin cobrar, el mercado empieza a verte como alguien que entiende profundamente su tema. Las personas confían más en quien les ayuda a comprender antes de pedirles una decisión. ¿Qué ocurriría si tus prospectos aprendieran contigo antes de pensar en comprar? Un agente decidió probar un enfoque sencillo: organizar pequeños webinars gratuitos donde explicaba temas básicos de seguros de salud en lenguaje claro. No hablaba de vender pólizas; hablaba de cómo entender coberturas, evitar errores y proteger mejor a la familia. Con el tiempo, muchas personas que asistían a esas sesiones empezaron a verlo como su punto de referencia cuando necesitaban asesoría. La relación ya estaba construida antes de la primera conversación de venta.

Enseña primero, vende después.

Cuando el mercado aprende contigo, la confianza llega antes que la venta.

Acciones estratégicas a implementar

- Organiza un taller en línea gratuito.
- Crea un e-book sencillo.
- Publica mini cursos en redes.

El conocimiento compartido multiplica tu influencia.

"El agente que enseña, inspira confianza infinita."

Día 343

SÉ VISIBLE EN TU COMUNIDAD

Tu reputación no solo se construye en redes o en citas privadas. También se fortalece cuando las personas de tu ciudad te ven participando en la vida de la comunidad. La cercanía crea confianza mucho antes de hablar de seguros. ¿Cuántas personas en tu barrio saben que tú eres el asesor que protege a las familias? Un agente decidió involucrarse en un evento deportivo local donde participaban varias familias del área. No fue una campaña complicada: apoyó la actividad y estuvo presente conversando con los asistentes. Esa simple presencia permitió que muchas personas lo conocieran de forma natural, sin presión de venta. En pocos días comenzaron a llegarle mensajes de quienes lo habían visto en el evento y querían saber más sobre sus servicios.

Hazte visible en tu comunidad.

Cuando tu nombre se asocia con tu comunidad, la confianza empieza mucho antes de la primera cita.

Acciones estratégicas a implementar

- Participa en ferias locales.
- Apoya causas comunitarias.
- Haz networking en tu ciudad.

El agente visible es el agente recordado.

"El agente que sirve a su comunidad se convierte en su elección natural."

Día 344

APROVECHA TESTIMONIOS DE CLIENTES SATISFECHOS

Nada transmite confianza más rápido que la experiencia de alguien que ya fue atendido por ti. Las personas creen más en la voz de otro cliente que en cualquier argumento de venta. ¿Qué sentiría un prospecto al escuchar a alguien decir que tu asesoría realmente marcó la diferencia? Un agente decidió pedir permiso a algunos de sus clientes satisfechos para grabar pequeños videos contando su experiencia. No eran producciones elaboradas, solo testimonios sinceros explicando cómo se sintieron durante el proceso y qué tranquilidad les dio su póliza. Esos mensajes se convirtieron en una prueba visible de su trabajo. Quien veía esos videos entendía que no estaba frente a promesas, sino frente a resultados reales.

Deja que tus clientes hablen por ti.

Cuando otros cuentan cómo los ayudaste, tu reputación se fortalece de forma natural.

Acciones estratégicas a implementar

- Pide testimonios después de una venta.
- Publica en texto, audio o video.
- Úsalos en tu marketing.

La voz del cliente es tu mejor publicidad.

"El agente que usa testimonios convierte su trabajo en evidencia."

Día 345

SÉ INNOVADOR EN TU SERVICIO

La innovación no siempre significa tecnología compleja. Muchas veces se trata de encontrar formas más cómodas, claras o humanas de atender a las personas. Cuando mejoras la experiencia del cliente, tu servicio se percibe moderno incluso si el producto es el mismo. ¿Tu forma de atender hace la vida más fácil a tus clientes? Un agente decidió ofrecer reuniones por videollamada cuando la mayoría todavía exigía citas presenciales. Para muchas familias ocupadas eso fue un alivio: podían entender su protección sin salir de casa ni reorganizar toda su agenda. Ese pequeño cambio no modificó el producto, pero sí transformó la experiencia. Sus clientes comenzaron a verlo como alguien práctico, accesible y actualizado.

Innóva en cómo atiendes a tus clientes.

Cuando facilitas la vida del cliente, tu servicio se vuelve naturalmente más atractivo.

Acciones estratégicas a implementar

- Identifica un proceso que puedes mejorar.
- Busca herramientas digitales nuevas.
- Implementa un cambio pequeño esta semana.

La innovación mantiene tu negocio vivo.

"El agente que innova lidera el futuro del mercado."

LIDERA CON EL EJEMPLO

La verdadera influencia no nace de los discursos, sino de lo que haces cada día. Las personas observan cómo trabajas, cómo cumples tus compromisos y cómo tratas a los demás. Esa coherencia habla más fuerte que cualquier consejo. ¿Qué ven tus clientes y tu equipo cuando te observan trabajar? Un agente entendió este principio de forma sencilla: decidió ser absolutamente puntual en cada reunión. Al principio parecía un detalle pequeño, pero con el tiempo ese hábito empezó a marcar la cultura de su equipo. Nadie necesitó recordatorios ni reglas estrictas; el ejemplo fue suficiente para que otros adoptaran la misma disciplina.

Lidera con tu ejemplo, no solo con palabras.

Cuando tus acciones reflejan tus principios, las personas comienzan a confiar y a seguir tu liderazgo de forma natural.

Acciones estratégicas a implementar

- Identifica un hábito clave que quieres modelar.
- Practícalo todos los días con disciplina.
- Comunica con hechos, no solo con palabras.

El liderazgo comienza con tus propios pasos.

"El agente que lidera con el ejemplo nunca camina solo, siempre es seguido."

Día 347

INSPIRA CON TU HISTORIA

Las personas conectan con personas, no con discursos perfectos. Cuando cuentas de dónde vienes, los retos que enfrentaste y cómo cambiaste tu vida, tu mensaje se vuelve humano y cercano. ¿Qué parte de tu historia explica por qué haces este trabajo con tanta convicción? Una agente decidió contar públicamente cómo había empezado desde cero y cómo el mundo de los seguros le permitió construir un negocio estable para su familia. No lo hizo para presumir resultados, sino para mostrar el camino recorrido. Muchos clientes se sintieron identificados con ese proceso de esfuerzo y superación. Al conocer su historia, dejaron de verla solo como una agente y comenzaron a verla como alguien que entiende sus luchas y aspiraciones.

Comparte tu historia para crear conexión.

Cuando las personas conocen tu historia, no solo escuchan tu mensaje: sienten que te conocen.

Acciones estratégicas a implementar

- Escribe tu historia en 3 capítulos: pasado, presente, futuro.
- Identifica los aprendizajes clave.
- Úsala en reuniones, redes y charlas.

Tu historia es tu mayor activo, compártela.

"El agente que comparte su historia, multiplica la esperanza en otros."

SÉ UN MENTOR PARA OTROS AGENTES

El éxito más profundo no se mide solo en comisiones, sino en el impacto que generas en otras personas. Cuando ayudas a alguien a mejorar, también refuerzas tu propio conocimiento y tu liderazgo. ¿Quién se beneficia hoy de lo que tú ya aprendiste en este negocio? Un agente con varios años de experiencia decidió dedicar una hora semanal a conversar con agentes nuevos. Compartía errores que había cometido, frases que funcionaban en las citas y formas simples de organizar el trabajo. Al principio parecía un gesto pequeño, pero con el tiempo esos agentes comenzaron a verlo como referencia. Su nombre empezó a asociarse con guía, experiencia y generosidad. Esa reputación fortaleció su influencia y abrió nuevas oportunidades en su carrera.

Crece ayudando a otros a crecer.

Cuando ayudas a otros a avanzar, tu propio camino se vuelve más sólido y respetado.

Acciones estratégicas a implementar

- Identifica a 1 o 2 agentes que puedas guiar.
- Agenda reuniones periódicas con ellos.
- Comparte tus errores y aprendizajes.

Un verdadero líder no camina solo, abre camino para otros.

“El agente que enseña, se convierte en maestro de su propio destino.”

Día 349

RODÉATE DE LÍDERES QUE TE INSPIREN

El entorno influye silenciosamente en la forma en que piensas y actúas. Cuando pasas tiempo con personas que ya viven al nivel al que aspiras, su forma de ver el negocio empieza a moldear la tuya. ¿Con quién conversas más a menudo: con quienes se quejan o con quienes están construyendo algo grande? Un agente decidió cambiar su círculo profesional. Empezó a asistir regularmente a conferencias, reuniones empresariales y espacios donde participaban líderes de distintos sectores. Al escuchar sus estrategias y su manera de pensar, comenzó a cuestionar sus propios límites. Su visión se amplió y, con ella, su forma de trabajar. Poco a poco sus metas crecieron y sus resultados también.

Rodéate de personas que eleven tu visión.

Cuando tu entorno eleva tu mentalidad, tu estándar personal también comienza a subir.

Acciones estratégicas a implementar

- Identifica 3 líderes que admires.
- Consúmelos: lee sus libros, escucha sus charlas.
- Asiste a eventos donde ellos participen.

Tu entorno determina tu altura.

"El agente que se rodea de líderes se convierte en uno de ellos."

Día 350

PIENSA EN GRANDE, ACTÚA EN PEQUEÑO

Las metas grandes pueden inspirar, pero también pueden paralizar si parecen demasiado lejanas. La clave está en transformar ese gran sueño en acciones pequeñas que puedas repetir cada día. ¿Qué paso sencillo puedes dar hoy que te acerque a la meta que imaginas para tu carrera? Un agente tenía una visión ambiciosa: quería llegar a facturar un millón en comisiones. En lugar de obsesionarse con el número final, decidió enfocarse en algo mucho más simple: cerrar una póliza adicional cada semana. Esa disciplina semanal parecía modesta al principio, pero con el tiempo empezó a acumular resultados. Cada semana sumaba un pequeño avance que, repetido durante años, lo llevó a alcanzar una meta que antes parecía enorme.

Sueña en grande, pero avanza con pasos pequeños.

La grandeza no aparece de golpe; se construye con pasos firmes y constantes.

Acciones estratégicas a implementar

- Define tu meta grande.
- Divídela en pequeñas acciones.
- Ejecuta un paso cada día.

Los sueños grandes se construyen con pasos pequeños.

"El agente que actúa en pequeño llega a logros gigantes."

Día 351

SÉ RESILIENTE ANTE LAS CAÍDAS

En este negocio las pérdidas y los rechazos forman parte del camino. La diferencia no está en evitarlos, sino en cómo reaccionas cuando aparecen. ¿Te detienes a lamentarte o usas ese momento para fortalecer tu disciplina? Un agente vivió uno de esos golpes que ponen a prueba la confianza: en un solo mes perdió cinco clientes importantes. Durante unos días sintió frustración y dudas, pero decidió convertir ese golpe en acción. En lugar de reducir el ritmo, duplicó sus esfuerzos de prospección y volvió a enfocarse en su actividad diaria. Esa decisión cambió el rumbo. En poco tiempo no solo recuperó lo perdido, también consiguió nuevos clientes que superaron el resultado anterior.

Levántate más fuerte después de cada caída.

Cada vez que te levantas con más determinación, tu confianza se vuelve más sólida.

Acciones estratégicas a implementar

- Acepta el error o caída sin culparte.
- Identifica el aprendizaje.
- Redobla tu acción inmediata.

Cada caída es un trampolín hacia tu grandeza.

"El agente resiliente nunca retrocede, solo toma impulso."

Día 352

HAZ DE LA INSPIRACIÓN UN HÁBITO

La inspiración no siempre aparece por sí sola. Cuando empiezas la jornada con la mente llena de preocupaciones o distracciones, tu energía se refleja en cada llamada y en cada reunión. Por eso muchos profesionales exitosos provocan su propia inspiración cada mañana. ¿Con qué pensamientos comienzas tu día? Un agente decidió cambiar su rutina diaria. Antes de abrir correos o revisar el teléfono, dedicaba diez minutos a leer un libro inspirador relacionado con crecimiento personal y liderazgo. Ese pequeño hábito transformó su estado de ánimo. Comenzaba sus llamadas con una actitud más positiva y segura, y sus clientes lo percibían en su tono de voz y en su entusiasmo.

Alimenta tu mente antes de empezar el día.

Cuando alimentas tu mente con ideas positivas, tu energía se convierte en un recurso que impulsa cada acción del día.

Acciones estratégicas a implementar

- Dedica 10 minutos diarios a leer algo inspirador.
- Coloca frases en tu espacio de trabajo.
- Escucha audios motivacionales al manejar.

La inspiración diaria es el combustible del éxito.

"El agente que se inspira cada día nunca se apaga."

Día 353

CONVIÉRTETE EN LA FUENTE DE ENERGÍA DE TU EQUIPO

Un líder no solo dirige tareas; también transmite ánimo. La actitud con la que entras a una reunión o haces una llamada puede elevar el ambiente o apagarlo. ¿Qué sienten las personas cuando empiezan a trabajar contigo: presión o entusiasmo? Un agente entendió que su actitud diaria influía más de lo que imaginaba. Decidió comenzar cada reunión saludando con energía, mostrando interés genuino por su equipo y celebrando pequeños avances. Ese gesto constante empezó a cambiar el clima del grupo. Con el tiempo, los demás adoptaron el mismo ánimo y las reuniones dejaron de ser simples reportes para convertirse en espacios de impulso y enfoque.

Tu energía marca el tono del equipo.

Cuando el líder irradia energía, el equipo responde con motivación y mejores resultados.

Acciones estratégicas a implementar

- Cuida tu lenguaje corporal y tono de voz.
- Reconoce públicamente los logros de tu equipo.
- Motiva en momentos de baja energía.

La energía positiva se multiplica cuando la compartes.

"El agente que transmite energía crea un equipo imparable."

Día 354

NO PIERDAS TU VISIÓN EN LA RUTINA

La rutina diaria puede volverse automática: llamadas, citas, seguimientos. Cuando todo se repite, es fácil olvidar la razón profunda por la que empezaste este camino. Mantener tu propósito visible es la forma de evitar que el trabajo se convierta solo en obligación. ¿Qué te motivó a entrar a este negocio en primer lugar? Un agente encontró una forma sencilla de recordarlo. Colocó una foto de su familia en su escritorio. Cada vez que el cansancio aparecía o una venta se complicaba, levantaba la mirada y veía el motivo real de su esfuerzo. Ese pequeño recordatorio lo ayudaba a recuperar energía y a volver a enfocarse en lo que realmente importaba.

Recuerda tu "por qué" cada día.

Cuando tu propósito está presente, incluso las tareas más simples adquieren un significado mayor.

Acciones estratégicas a implementar

- Escribe tu visión y colócala visible.
- Recuérdala al inicio de cada jornada.
- Usa símbolos o imágenes que te inspiren.

La visión es el faro que guía tu camino.

"El agente que mantiene su visión nunca se pierde en la rutina."

Día 355

CELEBRA CADA VICTORIA, POR PEQUEÑA QUE SEA

Muchos profesionales solo celebran cuando llega el gran resultado: la póliza firmada o la meta alcanzada. Pero el éxito no aparece de repente; se construye con pequeños avances que merecen ser reconocidos. ¿Qué pasaría si empezaras a valorar cada paso del proceso? Un agente decidió cambiar su forma de medir el progreso. En lugar de esperar solo los cierres para sentirse satisfecho, empezó a celebrar también cada cita conseguida. Entendió que cada reunión era una puerta abierta hacia una nueva oportunidad. Esa actitud transformó su energía diaria. Llegaba a cada conversación con entusiasmo y sus clientes percibían esa motivación.

Celebra cada avance en el camino.

Cuando reconoces cada avance, tu motivación se mantiene firme y el camino hacia la meta se vuelve más ligero.

Acciones estratégicas a implementar

- Define logros pequeños que merezcan celebración.
- Reconócelos en ti y en tu equipo.
- Usa recompensas simbólicas para mantener la motivación.

Cada victoria celebrada alimenta la siguiente.

"El agente que celebra el progreso crea un camino lleno de alegría."

Día 356

SÉ EJEMPLO DE INTEGRIDAD

El carisma puede abrir la puerta de una conversación, pero la confianza duradera nace de la honestidad. Cuando un cliente siente que hablas con claridad y cumples lo que prometes, la relación deja de ser una simple transacción. ¿Tus clientes sienten que pueden confiar plenamente en tu palabra? Un agente entendió este principio en una reunión con un prospecto que tenía muchas dudas. En lugar de exagerar beneficios, explicó con calma qué cubría la póliza y también qué situaciones no estaban incluidas. Esa transparencia sorprendió al cliente. No solo decidió contratar la protección, también expresó algo que el agente nunca olvidó: agradeció que alguien le hablara con total claridad.

La integridad es lo que convierte una venta en una relación.

Cuando actúas con integridad, tu reputación se convierte en tu mejor argumento de venta.

Acciones estratégicas a implementar

- Sé claro en cada presentación.
- No ofrezcas lo que no puedes cumplir.
- Cumple cada promesa en tiempo y forma.

La integridad es el cimiento de un agente grande.

"El agente íntegro no necesita perseguir clientes, ellos lo buscan."

Día 357

CONVIÉRTETE EN UN ETERNO APRENDIZ

El mercado nunca se queda quieto. Nuevos productos aparecen, las regulaciones cambian y los clientes evolucionan en lo que esperan de un asesor. Quien deja de aprender, tarde o temprano se queda atrás. ¿Qué estás haciendo hoy para seguir creciendo en tu profesión? Un agente tomó una decisión simple: dedicar tiempo a capacitarse cada trimestre. No buscaba saberlo todo de inmediato, solo mejorar un poco cada vez. Ese hábito constante empezó a marcar la diferencia. Con los años, su conocimiento se volvió más profundo y su forma de asesorar más sólida. Poco a poco su nombre comenzó a asociarse con experiencia y dominio del tema.

Aprende de forma continua para mantenerte vigente.

Cuando conviertes el aprendizaje en parte de tu rutina, tu valor profesional crece con el tiempo.

Acciones estratégicas a implementar

- Inscríbete en un curso nuevo cada 3 meses.
- Lee 1 libro al mes.
- Aprende de cada cliente escuchando más.

Quien deja de aprender, deja de crecer.

"El agente que aprende siempre está un paso adelante."

Día 358

SÉ HUMILDE EN TU ÉXITO

El liderazgo verdadero no se mide por cuántos reconocimientos acumulas, sino por cómo haces sentir a las personas que caminan contigo. Cuando un líder comparte el mérito, demuestra seguridad y genera un ambiente de respeto. ¿Quién recibe crédito cuando tu equipo alcanza un logro importante? Un agente muy productivo tenía una costumbre sencilla: cada vez que alcanzaba una meta o recibía un reconocimiento, mencionaba públicamente a las personas que habían contribuido al resultado. Ese gesto evitaba rivalidades y fortalecía la confianza dentro del grupo. Con el tiempo, sus colegas no solo admiraban sus resultados; también lo seguían con lealtad porque sabían que su liderazgo estaba basado en la humildad.

Comparte el mérito y fortalece tu liderazgo.

Cuando el éxito se comparte, la confianza crece y el liderazgo se vuelve más sólido.

Acciones estratégicas a implementar

- Agradece públicamente los apoyos que recibes.
- Da mérito a tu equipo en cada éxito.
- Mantén una actitud de servicio, no de superioridad.

El éxito compartido se multiplica.

"El agente humilde nunca pierde, porque siempre gana con otros."

Día 359

USA LA ADVERSIDAD COMO ESCALÓN

En ventas es fácil interpretar los rechazos como muros que detienen el avance. Pero quienes crecen de verdad aprenden a verlos como señales que indican dónde mejorar. La diferencia no está en evitar los problemas, sino en la actitud con la que los enfrentas. ¿Qué haces cuando una racha difícil aparece en tu negocio? Un agente vivió uno de esos momentos que ponen a prueba la determinación. En un solo mes recibió cincuenta rechazos consecutivos. Durante unos días sintió frustración, pero decidió usar esa experiencia como guía. Revisó su forma de presentar, estudió nuevas técnicas y ajustó su enfoque con los clientes. El resultado fue sorprendente: al mes siguiente sus cierres se duplicaron.

Convierte cada obstáculo en un escalón.

Cuando transformas cada obstáculo en aprendizaje, tu progreso se vuelve inevitable.

Acciones estratégicas a implementar

- Identifica tu mayor reto actual.
- Escribe qué enseñanza trae consigo.
- Diseña un plan para enfrentarlo.

La adversidad no te detiene, te impulsa.

“El agente que transforma la adversidad en escalón nunca deja de subir.”

Día 360

COMPARTE TU CONOCIMIENTO SIN MIEDO

El conocimiento no se reduce cuando se comparte; al contrario, se expande. Cuando explicas lo que has aprendido, tu nombre empieza a asociarse con orientación y confianza. ¿Cuántas personas en tu comunidad saben que pueden aprender contigo? Un agente decidió organizar pequeñas charlas gratuitas donde explicaba en lenguaje simple cómo funcionan los seguros y por qué son importantes para proteger a la familia. No era una venta directa, era educación. Las personas comenzaron a verlo como alguien que aclaraba dudas con paciencia y conocimiento. Con el tiempo, su nombre se volvió referencia en su comunidad, y muchas familias lo buscaban cuando necesitaban asesoría.

Enseña lo que sabes y tu influencia crecerá.

Cuando ayudas a otros a entender, tu reputación crece de forma natural.

Acciones estratégicas a implementar

- Elige un tema que domines.
- Comparte en redes sociales o en un grupo local.
- Hazlo de manera constante.

El saber se multiplica cuando se comparte.

"El agente que enseña nunca se queda sin oportunidades."

Día 361

TEN UN PROPÓSITO MÁS GRANDE QUE EL DINERO

Las comisiones pueden motivar por un tiempo, pero el propósito es lo que sostiene el esfuerzo a largo plazo. Cuando recuerdas que tu trabajo protege familias, sueños y estabilidad, cada conversación con un cliente adquiere un significado diferente. ¿Qué representa realmente cada póliza que ayudas a emitir? Un agente decidió cambiar la forma en que veía su profesión. En lugar de enfocarse solo en números, empezó a pensar en cada venta como una manera de proteger el futuro de una familia. Esa idea se convirtió en su motor diario. Cada reunión dejó de ser solo una transacción y pasó a ser una oportunidad de cuidar el bienestar de alguien más.

Trabaja por un propósito mayor que el dinero.

Cuando el propósito guía tu esfuerzo, el dinero deja de ser la meta y se convierte en la consecuencia.

Acciones estratégicas a implementar

- Escribe cuál es tu propósito más allá del dinero.
- Recuérdalo antes de cada cita.
- Conéctalo con tu visión personal.

El dinero es pasajero, el propósito es eterno.

"El agente con propósito siempre deja huella."

Día 362

SÉ AGRADECIDO EN CADA PASO

La gratitud cambia la forma en que percibes tu trabajo y a las personas que te rodean. Cuando reconoces lo que ya tienes, tu actitud se vuelve más tranquila, positiva y abierta. Esa energía se transmite en cada conversación con clientes y colegas. ¿Qué ocurriría si terminaras cada día reconociendo lo bueno que ocurrió, incluso en medio de los retos? Un agente decidió adoptar un hábito sencillo antes de dormir. Cada noche escribía tres cosas por las que se sentía agradecido: una conversación productiva, una oportunidad nueva o el apoyo de un cliente. Ese ejercicio cambió su enfoque. Comenzó a llegar a sus citas con una actitud más serena y optimista, lo que fortalecía la conexión con las personas.

Practica la gratitud para fortalecer tu energía.

Cuando cultivas la gratitud, tu mente se enfoca en las oportunidades en lugar de las limitaciones.

Acciones estratégicas a implementar

- Escribe 3 cosas por las que agradeces cada día.
- Agradece en voz alta a un cliente o colega.
- Transforma cada reto en gratitud por el aprendizaje.

La gratitud es el imán de la abundancia.

“El agente agradecido siempre recibe más de lo que esperaba.”

Día 363

SÉ INSPIRACIÓN PARA TU FAMILIA

Las palabras enseñan, pero el ejemplo forma. Tu familia ve cómo trabajas, cómo enfrentas los retos y cómo celebras los logros. Cada acción diaria transmite un mensaje silencioso sobre disciplina, responsabilidad y amor por lo que haces. ¿Qué están aprendiendo quienes te miran más de cerca? Un agente entendió que su trabajo también era una forma de educar. Cuando alcanzaba una meta importante, compartía con sus hijos lo que había hecho para lograrla: la constancia, las horas de esfuerzo y la importancia de no rendirse. Con el tiempo, esas conversaciones se convirtieron en pequeñas lecciones de vida. Sus hijos crecieron viendo que el trabajo honesto y disciplinado podía construir oportunidades reales.

Sé el ejemplo que tu familia observa.

Cuando tu vida refleja tus valores, tu familia aprende mucho más de lo que imaginas.

Acciones estratégicas a implementar

- Comparte tus metas con tu familia.
- Involúcralos en pequeñas victorias.
- Sé coherente entre lo que dices y haces.

El legado empieza en casa.

"El agente que inspira a su familia asegura su verdadero éxito."

Día 364

VIVE CON PASIÓN CADA DÍA

La pasión transforma una explicación común en un mensaje que inspira. Cuando realmente crees en lo que haces, tu tono de voz, tu lenguaje y tu presencia transmiten entusiasmo. Los clientes perciben esa energía y sienten que están frente a alguien que trabaja con convicción. ¿Hablas de tu trabajo como una obligación o como una misión? Un agente descubrió que su mayor ventaja no era el producto, sino la forma en que lo presentaba. Hablaba con entusiasmo sobre cómo una póliza podía proteger el futuro de una familia. Esa emoción era tan evidente que muchos clientes no solo contrataban la protección, también lo recomendaban con entusiasmo a otros.

Deja que la pasión se note en tu trabajo.

Cuando la pasión guía tu mensaje, las personas no solo escuchan tus palabras: sienten tu convicción.

Acciones estratégicas a implementar

- Encuentra lo que más te emociona de tu trabajo.
- Hazlo parte de cada presentación.
- Rodéate de recordatorios que enciendan tu pasión.

La pasión es el motor que nunca se apaga.

"El agente apasionado convierte su día en inspiración para otros."

Día 365

DEJA UN LEGADO QUE TRASCIENDA

Las comisiones y los reconocimientos son logros importantes, pero el verdadero valor de tu trabajo se mide con el tiempo. Cada familia protegida, cada agente al que orientas y cada consejo que cambia una decisión deja una huella que permanece mucho más allá de una venta. ¿Qué recordarán las personas de ti dentro de muchos años? Un agente dedicó tres décadas a explicar con paciencia cómo proteger a las familias. Nunca vio su trabajo solo como pólizas firmadas, sino como educación y servicio. Con el paso del tiempo formó nuevos agentes y ayudó a cientos de hogares a tomar decisiones más seguras. Cuando llegó el momento de retirarse, no solo dejó una cartera de clientes: dejó una comunidad que recordaba su dedicación y un equipo preparado para continuar su labor.

Construye un legado que trascienda tu carrera.

Cuando tu trabajo se guía por propósito, el éxito se convierte en legado.

Acciones estratégicas a implementar

- Define qué legado quieres dejar.
- Conéctalo con tus acciones diarias.
- Haz que cada cliente sea parte de ese legado.

Tu vida será recordada por el impacto que dejaste.

"El agente que deja un legado trasciende más allá del tiempo."

CONCLUSIÓN

Si has llegado hasta esta página, mereces una felicitación sincera por la constancia que has demostrado al completar este recorrido de 365 días de entrenamiento. Tal vez lo terminaste en el tiempo previsto o quizá necesitaste más días, pausas y repasos. Eso no cambia lo esencial: tu compromiso de llegar hasta el final.

Ese compromiso tiene un valor profundo, porque una carrera sólida no se construye con entusiasmo momentáneo, sino con la capacidad de mantenerse firme en el proceso. Haber concluido este libro demuestra que estuviste dispuesto a trabajar en tu crecimiento con disciplina, atención y continuidad. Esa disposición será una de tus mayores fortalezas en los años que vienen.

También es importante entender qué significa este momento. Terminar este libro no representa el final del camino, sino la consolidación de una base. A lo largo de estas páginas reuniste herramientas, hábitos, criterios y métodos que ahora te permiten ejercer tu profesión con mayor dirección y propósito. Las 365 lecciones no fueron diseñadas como una meta definitiva, sino como una preparación para una etapa más amplia y más exigente: la práctica diaria de una carrera bien construida.

Desde ahora, este libro deja de ser solamente una guía de entrenamiento y se convierte en un libro de referencia. Habrá momentos en los que volverás a ciertas páginas para repasar una idea, reforzar un proceso o retomar una práctica que sabes que funciona. Algunos necesitarán recapitular determinadas secciones para fortalecer su sistema de trabajo. Otros lo conservarán como material de consulta permanente. Incluso puede llegar a ser una herramienta útil para orientar a nuevos agentes y compartir con ellos un camino que ya fue probado.

Ese también puede ser parte de su valor: servir como un excelente regalo para impulsar el legado del esfuerzo, la disciplina y el éxito bien construido.

El siguiente paso en tu desarrollo será mantener una revisión constante de tus procesos. Las auditorías periódicas de tu base de datos, tus seguimientos, tu agenda, tus herramientas y tus resultados serán esenciales para seguir avanzando con orden. Un sistema profesional necesita observación, ajustes y mejoras continuas para mantenerse sólido.

Junto con esa revisión, será indispensable conservar el hábito de formarte de manera permanente. El crecimiento profesional exige actualización, criterio y apertura para seguir aprendiendo. Las herramientas cambian, los clientes evolucionan y el mercado exige cada vez más claridad y preparación. Por eso, la formación continua seguirá siendo una parte central de tu progreso.

Este libro quiso sembrar las bases de todo eso. Su propósito fue ofrecerte estructura, dirección y acciones concretas para construir una carrera estable, respetable y próspera. Si esas bases ya forman parte de tu manera de trabajar, entonces estas páginas han cumplido su función.

Lo que tienes por delante puede ser una vida profesional larga y fructífera. Los resultados duraderos nacen de la suma de hábitos bien ejecutados, decisiones conscientes y procesos revisados con honestidad. Lo que hoy haces con disciplina terminará definiendo tu reputación, tu estándar profesional y el alcance de tus logros.

Cierra este libro con gratitud por el camino recorrido y con responsabilidad por el que comienza. Ya cuentas con una base. Ahora te corresponde convertirla en una trayectoria sólida, útil y duradera.

BRANDED/LIVES

www.ingramcontent.com/pod-product-compliance
Lightning Source LLC
LaVergne TN
LVHW020653110826
845149LV00012B/1973

* 9 7 8 1 9 6 2 3 8 8 3 8 2 *